부르주아

The Bourgeois

**역사와 문학 사이에서:
자본주의의 승리와 부르주아의 패배**

부르주아

The Bourgeois

역사와 문학 사이에서:
자본주의의 승리와 부르주아의 패배

프랑코 모레티 | 조형준 옮김

새물결

The bourgeois: between history and Literature
2013 © Franco Moretti

Korean translation copyright © Saemulgyul Publishing House
This Korean translation is published by arrangement with Polity

옮긴이 조형준
서울대학교 영어영문학과를 졸업하고 동 대학원을 수료했다.
역서로 스티글러의 『자동화사회』, 허욱의 『중국에서의 기술에 관한 물음』, 『재귀성과 우연성』 등이 있다.

부르주아
역사와 문학 사이에서:
자본주의의 승리와 부르주아의 패배

저자 | 프랑코 모레티Franco Moretti
옮긴이 | 조형준
펴낸이 | 조형준
펴낸곳 | 새물결
1판 인쇄 | 2024년 5월 20일
1판 발행 | 2024년 5월 31일
등록 | 서울 제15-52호(1989.11.9)
주소 | 서울시 은평구 연서로 37가길 6(㈜ 03343)
전화 | (편집부) 02-3141-8696 (영업부) 02-3141-8697
이메일 | saemulgyul@gmail.com
ISBN 978-89-5559-447-8

이 책의 저작권은 새물결에 있습니다.
신저작권법에 의해 보호를 받는 저작물이므로 무단 전재와 복제를 금합니다.

차례

옮긴이 서문 우리 시대의 환상과 증상과 모순에 대해 새롭게 말하기 위한 한 가지 방법: '호두껍질 속의 부르주아' **11**

'호두껍질 속의 부르주아' | 승리한 자본주의와 패배한 부르주아 | 주인은 '노동'하고, 윤리와 정신을 추구한다 | 우리 시대를, 자본과 부르주아를 낯설게 하기 | 문학, 역사와 철학 사이에서 | 제국의 주변부에서: 오식과 이식과 '기형' 사이에서

서론 개념들과 모순들 27

01 '나는 부르주아계급의 일원이다.' **29**

02 불협화음들 **34**

03 부르주아, 중간계급 **38**

04 역사와 문학 사이에서 **45**

05 추상적 주인공〔영웅〕 **48**

06 산문과 열쇠말: 예비적 고찰 **52**

07 '부르주아는 길을 잃었다. ……' **55**

1장 '노동하는' 주인 63

01 모험, 투기 심리, 운명의 여신 **65**

02 '이 일이 내가 게으르게 살지 않았음을 입증해주는 바.' **70**

03 열쇠말 1: '유용한' **79**

04 열쇠말 II: '능률' 84

05 열쇠말 III: '편안함' 92

06 산문 I: '연속(성)의 리듬' 102

07 산문 II: '우리는 정신의 생산성을 발견했다.' 112

2장 진지한 세기 127

01 열쇠말 IV: '진지한' 129

02 충전재 139

03 합리화 147

04 산문 III: 현실원리 151

05 기술記述, 보수주의, 레알폴리틱 161

06 산문 IV: '객관적인 것을 주관적인 것으로 전치시키기' 167

3장 안개 177

01 공공연하고 파렴치하며 직접적인 179

02 '장막 뒤에서' 189

03 고딕적인 것, 기왕의 것 195

04 신사 200

05 열쇠말 V: '영향' 207

06 산문 V: 빅토리아적 형용사 **214**

    07 열쇠말 VI: 'Earnest' **223**

    08 '누가 지식을 사랑치 않으리?' **228**

    09 산문 VI: 안개 **237**

4장 '민족적 기형들': 반주변부에서의 변형들 245

    01 발자크, 마샤두, 그리고 돈 **247**

    02 열쇠말 VII: '로바' **255**

    03 앙시앵레짐의 지속 I: 『인형』 **264**

    04 앙시앵레짐의 지속 II: 『토르케마다』 **271**

    05 '이건 간단한 계산 아닌가?' **277**

5장 입센과 자본주의 정신 285

    01 회색지대 **287**

    02 '두 방향으로 그걸 이해해도 좋겠군요.' **294**

    03 부르주아적 산문, 자본주의적 시 **302**

출전에 대한 노트 **315**
찾아보기 **317**

페리 앤더슨과
파울로 플로레스 다르카이스에게

옮긴이 서문

우리 시대의 환상과 증상과 모순에 대해 새롭게 말하기 위한 한 가지 방법: '호두껍질 속의 부르주아'

본서는 2013년에 출간된 모레티의 *The Bourgeois: Between History and Literature*를 완역한 것이다. 비교적 작은 판형의 영어 원서로 200쪽 남짓한 분량이다.

본서를 접하며 먼저 4~5세기에 달하는 '장기지속'의 역사를 가진 자본주의의 '주인공'/'주체'인 부르주아를 그처럼 소략한 그릇에 담는 것이 과연 가능할까 하는 의문이 들 수 있을 것이다. 부제로 모종의 방법론을 암시하는 듯한 Bet-ween History and Literature를 보면서 그런 의문은 한층 더 증폭된다.

하지만 또한 'Between'은 본서가 통상적 의미의 문학사, 그러니까 가령 하우저Arnold Hauser 식의 '문학의 사회사'나 루카치 식의 '소설의 이론'(고향 잃은 자의 고향 찾기 또는 '애비 잃은 자식의 애비 찾기'로서의 근대소설) 류의 논의와는 완전히 궤를 달리함을 암시한다. 오히려 저자는 '형식' 분석, 구체적으로는 헤겔 주장대로 부르주아를 대표하는 예술적 스타일인 '산문prose', 그중에서도 특히 '자유간접스타일free indirect style' 분석에 집중한다. 그리고 그것이 역사와 사회라는 일종의 '내용'과 어떻게 '변증법적으로' 긴밀한 관계를 맺는지를 정묘하게 묘파하는 데 본서의 백미가 있다.

앞서 간략하게 설명한 주제와 방법론 모두 이 '소책자'의 번역을 제법 만만치 않은 과제로 만든다. 번역을 마치면서 본서를 한마디로 요약할 말이 있을까 곰곰이 생각해본다. 그러다 자연스럽게 햄릿의 말로 널리 인용되는 '호두껍질 속의 우주'를 떠올려본다. '오, 호두껍질 속에 갇혀 있어도 무한한 공간의 왕으로 자처할 수 있겠다. ― 나쁜 꿈만 안 꾼다면.'

'호두껍질 속의 부르주아'

먼저 양적으로, 이 자그마한, '호두껍질'만한 소책자에는 4~5세기의 역사를 가진 자본주의의 '우주'가 담겨 있다. 두 번째로, 주제적으로, 저자는 햄릿 말을 정반대로 뒤집어 '우주 속의 호두껍질'이 '무한한 공간의 왕'(?)인 부르주아라는 영웅의 본색이었음을 폭로한다. 일종의 낯설게 하기가 인문학 연구의 본령이라면 저자의 그러한 독법은 우리의 '상식적인' 자본주의 이해 그리고 그것을 둘러싼 모든 '오만과 편견'을 일거에 전복시킨다.

저자에 따르면 마르크스의 「공산당선언」 등 자본주의에 비판적인 시각에서는 부르주아=자본가를 '무한한 공간의 왕'으로 상정하고 분석, 비판해왔지만 실제로 부르주아는 '호두껍질' 속에 갇혀 있었다.' 심지어 '호형호제를 원하는' 홍길동과 달리 '부르주아'로 불리기조차 거부했다.

대신 항상 '중간의 계급', '중간계급'으로 불리길 원했다. 배포 큰 '왕자' 햄릿에게 덴마크라는 우주는 '너무 좁은' '감옥'이지만 배포 자체가 없는 부르주아에게는 호두껍질조차 감당하기 버거웠다.

따라서 '착취'와 '억압' 또는 헤게모니 행사를 통한 '지배'와 '통치'는 언감생심이었다. 외려 '진지함'과 '근면', '성실', '정직' 등의 (프로테스탄트의) '윤리'와 '정신'이 부르주아의 금과옥조였다. 1장의 '노동하는' 주인이 이 모든 사태를 설명해준다. 외딴 섬에서 '근면성실'의 전형을 보여주는 헤겔적 '주인'인 크루소가 '게으름'에 대해 보이는 본능적 혐오 그리고 '노예'인 금요일이Friday의 야만적 모습 간의 극적 대비는 소위 '강남좌파' 같은 형용모순이 오히려 부르주아의 본색임을 어렵지 않게 짐작케 해준다.

따라서, 저자의 논증을 연장하자면, 소위 '진보' 세력은 풍차를 거인으로 오인해 돌격한 돈키호테 꼴이었다(거인은 '부르주아'가 아니라 '자본'이었으며, 풍차에 달려드는 것이 '정신 나간 짓'임을 안 시종 로시난테 쪽이 이상적 부르주아에 가깝다). 그동안 '정신 나간 짓'을 해온 셈이다. 그리하여 '무한한 공간의 왕'을 '노동자'로 대체하면 인간해방이라는 유토피아가 도래하리라는 백일몽을 '악몽'인지 모르고 미래의 꿈으로 야무지게 꾸어온 셈이다. — 그래도 햄릿은 나쁜 꿈, 악몽은 꾸지 않기를 바라지만 부르주아와 관련해 그동안 '좌파'가 꿈꾸어온 것은 '백일몽'이라는 것이 저자의 냉정한 진단일 것이다.

하지만 사회주의 몰락과 함께 승승장구하기만 할 것 같던 자본주의도 지구온난화와 팬데믹, (이념도 종교도 또 민족도 내세우지 않는) '왜 하는지 모르는 전쟁' 등에 의해 'out of joint(이상섭의 『셰익스피어 전집』의 흥미로운 번역에 의하면 '결딴나고')'되고 있다. 그와 관련해 '부르주아'에 대한 저자 분석은 자본주의의 '영웅본색'에 대해 많은 것을 시사한다.

승리한 자본주의와 패배한 부르주아

이 책이 「안개」를 비롯해 출간 직후부터 좌파로부터 온갖 논쟁과 비판을 촉발한 것은 역으로 저자 주장이 얼마나 도발적인지를 잘 보여준다. 가령 다소 극단적으로 그의 입장을 단순화시키자면, 자본주의는 베버 말대로 합리화에 의해 '지배'하는 만큼이나 탈주술화가 아니라 '재주술화'에 의해 '통치'하며, 그것은 19세기의 빅토리아조에서 만큼이나 나 오늘날의 '트럼프화'에서도 마찬가지라는 그의 진단은 얼마나 도발적이고 자극적인가? 그것은 본서의 독서에 들어설 때 우리도, 단테가 지옥에 들어설 때 '여기서부터는 모든 희망을 버려라'라고 경고 받듯이 '기왕의 모든 희망과 관념을 버려야' 함을 의미한다. 그렇게 할 때만 '너무 강력한' ('부르주아'가 아니라) 자본주의라는 지옥에서 빠져나올 수 있는 '희망'의 아리아드네의 실마리를 겨우 더듬을 수 있을 것이다.

보다 근본적으로, 여전히 이런 의문 또는 궁금증이 남을 것이다. 즉 저자의 말투를 빌리자면, '부르주아'라, 그것도 21세기에. 혹시, '강남좌파'라면 몰라도.

21세기에는 부르주아조차 '꼰대'와 '아재'가 되지 않았는가? 아니 본서에서의 저자 분석에 따르면 21세기에 그러한 것이 아니다. 부르주아의 합리주의 철학을 대표하는 헤겔 사후 즉각 그의 부르주아 '관념론' 철학이 '죽은 개'가 된 것은 철학사의 유명한 이야기이다. 하지만, 저자의 진단에 따르면, 기이하게도, '부르주아'라는 말은 자본주의의 탄생지 영국에서조차 사후가 아니라 태어날 때부터 일종의 '외래어'로, '왕따' 신세였다. 헤겔보다 훨씬 더 일찍 '죽은 개' 취급당했다. 그러니, 저자 말투를 흉내 내, 이렇게 질문해보자. '부르주아'와 '자본주의' 또는 부르주아=자본주의가 아니라 자본주의 속의 부르주아라! 16~17세기에 태어난 부르주아는 '자본주의'에 대해 '주인공'이나 '주체'=주인이라고 자임하기는커녕 자본주의에 대해 '호형호제'하길조차 회피했다. 하지만 바로 그런 '부르주아'가, 21세기에, 자본주의라는 무소불위의 골렘에 대해 오히려 이전 어느 때보다 더 많은 이야기를 들려줄 수 있다는 것이 저자의 주장의 요체라고 할 수 있다. '주체 없는 과정'인 자본주의에 대해서는 오직 '주체'가 죽어야만, 프로이트 용어를 빌리자면, '사후적으로만' 이야기할 수 있듯이 말이다.

즉 부르주아는 실제로는 '우리 모두 안다고 가정된 것'과는 전혀 다른 삶을 살아왔다. 게다가 (저자는 본격적으로 논하지 않지만) 심지어는 21세기에도 여전히, 그것도 진정한 제국 중의 제국 미국에서 '선악'('악의 축', '테러와의 전쟁')과 '기업 혁신의 정신' 등 탈주술화가 아니라 자본의 재주술화를 통해 어느 때보다 화려하게 생명을 부지하고 있다. 가령 '앵그리화이트'의 트럼프 지지 현상에서 볼 수 있는 미국 자본주의 그리고 정치에 근본적인 '종교성' 또는 '빅토리아주의'를 생각해보자. 이미 20세기 초에 베버는 미국 여행 후 프로테스탄티즘의 '윤리'와 자본주의의 '정신'을 '피도 눈물도 없는' 철의 법칙을 따르는 '철창'의 자본의 객관적 법칙과 접합시킨 기묘한 저서를 내놓은 바 있다(다시 그것은 감옥 안에서 영어의 몸으로 베버의 이 저서를 읽고 '아메리카니즘과 포디즘'의 원고를 써 내려간 그람시를 떠올리게 한다)[1]. 아마 그것이 '부르주아는 주인을 필요로 한다'는 슘페터의 일갈에 대한 부르주아 측의 절묘한 답변이었을 것이다. 다시 모레티 말투를 흉내 내 이렇게 질문해보자. 윤리와 정신, 그리고 자본주의라. '미션 임파서블'이 아닐까?

이 3자 간의 기묘한, 지킬 박사와 하이드 씨 같은 연접과 이접과 탈접의 파노라마를 문학과 역사를 넘나들며, 둘 '사이'를 매개한 '형식'=산문 분석을 통해 절묘하게 파고들며 저자는 '자본주의는 승리했지만 부르주아는 패배했다'는 기묘한(?) 결론을 내놓는다. 누구나 승자라고 생각하는 역사의 주인공이 패자라. …… 묘한 울림을 주는 주장이다. 20세기 말에 있은 사회주의의 몰락과 함께 노동자계급은 철저하게 패배했다. 20세기는 이 계급의 '승리의 역사'처럼 보였고, 사회주의는 '현실'이 되는 듯이 보였는데도 말이다. 하지만 이 계급의 패배에 이어 승리한 듯하지만 '내가 누구인지 말할 수 있는 자는 누구인가'를 끊임없이 되물

1 레비스트로스는 『슬픈 열대』를 '나는 여행과 탐험가들을 증오한다hais'는 말로 열지만 단테의 경우처럼 다른 시선(가령 역사의 '패자')의 여행은 그것을 문명 대 야만이라는 사유축에 기반한 증오와 차이의 생산이 아니라 성숙으로 이끈다. 19세기 역사의 패자인 보수파 토크빌의 『미국의 민주주의』는 '리얼리즘의 승리'의 전형으로, 마치 레비스트로스가 '야만의 사유'의 '합리성'을 보여주듯이, 미국에서의 '아래로부터의' 민주주의를 구귀족계급 입장에서 긍정한다. 그와 비슷하게 베버 또한 미국을 둘러본 후 자본주의라는 '야만' 속에서 작동하는 '정신'과 '윤리'를 이 종교=자본주의의 합리적 핵심으로 지적한다. 다시 역사의 패자로 감옥에 갇힌 그람시는 베버의 이 저서에 대해 주해하면서 '아메리카니즘과 포디즘'이라는 수고를 작성하며, '진지전'을 사유한다. 우리 시대에 가장 절실하게 필요한 것이 '미국의 민주주의'=21세기의 제도적 민주주의의 허실, '자본주의의 정신과 윤리'(저자는 이를 대략 재주술화와 21세기의 빅토리아주의라고 정리한다) 그리고 21세기의 '아메리카니즘과 포디즘'이지 않을까?

을 수밖에 없었던 부르주아도 패배했다는 그의 진단은 자본주의에의 자발적 복종 또는 '강남좌파'라는 위선만이 대안으로 남은 듯한 21세기에 '역사와 문학 사이에서' 우리가 무엇을, 어떻게 사유할지에 대해 많은 것을 시사하고도 남음이 있을 것이다.

주인은 '노동'하고, 윤리와 정신을 추구한다

마르크스가 '죽은 개' 취급당하던 헤겔을 '물구나무 세우듯' 저자는 이 책에서 헤겔의 '죽은 개'로조차 자임하지 않았던 부르주아를 물구나무 세워 자본주의의 '물신성'=이데올로기적 전도 현상을 새로운 각도에서 분석한다. 가령 헤겔 철학의 합리적 핵심이 '세계정신'이 아니라 '변증법'에 있듯이 부르주아의 '본색'은 '지배와 착취와 억압'(물론 저자도 주장하듯이 본원적 축적 등 자본주의는 그것을 본질로 한다. 하지만 그것이 합리적 핵심은 아니다)이 아니라 '타협'과 '중간'에 있다.

모두가 익히 아는 (코제브 식) 헤겔에 따르면 욕망의 향유를 둘러싸고 노동하는 것은 노예이고 목적 없는 쾌락을 향유하는 것/착취하는 것은 주인이다. 하지만 『로빈슨 크루소』를 주 텍스트로 삼아 저자는 1장에서 '노동하는' 주인이라는 형용모순적 명제를 제출한다. 욕망의 향유 ('레저'와 '휴가', '기호식품' 등이 상징하듯이 그것은 너무나 소박하다)가 아니라 '근면', '성실', '진지함'이 이 주인의, 부르주아의 원형적 삶의 (맹목적) 목표이다. 하지만 그것뿐만이 아니다. '창조적 파괴'라는 혁명적 명제로 20세기 자본주의의 '혁신경제'의 주춧돌을 놓은 슘페터에 따르면, 20세기 초에 부르주아는 길을 잃고, '주인을 필요로 하게' 되었다. 즉 자본주의의 노예가 되었다!

또 마르크스의 진단에 따르면 과거의 '단단한 모든 것이 녹아 대기 속으로 사라'지면 모든 것이 '명석판명'해야 하지만 19세기 중반의 자본주의의 최전성기를 지배한 건축양식은 고딕이었다. 즉 지상의 마천루만큼이나 상상 속의 '성城'(카프카의 『성』?)이 문화적 헤게모니를 장악했다. 중국의 경우 '문화대혁명'의 사회주의는 '비림비공'이었지만 자본주의적 사회주의는 '공자'를 끊임없이 소환해 우상화하듯이 '기왕의 것'의 아우라가 헤게모니 장악의 지름길이기 때문이다. 그리고 자본주의의 '본색'은 맑고 투명한 것이 아니라 19세기 런던이 매연과 공해로 스모그에 갇혀 있었듯 '안개Fog' 속에 갇혀 있었다. 즉 이미 자본주의가 탄생할 때부터 Kafkasque했다.

그와 같은 '타협' 현상은 자본주의의 중심부, 제국(19세기의 영국)에만 국한되지 않고 주변부의 후발 자본주의에서도 '기형적으로' 변주된다. 즉 그곳의 '민족부르주아', '벼락부자', '신흥 부자'는 '구'귀족과의 결혼을 통해 새로운 상징자본을 획득하려 하지만 모두 파산할 운명이다.

우리 시대를, 자본과 부르주아를 낯설게 하기

이렇듯 저자는 역사와 문학 '사이'라는 프리즘을 통해 자본주의의 주인공/주체인 '부르주아'의 본색을 들여다본다. 그 결과는 형용모순적이며, 역설적이다. 그것은 가령 한편으로는 마르크스가 '철의 법칙'에 따라 자본주의를 객관적으로 분석해가면서 그로부터 (주체가 아니라) '꼭두각시'를 도출해낼 때와는 360도 다른 모습이다. 다른 한편으로는 「공산당선언」에서 역사의 주체로 상정하는 자본가=부르주아의 상과도 360도 다른 모습이다. 따라서 마르크스의 경우 한편으로는 『자본』, 다른 한편으로는 온갖 음모와 흉계와 계략의 백과사전인 『브뤼메르 18일』 그리고 부르주아와 프롤레타리아의 세계사적 전쟁을 거대서사화한 「공산당선언」 사이에 일종의 '인식론적 단절'이 존재함을 가정해 볼 수 있을 것이다.

따라서 저자는 명시적으로 말하지 않지만 리어왕의 비극은 '부르주아'의 비극이기도 하다. 즉 '내가 누구인지 말할 수 있는 자는 누구인가?' 20세기 말의 포스트모더니즘은 주체의 '죽음'을 선언했지만 자본주의의 주체인 '부르주아'는 죽고 말 것도 없는 소박한 삶('겁쟁이의 아슬아슬한 삶을, 타협적인 위선자의 이중적 삶')을, 그리고 우리가 '오만과 편견'에 따라 상상해온 것('착취자', '유한계급')과도 다른 삶을 '살았다.'

따라서 이 '부르주아'가 상징하는 것으로 그동안 우리가 '알고 있다고 가정해온' 자본주의의 상도 그것과 함께 근본적으로 달라진다.

잘 알려진 대로 자본주의는 역사 이래 몇 차례나 인류를 죽음으로 내몰았지만 오늘날까지 여전히 시퍼렇게 살아 있다. 단순히 살아 있을 뿐만 아니라 이제는 거의 맹목적 숭배와 자발적 복종의 대상이 되었다. 단순히 '돈'과 '자본'을 넘어 우리 시대의 대문자 아버지의 이름이 되어 우리 '영혼'까지 전방위적으로 감시, 처벌하는 중이다.

역자는 저자의 분석의 백미는 러시아 형식주의의 저 '낯설게 하기'에 있지 않나 하는 생각을 종종 해본다(실제로 본서의 분석 방법론에서도 소쉬르의 랑그와 파롤을 변주한 듯한 러시아 형식주의의 핵심적 방법론 즉 '쉬제'와 '파불라'를 기본 축으로 하는 텍스트 분석론이 논지 전개의 중심축을 이루고 있다). 20세기 말에 사회주의, 노동계급, 해방의 이념은 모두 패했다. 그렇다면 21세기 초에 승승장구해야만 할 것 같은 '부르주아'를 소환해 이 계급 역시 길을 잃고 주인을 필요로 한다는 진단으로 자본주의를 분석하는 그의 기발한 시선은 '낯설게 하기'(또는 아주 간단하게 '다르게 생각하기')의 백미 중의 백미라고 할 수 있지 않을까?

저자의 진단을 조금 더 급진화하자면, 노동계급의 해방 이념뿐만 아니라 빅토리아주의로 대변되는 자본주의의 (베버적 의미에서) 윤리와 정신 또한 죽었으며 그것의 '재주술화된 버전'이 오늘날의 미국 문화를 통해 전 지구적 헤게모니를 행사하는 중이다. 그리하여 오늘날 자본주의는 '우리 삶'을 지배하고, 지식이나 이념은 '우울'을 통해 우리의 죽음을 지배하는 중이다. 그리하여 노동계급(의 이념)뿐만 아니라 부르주아(의 이념)의 죽음이라! 21세기의 (헤겔적) '산문'은 과연 무엇일까?

아마 그것의 단서를 찾기는 그리 어렵지 않을 수도 있을 것이다. 저자의 절친이자 역자도 에세이를 몇 권 졸역한 에코는 '시저의 죽음'과 관련해 이런 농담을 종종 하곤 했다. 강의 시간에 꾸벅꾸벅 조는 학생에게 시저의 죽음에 대해 논해보라고 하자 학생은 '죽었다고요? 아프다는 소식도 못 들었는데요'라고 대답했는데, 그에게 최고점을 주었다고 한다. 즉 '죽음' 자체라는 저널 식의 화제성이 아니라('삶과 죽음의 길'은 항상 '예 있다') '죽음의 소이'가, 즉 '왜?'가 질문의 대상이 되어야 한다. 즉 장례'식'보다는 (피네건 식의) '경야'가 중요하다.

앞서 말한 대로 부르주아의 '죽음의 소이'에 대한 저자의 분석은 놀랍기 짝이 없다. 자본주의, 리얼리즘, 문학, 역사에 대한 기존의 우리의 에피스테메에 너무도 '낯설게' 접근하는 저자의 날카로운 메스는 맹목적 열정('ㅇ빠') 아니면 우울과 자포자기에 빠진 우리 시대가 새로운, 또 다른 물음을 낳는 데 나름의 기여를 할 수 있을 것이다.

문학, 역사와 철학 사이에서

이 책은 앞서 말한 대로 '역사와 문학 사이'에서 부르주아의 흥망성쇠를 탐구하는데, 그것은 또한 헤겔이 『미학』에서 부르주아적 예술양식의 핵심으로 지적한 '산문'의 역사적·사회적 '운동'에 대한 상세한 탐구이기도 하다('이 책의 실제 주인공은 산문이다'). 헤겔은 소위 '3H의 죽음'을 선언한 포스트모더니즘과 함께 부관참시까지 당한 꼴이었지만 아마 21세기에 들어, 특히 최근에 미국과 독일에서 가장 활기차게 부활 중인 철학계의 영원한 '좀비'이기도 하다. 여기서 그에 대해 상세히 소개하는 것은 역자의 역량 밖이지만 다만 부르주아에 대한 저자의 논의는 헤겔을 둘러싼 가장 악명 높은 오해, 그리하여 그의 철학 전반에 대한 오해에 대해서도 신원(伸冤)해줄 수 있는 여러 가지 단서를 제공해준다는 점만 지적하고 넘어가기로 하자. 가령 『법철학』「서문」에서의 저 악명 높은 선언 즉 '현실적인 것은 이성적[합리적]인 것²이고, 이성적인

---

2 물론 여기서도 문제는 번역이다. 물론 헤겔 말을 '현실적인 것은 이성적, 합리적이라'고 단순하게 이해하면 헤겔은 '보수적이다.' 하지만 '이성적', '합리적'으로 번역되는 vernünftigerweise를, 칸트식의 감성-오성-이성에서의 '이성'으로 수용하는 것은 너무 강한 번역이다. 말 그대로, 있는 그대로 풀자면 현재, 현행적으로 존재하는 것wirklich/actual은 다 그에 합당한 이유가 있어 그렇게 존재한다는 것일 것이다. 본서의 실제 주인공인 '산문'의 정신에 따라 헤겔 철학 전체를 다시 읽어본다면 그의 철학이 보수/진보 이전에 지극히 '현실적인 것'임을 확인할 수 있을 것이다.

아마 헤겔과 관련해 가장 문제적인 것은 그의 '체계'나 '변증법'에만 관심을 기울이지 그의 기이한 '언어'에 대해서는 그리 크게 주목하지 않는 것처럼 보이는 것이다. 그와 관련해 최근 그의 철학에 대한 엄청난 길이의 '대화적 주해'를 내놓고 있는 슈텍켈러Pirmin Steckeler는 좋은 예외일 것이다. 원래 영미분석철학을 전공하다 헤겔로 '전향한' 그가 보기에 헤겔 철학은 'zu spröde und verschlossen'(*Hegels Phänomenologie des Geistes*, S. 13)하다. 즉 '너무 속내를 드러내지 않고, 과묵하다[자폐적이다].' 그리하여, 누구나 그의 철학이 '난해하다'고 비명을 지른다. 아무튼 헤겔을 '국가 철학자'나 마르크스와의 대비 속

것은 현실적인 것'이라는 선언과 '미네르바의 부엉이'('역사의 지혜는 낮의 것이 아니라 밤의 것이다')를 본서에서의 저자의 분석 틀 속에 놓고 보면 철학과 역사 '사이'에서 헤겔을 읽을 수 있는 새로운 시선뿐만 아니라 철학과 현실 사이에서 어떻게 정치적 상상력을 발휘해야 하는지에 대해서도 많은 시사점을 얻을 수 있을 것이다.

이 문제작을 졸역한 후 이 책이 혹시 나의 대학 시절에 대한 일종의 프루스트의 '마들렌' 과자가 아닐까 하고 생각해본다. 물론 속을 따듯하게 해주는 홍차는 빠지고, 게다가 약간은 식어버린 마들렌 과자. 오랜만에 그때로 돌아가 당시의 얼치기 독서를 반추하며, 가령 베버와 루카치를 절묘하게 변증법적으로 상호 전도시키는 저자의 '낯설게 하기' 솜씨에 몇 차례나 무릎을 치게 된다. 무엇보다 '역사와 문학 사이'와 관련해 둘 '사이'에서 '민족문학과 세계문학' — 우리 지성계의 고질적인 '신토불이'론 —, '리얼리즘/모더니즘'을 일절 개입시키지 않고 또 어떤 이데올로기적 선입견('당파성')도 없이 '역설'('노동하는' 주인), '위선', '타협', '오식'에 대해 최대한 관용적 정신을 갖고 자유롭게 읽고 번역할 수 있었다. 독자에게도 그렇게 다가갈 수 있기를 바란다.

에서 읽어온 우리에게는 매우 놀라운 진단이다. 모든 학문, 특히 인문학은 언어에 대한 섬세한 감수성에서 출발해야 하는데, 김현 말대로 시대의 성감대를 건드리는 것만큼이나 해당 텍스트의 섬세한 숨결에 주의하는 것 또한 그에 못지않게 중요하다. 아무튼 본서는, 적어도 역자에게는, 헤겔 철학에 대해서도 다시 한번 생각해 볼 좋은 망외의 계기를 마련해준다.

제국의 주변부에서: 오식과 이식과 '기형' 사이에서

본서 집필을 막 시작할 때 베를린의 Wissenschaftskolleg에 머물던 저자를 방문한 기억이 새록새록 하다. 저 지식인들의 천국!

밤늦게 이탈리아에서 베를린에 도착한 역자를 저자는 다소 뜬금없이 어떤 '수로'로, 그러니까 20세기 초에 로자 룩셈부르크가 비극적 죽음을 맞이한 장소로 데려갔다. 그리고 다시 우리는 '체크 포인트 찰리'로 갔는데, 아직 냉전의 흔적이 남아 있던 그곳에서 나는 일종의 '마술적 리얼리즘'에 대한 환상에 잠시 빠져보았다. 다음날에는 정말 뜬금없이 당시 개관을 준비 중이던 '유대박물관'을 함께 갔다. 어둠에 잠긴 자그마한 수로와 베를린 한가운데 어마어마한 규모로 자리 잡은 유대인 희생 기념비. 돌이켜보면 그런 식으로 저자와 함께 20세기를 '애도'하게 된 셈이었다. 두 장소는 20세기 역사의 주인공이 '투사'에서 '희생자'로 교체되었음을 상징적으로 보여주었다. 19세기 역사의 주인공이 '부르주아'가 아니라 자본이었듯이 20세기 역사의 주인공이라는 영광된 자리 또한 ('극단의 세기' 20세기의 비극의 희생자이자 영웅적 투사인) '노동계급'이 아니라 '유대인'이 차지하게 된 셈이었다!

저자는 본서의 완역과 동시에 우정의 표시로, 저작권 없이 또 다른 저서 『잘못된 움직임: 문학과 인문과학에서의 디지털적 전회』의 번역을 부탁해왔다. 처음에 'Falsche Bewegung'을 '잘못된 운동'으로 오독한 후 최근의 우리 사회의 여러 움직임에 대한 깊은 상념에 잡혀 있던 터라 적잖이 제 발이 저렸던 기억이 나지만(실제로는 빔 벤더스 감독의 영화 제목에서 따온 것이다) 동시에 '인문학의 디지털적 전회'가 '잘못된 운동'인지를 묻는 듯한 저자 특유의 '멀리서 읽기'와 '낯설게 읽기'에는 절로 미소가 지어질 수밖에 없었다.

　또 본서 후반부의 주요 논거를 이루는『오식된 생각들』의 저자 슈바르츠를 저자가 소장으로 있던 스탠퍼드대학교의 〈소설연구소〉에서 만나 담소를 나눈 기억도 새롭다.
　제도권 학계를 일찍 떠났지만 나는 이광수의『무정』, 나쓰메 소세끼夏目漱石의『나는 고양이로소이다』그리고 루쉰의『아큐정전』을 주 텍스트 삼아 동아시아 근대에 관한 비교약사론을 하나 써볼 생각을 오랫동안 하고 있었다. 하지만 내 생각은 좀체 임화의 '이식문화론移植文化論'의 틀을 벗어나지 못하고 있었다. 하지만 슈바르츠의「브라질로 소설 수입하기」라는 글에서 잘 알 수 있는 대로 '오식된 생각들'에서 자그마한 돌파구를 마련할 수 있었다. ─ 그리하여 모레티의 '민족의 기형들'은 동아시아에서는 '정상(성)' 또는 '민족성'으로 변주된다. 가령 아큐의 '정신승리'는 20세기 중반의 '중국의 붉은 별'을 거쳐 21세기의 '중국몽' 등 계속 정신승리로 변형된다. 중국의 (근대가 아니라) '신화의 변주.' 즉 소위 정신과 문명이 제도와 정치로 구체화되는 대신 '정신의 우위'를 둘러싼 공격성과 자기위안의 회로를 쳇바퀴 돌듯 빙빙 돈다. 따라서 지독히 비정상처럼 보이지만, 너무나 정상적인 '소분홍' 현상. 정신의 병리화? 일본의 경우 소세키의 '고양이'에서 볼 수 있는 인간의 '나'화=동물화, 즉 역사와 민족의 망각=사소설화. 한국 또는 다른 나라에서 '비주류' 장르인 만화와 애니의 고향 일본. 그리고 '무정한' 세계에서의 이광수의 인간=개인의 민족화. 또는 이택후의 비유를 가져오자면 '구국과 계몽의 이중 변주'에서의 '민족 개조' 도구로서의 문학의 사명에 들린⁸ 한국의 근대문학=민족문학.

슈바르츠와 함께 20세기의 역사적 비극과 겹친 그의 가족의 비극 그리고 남미에서 펼쳐진 파란만장한 정치사와 교직된 개인사('파리로의 망명')부터 이론적 쟁점에 대해 제법 긴 이야기를 나누며, 순수/참여라는 우리의 지난날의 열정이 얼마나 '마술적'이었는지를 새삼 떠올려본 기억도 새롭다.

그처럼 빅토리아조 영국이라는 제국의 중심으로부터 브라질이라는 제국의 주변부(또는 '지식의 수입상')로 동심원을 그리며 광폭적으로 논의를 전개해 나가는 저자의 본서(다 아는 대로 저자의 논의는 아시아로는 월경하지 않는데, 앞서 짤막하게 요약해본 나의 사적인 변주곡에서 알 수 있듯이 우리의 문학 연구에도 제법 많은 시사점을 제공할 수 있을 것이다)가 20세기와 함께 본격적으로 수입된 한국의 근대문학을 둘러싸고 전개되어온 다양한 논의를 반추할 수 있는 좋은 텍스트가 되기를 기대해본다.

오늘날에는 온갖 생각이 '오식'되고, '이식'되며 그것으로부터 엉뚱한 사유가 촉발되고 생성되기도 한다. 하지만 동시에 이질성=창조성의 '생식'이 가장 문제시되는데(동시에 가장 '자본화된다'), 그것은 '낯설게 하기'를 기본적인 방법으로, 글로벌하게 동원하고 있다(소위 '한류'의 자장 또한 사랑과 슬픔 등 인류 보편의 정서라는 '낯익음'과 한국 '식'이라는 적절한 '낯섦'의 절묘한 변증 사이에 존재할 것이다). 이와 관련해 비록 본서는 문학과 역사를 논의 대상으로 하지만 동시에 21세기 글로벌 문화의 흐름에 대해서도 많은 시사점을 줄 것이다. 특히 모두가 자발적 노예가 되지 못해 안달인 자본(주의)에 대해 '낯설게 하기'로 균형을 맞추어야 하는 21세기 문화의 새로운 과제에 대해 두루 좋은 매뉴얼이 되고도 남음이 있을 것이다.

저자는 지난 40년간 '빅토리아주의에 대해 말하는 것이 자본주의에 대해 말하지 **않기 위한** 한 가지 방법'이라고 말하는데, 지난 30여 년 동안 우리의 '민족문학'이나 포스트모더니즘, '문화연구' 또한 '자본주의에 대해 말하지 않기 위한 한 가지 방법'이지 않았을까? 그뿐만 아니다. 최근 우리 사회의 주인 담론이 된 듯한 '○빠'나 '친○' 등 과잉 정치현상 또한 그처럼 뜨거운 정치적 열정의 이면에서는 막상 '자본주의에 대해 말하지 않기 위한 한 가지 방법'임은 두말할 필요가 없을 것이다. '정의'를 '패션'으로 대변하는 듯한 진보운동 그리고 남혐과 여혐으로 치닫는 '젠더정치' 또한 본질에서는 마찬가지이다. 그들이 남녀가 서로를 그토록 혐오하듯이 자본을 동일하게 증오한다는 기미조차 좀체 찾아보기 힘들다. 포스트모더니즘은 마르크스주의의 '적대정치'를 문제 삼은 바 있다. 하지만 현재의 젠더정치와 세대논쟁에서 '적대'는 이미 단순한 적대를 넘어 혐오와 증오로까지 번진 지 오래다. 다만 자본이나 자본주의는 결코 겨냥하지 않을 뿐이다. 오히려 모두 자본을 우상으로 숭배하는 데서는 어떤 혐오와 증오라도 눈 녹듯이 사라진다.

모쪼록 본서가 우리 시대의 여러 환상과 증상과 모순에 대해 새롭게 '말하기 위한 한 가지 방법'이 되길 …….

2022년 8월
조형준

서론
개념들과 모순들

The Bourgeois

I

1. '나는 부르주아계급의 일원이다.'

부르주아라 ……. 불과 얼마 전까지만 해도 이 개념은 사회분석에 필수불가결해 보였다. [하지만] 오늘날에는 이 말이 언급되는 것을 듣지 않고도 몇 년은 너끈히 보낼 수 있을 것이다. 자본주의는 이전 어느 때보다 더 막강하지만 그것의 인간적 구현자는 사라져버린 것 같다. 베버는 1895년에 이렇게 썼다.

나는 부르주아계급의 일원이다. 그렇게 느끼며, 이 계급의 견해와 이상에 입각해 길러졌다.[1]

---

1 "Der Nationalstaat und die Volkswirtschaftspolitik", in *Gesammelte politische Schriften*, Tübingen 1971, p. 20.

오늘날 누가 같은 말을 반복할 수 있을까? 부르주아계급의 '견해와 이상'이라, — 그것들은 무엇**일까**?

그처럼 변화된 분위기는 학술저작에도 반영되었다. 짐멜과 베버, 좀바르트와 슘페터 모두 자본주의와 부르주아 — 경제학과 인류학 — 를 같은 동전의 양면으로 보았다. 월러슈타인은 25년 전에 이렇게 썼다.

> 나는 우리의 이 현대세계에 대한 진지한 역사적 해석 중 부르주아라는 개념이 부재하는 어떤 것도 알지 못한다. 그리고 그것은 당연하다. 주요한 주인공 없이 서사화는 어려울 테니 말이다.[2]

하지만 오늘날, 심지어 자본주의의 이륙에서 '견해와 이상'의 역할을 가장 크게 강조하는 역사가조차 — 메익신스 우드, 드 브리에스Jan de Vries, 애플비Joyce Appleby, 모키르Joel Mokyr — 부르주아라는 형상에 대해서는 거의 또는 전혀 관심이 없다. 『자본주의 초기의 문화』에서 메익신스 우드는 이렇게 쓴다.

> 영국에는 자본주의가 존재했지만 부르주아에 의해 존재하게 된 건 아니었다. 프랑스에는 (많건 적건) 승승장구하는 부르주아가 존재했지만 이 계급의 혁명적 기획은 자본주의와는 무관했다.

---

[2] Immanuel Wallerstein, "The Bourgeois(ie) as Concept and Reality', *New Left Review* I/167(January-February 1988), p. 98.

또는 마지막으로

부르주아를 …… **자본가**와 반드시 동일시할 필요는 없다.3

그렇다. 반드시 동일시할 필요는 없다. 하지만 그렇다고 해도 그것은 거의 논점이 아니다. 『프로테스탄티즘의 윤리』에서 베버는 이렇게 말한다.

[서구의] 부르주아계급 그리고 이 계급의 독특성의 기원은 **비록 완전히 동일하지는 않지만** 자본주의적 노동조직의 기원과 긴밀하게 관련되어 있다.4

긴밀하게 관련되어 있다. 비록 완전히 동일하지는 않지만. 이것이 본서 뒤에 감추어진 생각이다. 부르주아 그리고 이 계급 ― 대부분의 역사에서 부르주아는 확실히 [남성형인] '그'였다 ― 의 문화를 권력구조 ― 하지만 앞의 둘은 이것과 단순히 일치하지 않는다 ― 의 일부로 바라보려는 것이다. 하지만 '부르주아'라고 단수로 말하는 것은 자체가 의문의 여지가 있다. 홉스봄은 『제국의 시대』에서 이렇게 쓴다.

대부르주아는 자기보다 하층인 계급과 공식적으로 분리될 수 없었다. 왜냐

---

3 Ellen Meiksins Wood, *The Pristine Culture of Capitalism: A Historical Essay on Old Regimes and Modern States*, London 1992, p. 3; 두 번째 구절의 출전은 *The Origin of Capitalism: A Longer View*, London 2002(1999), p. 63이다.
4 Max Weber, *The Protestant Ethic and the Spirit of Capitalism*, New York 1958(1905), p. 24(강조는 필자의 것이다).

하면 구조가 새로운 가입자에게 열려 있어야 했기 때문이다. ─ 그것이 그와 같은 존재의 본성이었다.5

앤더슨은 이렇게 덧붙인다. 이 삼투성이

이 계급 이전의 귀족계급 그리고 이 계급 이후의 노동계급과 부르주아를 구별해준다. 이 대조적인 계급들 내부의 모든 중요한 차이에도 불구하고 그들 간의 동질성이 구조적으로 더 크다. 귀족정은, 시민이라는 호칭을 법적 특권과 결합시키는 법적 지위에 의해 전형적으로 규정된 반면 노동계급은 육체노동의 조건에 의해 크게 표시되었다. 부르주아는 사회집단으로서는 어떤 비교 가능한 내적 통일성도 소유하고 있지 않다.6

사방에 구멍이 숭숭 뚫린 경계선, 그리고 취약한 내적 응집성. 이 두 특성은 하나의 계급으로서의 부르주아라는 생각 자체를 무효화시킬까? 이 개념의 현존하는 가장 위대한 역사가 코카에게 그것은 반드시 그렇지는 않은데, 만약 이 개념의 핵심이라고 부를 수 있는 것 그리고 그것의 외적 주변부를 구분할 수 있다면 말이다. 후자는 실제로 극도로 가변적이었다. 역사적으로뿐만 아니라 사회적으로도. 18세기 후반까지 그것은 대부분 '초기의 도시적 유럽의 소규모 자영업 사업자'(장인, 소매상, 여관주인, 소규모 소유자)로 구성되었다. 1백 년 후에는 "중간층과 하

---

5 홉스봄, 김동택 역, 『제국의 시대』, 한길사, 338페이지.
6 Perry Anderson, "The Notion of Bourgeois Revolution" (1976), in *English Questions*, London 1992, p. 122.

층 화이트칼라 종업원과 공무원으로 이루어진"7 완전히 다른 인구로 구성되었다. 하지만 그러는 동안 즉 19세기가 흐르는 동안 '재산을 소유하고 교육받은 부르주아'라는 혼합적 형상이 서유럽을 가로질러 출현하면서 이 계급 전체를 위한 중심中心을 마련해주었다. 그리고 가능한 새로운 지배계급으로서의 면모를 강화시켜주었다. 그러한 수렴은 유산 부르주아Besitzsbürgetum와 교양 부르주아Bildungsbürgetum라는 독일의 개념적 맞짝에서, 또는 보다 산문적으로는 (자본으로부터의) 이윤과 ([개인기업 형식의] 자유로운 전문직업으로부터의) 수수료를 불편부당하게[공정하게] '동일 항목 아래' 거둔 영국의 소득세 징수제도에서 표현되었다.8

재산과 교양[문화]culture 간의 만남. 코카의 이념형은 또한 나의 것이 될 테지만 한 가지 중요한 차이가 있다. 문학사가로서 나는 특수한 사회집단 — 은행가, 고위 공무원, 산업가, 의사 등 — 간의 현실적 관계보다는 문화적 형식[형태]form과 새로운 계급적 현실 간의 '부합fit'에 초점을 맞출 것이다. 가령 '편안함comfort' 같은 단어가 어떻게 정통적인 부르주아적 소비의 윤곽의 개요를 보여주는가 등에 말이다. 또는 스토리텔링의 속도는 어떻게 존재의 새로운 규칙성에 적응할까? 문학의 프리즘을 통해 굴절된 부르주아. 그것이 『부르주아』의 주제이다.

---

7 Jürgen Kocka, "Middle Class and Authoritarian State: Toward a History of the German Bürgertum in the Nineteenth Century", in *Industrial Culture and Bourgeois Society. Business, Labor, and Bureaucracy in Modern Germany*, New York/Oxford 1999, p. 193.
8 홉스봄, 앞의 책, 330페이지.

2. 불협화음들

부르주아 문화. **하나의** 문화일까? 게이는 5권으로 구성된 『부르주아적 경험』을 끝내면서 "다채색 — 독일어로는 *bunt* — 으로 이루어진 문화가 내가 현미경 아래 놓은 계급에게는 쓸모가 있을 것이다"[9]라고 쓴다.

경제적 자기-이익, 종교적 의제, 지적 확신, 사회적 경쟁, 여성 본래의 자리가 부르주아가 부르주아에 맞서 싸운 곳에서 정치적 쟁점이 되었다.

그는 보다 후일의 회고에서 이렇게 덧붙인다. 분열이 어찌나 심각한지

부르주아가 과연 옹호 가능한 실체인가를 의심하고픈 유혹을 느낄 정도이다.[10]

그에게 이 모든 "현격한 변형태"[11]는 사회변화가 19세기에 가속화되면서 나타난 결과이며, 따라서 부르주아적 역사의 빅토리아적 단계의 전

---

9 Peter Gay, *The Bourgeois Experience: Victoria to Freud. V. Pleasure Wars*, New York 1999(1998), pp. 237-238.
10 Peter Gay, *Schnitzler's Century: The Making of Middle-Class Culture 1815-1914*, New York 2002, p. 5.
11 Peter Gay, *The Bourgeois Experience: Victoria to Freud. I. Education of the Senses*, Oxford 1984, p. 26.

형적 특징이다.12 하지만 부르주아 문화의 이율배반에 대한 훨씬 더 긴 전망 또한 가능하다. 바르부르크는 『피렌체의 역사*Istorie Fiorentine*』에 실린 로렌조*Loreanzo*의 마키아벨리 초상화 — 만약 그의 가벼운 측면과 엄숙한 측면*la vita leggera e la grave*을 비교한다면 두 개의 뚜렷이 구분되는 인격이 그의 내부에서 식별될 수 있을 것이며, 그것은 '외견상 화해 불가능해 보일 것이다*quasi con impossible congiunzione congiunte*' — 를 보고 힌트를 얻어 쓴 성삼위일체성당의 사세티 부속예배당에 관한 에세이에서 이렇게 지적한다.

> 메디치가가 지배하는 피렌체의 이 시민은 관념론자 — 중세의 기독교적 특징이건 또는 낭만주의의 기사적 특징이건 또는 신고전주의의 신플라톤주의적 특징이건 말이다 — 그리고 세속적이며 실용적이며 이교적인 에트루리아적 상인의 완전히 다른 성격을 통일시켰다. 이 수수께끼 같은 피조물은 그의 활력의 기본을 이루는 동시에 조화를 이루는 모든 심리적 충동을 자기의 정신적 범위의 연장으로, 한가할 때 개발하고 활용할 수 있는 것으로 기쁘게 받아들였다.13

---

12 앞의 책, 45페이지 이하.
13 "The Art of Portraiture and the Florentine Bourgeoisie"(1902), in Aby Warburg, *The Renewal of Pagan Antiquity*, Los Angeles 1999, p. 190-191, 218. "Flemish Art and the Florentine Early Renaissance"(1902)에서 기증자의 초상화를 다루는 부분에서도 그와 비슷하게 서로 대립되는 것이 하나로 이접異接되어 있는 것에 대한 논의를 찾아볼 수 있다. "두 손은 천상의 보호를 간청하는 무사무욕의 몸짓을 유지하고 있다. 하지만 시선은 망상 속에서든 아니면 잔뜩 경계함 속에서든 세속적 거리距離를 향해 있다"(297페이지).

수수께끼 같은 피조물로, 관념론적이며 세속적이다. 메디치가와 빅토리아조 사이의 중간쯤에 등장한 부르주아의 또 다른 황금기에 대해 쓰면서 샤마는 아래와 같은 것을 허용한 '독특한 공존'에 대해 곰곰이 생각한다.

세속 세계의 총독과 성직자의 우두머리가 그렇지 않았더라면 견딜 수 없을 정도로 상충되었을 가치체계와 함께 살아가는 것을 말이다. 물욕으로 가득 찬 것과 금욕주의 간의 고질적 투쟁과 함께 말이다. …… 네덜란드의 상업 경제 자체 속에 깊이 뿌리 내린 물질적 방종이라는 고질적 버릇, 위험천만한 모험의 충동이 온갖 경고를 발하며 혀 차는 소리와 엄숙한 판단을 오래된 정통성의 지정된 수호자들로부터 촉발했다. …… 명백히 대립적인 가치체계의 독특한 공존이 …… 그들에게 필요나 양심이 명하는 대로 성聖과 속俗 사이에서 이리저리 무엇인가를 조작할 여지를 마련해주었다. 가난이냐 아니면 영벌永罰이냐는 잔혹한 선택에 빠질 위험 없이 말이다.14

물질적 방종, 그리고 오래된 정통성. 샤마의 책 표지에서 우리를 바라보고 있는 스텐Jan Steen의 〈델프트의 시민〉(〈도판 1〉). 육중한 남자로, 의자에 앉아 있으며, 검정색 옷을 입고 있다. 한쪽에 있는 딸은 금은색의 화려한 옷을 입고 있으며, 다른 한쪽에는 색바랜 옷을 걸친 걸인이 구걸하고 있다. 피렌체에서 암스테르담으로 이어지면서 성삼위일체성당 속의 얼굴들의 솔직한 활력이 수그러 들어왔다. 앞의 시민은 활기 없

---

14 Simon Schama, *The Embarrassment of Riches*, California 1988, pp. 338, 371.

〈도판 1〉 얀 스텐, 〈델프트의 시민과 그의 딸〉(1655년)(브릿지먼 아트 라이브러리).

이 의자에 고정된 채, 그가 빠진 곤경의 (다시 샤마 말을 빌리자면) '도덕적 밀고 당기기'에 의해 의기소침해진 것처럼 보인다. 공간적으로 딸에게 가깝지만 그녀를 쳐다보고 있지는 않다. 전체적으로 구걸하는 여인 쪽을 향하고 있지만 실제로 말을 걸고 있지는 않다. 눈은 내리뜨고 있지만 초점이 없다. 무엇을 해야 할까?

마키아벨리의 '화해 불가능함', 바르부르크의 '수수께끼 같은 피조물', 샤마의 '고질적 투쟁.' 부르주아 문화의 보다 이전의 그러한 모순들에 비하면 빅토리아조는 겉모습과 실제의 속 모습이 동일한 것처럼 보인다. 즉 **타협**의 시대이다. 대립contrast보다 훨씬 더. 물론 타협은 균일성uniformity이 아니며, 여전히 빅토리아인이 제법 '다채색이었음'을 볼 수 있을 것이다. 하지만 색깔은 과거의 찌꺼기이며, 광채를 잃어가고 있다. *bunt*, 다채색이 아니라 회색이, 이 부르주아의 세기 위에 휘날리는 깃발이다.

3. 부르주아, 중간계급

그로에튀상은 위대한 연구서 『프랑스에서의 부르주아 정신의 기원』에서 이렇게 말한다.

부르주아가 이 이름으로 불리길 싫어하는 이유를 이해하기 어렵다. 왕은 왕으로, 사제는 사제로, 기사는 기사로 불려왔다. 하지만 부르주아는 익명

으로 남아 있기를 좋아한다.15

익명으로 남는다Garder l'incognito. 그리고 우리는 불가피하게 도처에서 모습을 드러내지만 손에 잡히지는 않는 딱지 즉 '중간계급'을 떠올리게 된다. 개념을 통해 "특정한 지평이 설정되며, 경험과 이론의 가능성의 한계 역시 설정된다"16고 코젤렉은 쓴다. 그리고 '부르주아' 대신 '중간계급'을 선택함으로써 영어라는 언어는 분명히 사회적 지각을 위한 매우 변별적인 지평을 창조해왔다. 하지만 왜? 부르주아는 '중간' 어딘가에 존재하게 되었다. 그렇다. — 월러슈타인 말대로 "그는 농민이나 농노가 **아니었지만 또한** 귀족도 **아니었다**."17 — 하지만 이 중간임은 정확히 부르주아가 극복하려던 것이었다. 근대 유럽 초기의 '중간 상태'에

---

15 Bernard Groethuysen, *Origines de l'esprit bourgeois en France. I: L'Eglise et la Bourgeoisie*, Paris 1927, p. vii.
16 코젤렉Reinhart Koselleck, 한철 역, 「개념사와 사회사」, 『지나간 미래 Vergangene Zukunft』, 문학동네, 135페이지.
17 Wallerstein, "Bourgeois(ie) as Concept and Reality", pp. 91-92. 그의 이중부정 뒤에는 보다 먼 과거가 놓여 있는데, 벤베니스트가 『인도·유럽사회의 제도·문화 어휘연구 Vocabulaire des institutions indo-européennes』의 [11장인] 「명칭이 없는 직업: 상업」 장에서 그것을 조명한 바 있다. 간단히 말하자면 벤베니스트의 명제는 이렇다. 즉 교역 — 부르주아적 활동의 최초의 형태 중 하나 — 은 "신성시되는 전통적 활동 중 적어도 처음에는 어느 것에도 상응하지 않으며, 그 결과 '한가하지 않음'을 의미하는 그리스어 'a-skholia'와 라틴어 'negotium'(nec-otium, '오티움[한가함]otium의 부정') 같은 부정적 용어 또는 그리스어 'pragma'[끝난 일, 사실, 실용], 프랑스어 affaires[일]('그저 à faire[해야 할 일]라는 표현의 실체화일 뿐이다') 또는 영어의 형용사 'busy'(이것이 '비즈니스라는 추상명사를 만들어내게 된다') 같은 총칭적 용어에 의해서만 규정될 수 있는 직업"이었다는 것이다. Emile Benveniste, *Indo-European Language and Society*, Miami 1973(1969), p. 118을 보라.

서 태어난 크루소는 그것이 '세계에서 가장 좋은 상태'라는 아버지 생각을 거부하며, 그것을 넘어서는 데 평생을 바친다. 그렇다면 왜 이 계급의 성공을 인정하기보다는 그저 그런 출발점으로 돌려보내는 명칭에 안주한단 말인가? '부르주아' 대신 '중간계급'을 선택하는 데서 내깃돈은 무엇이었을까?

'부르주아'라는 말은 '봉건적 관할권으로부터 자유롭고 법적 면세권을 누리는 중세 도시^{bourgs} 거주자'(『로베르 사전』)를 가리키기 위해 11세기에 프랑스에서 *burgeis*라는 말로 최초로 등장했다. 이어 이 용어의 법적 의미 — 그로부터 '~으로부터의 자유'라는 전형적으로 부르주아적 관념이 등장했다 — 는 17세기가 끝날 즈음 일련의 익숙한 부정과 함께 "성직자계급에도 또 귀족계급에도 속하지 않으며, 제 손으로 노동하지 않으며, 독립적 수단을 소유한"(다시 한 번 『로베르 사전』이다) 어떤 사람을 가리키는 경제적 의미와 결합된다. 이 순간부터 계속해서 비록 연대순과 의미론은 나라마다 변하지만18 이 단어는 이탈리아어의 *borghese*부터 스페인어의 *burgués*와 포르투갈어의 *burguês*, 독일어의 *Bürger*, 네덜란드어의 *burger*에 이르기까지 서구의 모든 언어에서 나타난다. 이 군##에서 영어 '부르주아'는 민족어[국어]의 형태론에 의해 동화되는 대신 해당 용어가 누가 보아도 오인할 수 없게 프랑스어에서 수입된 것임을 알 수 있는 채 남아 있는 유일한 경우로 두드러진다. 그

---

18 '1700년경의 (도시-) 시민burgher부터 1800년경의 (국가-) 시민citizen을 거쳐 비프롤레타리아를 가리키는 1900년경의 Bürger에까지 이르는 독일어 Bürger의 궤적이 특히 현격하다. 코젤렉, 「개념사와 사회사」, 『지나간 미래』, 132~133페이지를 보라.

리고 실제로 '(프랑스) 시민 또는 자유인'이 명사로서의 '부르주아'에 대한 *OED*의 첫 번째 규정이다. '프랑스 중간계급의 것 또는 그와 관련된'이 단어의 형용사형에 대한 첫 번째 규정인데, 프랑스, 이탈리아, 독일을 가리키는 일련의 인용문에 의해 즉시 그것이 강화된다. '부르주아 bourgeoise'라는 여성명사는 '프랑스의 중간계급 여성'인 반면 부르주아 bourgeoisie — 프랑스, 유럽대륙, 독일을 언급하는 처음의 세 표제어 — 는 — 나머지와 시종일관해 — '프랑스 도시의 자유민 단체이다. 프랑스의 중간계급. 또한 다른 나라들의 중간계급으로 연장된다.'

'부르주아'는 그처럼 영어가 아닌 것으로 표시되어 있다. 크레이크 Dinah Craik의 베스트셀러 『존 할리팩스, 신사*John Halifax, Gentleman*』(1856년) — 한 섬유 산업가의 허구적 자서전이다 — 에서 이 단어는 단 3번밖에 나오지 않는데, 외래어라는 표시로 항상 이탤릭으로 처리되며, 단지 생각을 얕잡아보거나('내가 말하는 것은 더 낮은 계급, 부르주아야') 경멸감을 표시하기 위해서만('뭐라고! 부르주아 — 장사치?') 사용된다. 크레이크 시대의 다른 소설가들의 경우 그에 대해 완전 침묵이다. 250편의 소설을 포함하며 19세기 정전正傳의 다소 확장된 버전을 제공하는 〈초드윅-힐리의 DB〉의 경우, '부르주아'는 1850~1860년 간에는 정확히 한 번 나오는 반면 '부자인'은 4,600번, '부유한'은 613번, '번창하는'은 449번 나온다. 그리고 만약 이 탐구를 이 세기 전체로 넓힌다면 — 빈도보다는 이 용어의 적용 범위와 관련해 약간 다른 각도에서 접근하자면 — 〈스탠퍼드 문학 랩〉의 3,500권의 소설은 아래 결과를 보여준다. 즉 '부자인'은 1,060개의 상이한 명사에, '부유한'은 215개에, '번영하는'은

156개에 적용되었다. '부르주아'는 8개에 적용되었다. 가족, 의사, 미덕들, 분위기, 미덕, 애정, 극장 그리고 기이하게도 장식 쇠에.

왜 그렇게 꺼릴까? 코카는 이렇게 쓴다. 즉 일반적으로 부르주아 집단은

> 낡은 권위, 특권을 세습해온 귀족계급, 절대왕정과 단절했다. …… 이 사유 노선으로부터 그와 반대의 것이 따르게 된다. 이 전선들이 사라지거나 희미해질수록 포괄적인 동시에 제한된 시민계급Bürgertum에 대해 말하는 것은 현실 속에서는 실체를 잃는다. 그것이 국제적 차이를 설명한다. 즉 귀족계급의 전통이 약하거나 부재하는 곳(스위스와 미국), 전국에 걸친 조기의 봉건제 해체 및 농업의 상업화가 귀족-부르주아 또는 심지어 도시-농촌의 구분을 점차 마모시킨 곳(영국과 스웨덴)에서 우리는 변별적인 시민계급 그리고 시민계급에 관한 담론의 형성을 방해하는 강력한 요인을 발견한다.19

시민계급에 관한 담론을 위한 명확한 '전선들'의 결여. 바로 그것이 영어라는 언어를 '부르주아'라는 단어에 그토록 무관심하게 만들었다. 역으로 산업화 초기의 영국의 많은 관찰자가 중간에 있는 계급을 **원했다**는 단순한 이유로 '중간계급' 뒤에서는 압력이 쌓여가고 있었다. 밀은 『통치론』(1824년)에서 제조업 구역은 "중간계층의 매우 큰 결핍으로

---

19 Kocka, "Middle Class and Authoritarian State", pp. 194-195.

인해 특히 불행했는데, 그곳 인구는 거의 전적으로 부유한 제조업자와 가난한 노동자로 구성되어 있었기 때문이다"20라고 쓰고 있다. 부자와 빈자. 파킨슨은 맨체스터에 대한 유명한 기술에서 이렇게 지적하는데, 그것이 동시대의 많은 사람의 말 속에서도 반향되고 있다.

> 세계에서 부자와 빈자의 격차가 그렇게 큰 도시 또는 둘 간의 장벽이 그렇게 넘기 힘든 도시는 존재하지 않는다.21

공업의 성장이 영국 사회를 양극화시키면서 —「1844년의 경제학·철학 초고」라면 '사회 전체가 **소유자**와 **무소유의 노동자**라는 두 계급으로 분열될 수밖에 없을 것'[1권, 71페이지]이라고 냉혹하게 묘사할 것이다 — 매개에 대한 요구는 점점 더 절실해졌는데, 중간의 계급이 (다시 밀의 말을 인용하자면) '가난한 노동자의 고통'에 '공감할' 수 있는 반면 또한 '조언'에 의해 그들을 '인도하고', "칭찬할 수 있는 좋은 모범"22을 제공할 수 있는 유일한 계급처럼 보였다. 브로엄 경은 이 계급은 '상층 신분과 보다 하층 신분을 연결하는 고리'라고 덧붙이는데, 그는 또한 이 계급을 — '중간계급의 지성'이라는 제목의 〈선거법개정안 Reform Bill〉 연설에서 — "냉철하고 합리적이며 지적이고 정직한 영국적 감정의 진정한 저장소"23로 묘사했다.

20 James Mill, *An Essay on Government*, ed. Ernest Baker, Cambridge 1937(1824), p. 73.
21 Richard Parkinson, *On the Present Condition of the Labouring Poor in Manchester; with Hints for Improving It*, London/Manchester 1841, p. 12.
22 Mill, *Essay on Government*, p. 73.

만약 경제가 중간에 있는 계급에 대한 광범위한 역사적 수요를 창출했다면 정치는 결정적인 전술적 비틀기twist을 추가했다. 〈구굴 북스 코퍼스〉에서 '중간계급', '중간계급들'과 '부르주아'는 1800~1825년 사이에는 대체로 동일한 빈도를 보여주는 것 같다. 하지만 사회구조와 정치적 대변代辯 간의 관계가 공적 삶의 중심으로 이동한 1832년의 〈선거법개정안〉 직전에 '중간계급'과 '중간계급들'의 사용 빈도가 갑자기 '부르주아'보다 2~3배 늘어난다. 아마 '중간계급'이라는 용어가 부르주아가 독립적 집단이라는 주장을 일축하고, 대신 그것을 **위로부터 내려다** 보고 이 계급에 정치적 봉쇄라는 과제를 위임하기 위한 방법이었기 때문일 것이다.24 이어 일단 세례식이 치러지고 새로운 용어가 굳어진 이상 온갖 종류의 후과(그리고 역전)가 이어졌다. 가령 비록 '중간계급'과

---

23 Henry Brougham, *Opinions of Lord Brougham on Politics, Theology, Law, Science, Education, Literature, &c. &c.: As Exhibited in His Parliamentary and Legal Speeches, and Miscellaneous Writings*, London 1837, pp. 314—315.

24 톰슨F. M. L. Thompson(*The Rise of Respectable Society: A Social History of Victorian Britain 1830-1900*, Harvard 1988, p. 16)은 이렇게 쓴다. "1830~1832년의 상황에서 긴요한 일은 — 휘그당 출신 장관들에게는 그렇게 보였다 — 중간계급과 노동계급 사이에 쐐기를 박음으로써 급진적 동맹을 깨는 것이었다." 중간계급 아래 놓인 이 쐐기는 그것 위의 동맹의 약속에 의해 복잡해졌다. 그레이 경은 이렇게 선언했다. "사회의 중간계층order을 보다 높은 계층과 연합시키는 것은 극히 중요하다." 반면 — 중간계급에 대한 오랜 논쟁을 예외적으로 투명하게 재구성한 바 있는 — 워먼Drohr Wahrman은 브로엄의 저 유명한 찬사 또한 "비타협적 태도보다는 정치적 책임을, 인민의 권리보다는 왕에 대한 충성을, 자유의 침해에 맞서는 것보다는 혁명에 맞선 요새로서의 가치를 강조했다"고 지적한다(*Imagining the Middle Class: The Political Representation of Class in Britain, c. 1780-1840*, Cambridge 1995, pp. 308-309).

'부르주아'는 정확히 동일한 사회적 실재를 가리키지만 각각의 둘레에 매우 상이한 연합을 창조했다. 일단 중간에 놓이면 부르주아는 자체가 부분적으로 하층subaltern인 집단으로, 세상의 이치에 대해 정말로 책임질 수 없는 집단으로 보일 수도 있을 것이다. 그렇다면 '하층', '중간층', '상층'은, 농민계급, 프롤레타리아, 부르주아계급, 귀족계급처럼 동일한 표준으로 잴 수 없는 범주 — 계급 — 사이에서보다는 이동성을 훨씬 더 상상하기 쉬운 연속체를 형성할 것이다. 그렇다면 결국 '중간계급'에 의해 창조되는 상징적 지평은 영국(그리고 아메리카)의 부르주아계급에게서는 극히 잘 먹힌다. 1832년의 최초의 패배. 그것은 "부르주아계급의 독자적 [정치적] 대변"25을 불가능하게 만들었다. 그리고 나중에는 직접적 비판으로부터 이 계급을 보호하고, 사회적 위계와 관련해 각종 버전의 완곡어법을 촉진했다. 그로에튀상이 옳았다. 익명으로 남는 것은 먹힌다.

4. 역사와 문학 사이에서

역사와 문학 사이의 부르주아. 하지만 나는 본서에서 단지 검토 가능한 소수 사례에 논의를 국한할 생각이다. 나는 권력장악prise de pouvoir 이전의 부르주아부터 논의를 시작한다(「'노동하는' 주인」). 나머지 인류로부터 떼어내진 섬 위의 유일한 인간을 둘러싼 디포와 베버 간의 대화

---

25 Perry Anderson, "The Figures of Descent"(1987), in *English Questions*, London 1992, p. 145.

가 그것이다. 하지만 이 인간은 자기 존재 속에서 일정한 패턴을 보고 그것을 표현할 정확한 말을 찾기 시작한다. 2장 「진지한 세기」에서 이 섬은 반(半)대륙이 된다. 부르주아가 서유럽을 가로질러 늘어났으며, 많은 방향으로 영향력을 연장했다. 이 역사의 가장 '미학적인' 순간이다. 서사적 발명들, 스타일적 일관성, 명작들. — 위대한 부르주아 문학이 나타난 것이다. 도대체 혹시 그런 것이 존재한다면 말이다. 빅토리아조 영국을 다루는 3장 「안개」는 다른 이야기를 들려준다. 예외적 성공을 거둔 수십 년 후 부르주아는 더 이상 단순히 '홀로'일 수 없을 것이다. 나머지 사회에 대한 그의 권력 — '헤게모니' — 이 이제 일정에 오른다. 그리고 바로 이 순간 부르주아는 갑자기 창피해한다. 권력을 획득했지만 비전의 명료성을, '스타일'을 잃어버린 것이다. 이곳이 본서의 전환점이자 진리의 순간이다. 부르주아는 정치적 존재감을 확립하고 일반적 문화를 정식화하는 데서보다는 경제 영역 내부에서 권력을 행사하는 데 훨씬 더 능숙함이 드러난다. 나중에 부르주아의 세기에 태양이 지기 시작한다. 「민족적 기형들」의 남유럽과 동유럽에서는 앙시앵레짐의 존속에 의해 하나의 위대한 형상에 뒤이어 다른 것이 분쇄되고 조롱된다. 반면 같은 시기에 입센의 연작 희극의 비극적 무인지대(분명히 그것은 '노르웨이' 이상이다)로부터 부르주아적 존재에 대한 최후의 발본적 자기비판이 나온다(「입센과 자본주의 정신」).

지금으로서는 이 시놉시스로 족하기로 하자. 그리고 단지 문학연구와 역사연구 간의 관계에 대해 간략하게 tout court 몇 마디만 추가하도록 하자. 문학작품에 의해 제공되는 것은 어떤 종류의 역사이며, 어떤 종류의 **증거**일까? 분명히 직접 증거는 결코 아니다. 『북과 남North and South』 (1855년)의 방앗간 소유주 손턴 또는 『인형The Doll』(1890년)의 기업가 [뒤에서 다루게 되는 프루스의 소설 『인형』의 주인공인] 보쿨스키Stanislaw Wokulski는 맨체스터나 바르샤바의 부르주아에 대해 정확히 아무것도 입증하지 않는다. 그들은 평행적인 역사적 계열에 속한다. ― 일종의 문화의 이중나선 구조로, 거기서 자본주의적 근대화의 발작은 문학적 형식-형성[형식-부여 또는 형식화]form-giving에서 그에 걸맞은 짝을 찾고 재형성된다. 청년 루카치는 『소설의 이론』에서 이렇게 쓴다.

> 모든 형식은 현존재가 안고 있는 근본적 불협화음의 해소이다.26

그리고 만약 그렇다면 문학은, 불협화음은 시야에서 완전히 사라진 반면 해결책 ― 아주 간단하게 우리가 여전히 읽고 있는 텍스트가 그것이다 ― 은 모두 완벽하게 보존된 저 기이한 우주이다. 이 해결책은 철저할수록 그만큼 더 성공적인 것으로 드러났다.

질문은 사라지고 대답은 살아남은 이 역사에는 뭔가 유령 같은 것이 존재한다. 하지만 만약 문학의 형식은 한때 살아 있었으며 문제적 존재로 현존했던 것의 화석 잔존물이라는 생각을 받아들인다면, 만약 그것이 해결하기로 설계되어 있던 문제를 이해하기 위해 뒤로 거슬러 올라가 그것을 '역-공작해본다면reverse-engineering', 만약 그렇게 한다면 형

---

26 루카치, 반성완 역, 『소설의 이론』, 심설당, 66페이지.

식 분석은 그렇지 않았더라면 감추어진 채 있었을 과거의 차원을 — 항상 실제로는 아니지만 원리상 — 열어줄 수 있을 것이다. 거기에 그것이 역사 지식에 기여할 가능성이 존재한다. 과거에 대한 입센의 암시의 불투명성을 또는 빅토리아적 형용사의 완곡한 의미론을 또는 심지어 (얼핏 보기에는 신명나는 과제는 아니지만) 『크루소』에서 동명사의 역할을 이해하는 것에 의해 우리는 그림자들의 영역에 들어가는데, 거기서 과거는 목소리를 회복하고 여전히 우리에게 말한다.27

5. 추상적 주인공[영웅]

하지만 우리에게 말한다, **오직** 형식이라는 매체를 통해서만. 이야기

27 사회적 모순에 대한 구조화된 응답으로서의 미학의 형식. 문학의 형식과 사회사 간에 그와 같은 관계가 존재하므로 나는 졸고 「진지한 세기」는 비록 원래 다른 문학론 모음집[이탈리아에서 5권으로 발행된 *Il Romanzo*를 말한다]을 위해 쓴 글이지만 본서에 상당히 매끄럽게 꼭 들어맞으리라고 추측했었다(결국 그것의 잠정적 제목은 오랫동안 '부르주아적 진지함에 대해'였다). 하지만 앞의 졸고를 다시 읽어본 후 즉각 본래 원고의 많은 부분을 잘라내고 나머지를 재정식화해야 한다는 느낌이 들었다(말 그대로 **느낌이 들었다**. 즉 비합리적으로, 그리고 꼼짝없이). 편집을 마치고 난 후 나는 그것이 세 부분 — 모두 원래의 원고에서 '갈림길'이라는 제목을 갖고 있었다 — 과 가장 크게 관련되어 있음을 깨달았는데, 그것들은 부르주아적 진지함의 형태가 형성되어온 보다 폭넓은 형태공간morphospace의 개요를 그려 보이고 있었다. 다시 말해 내가 빼버릴 필요가 있다고 느낀 것은 역사적으로 가용했던 형식적 이형태異形態들의 스펙트럼이었다. 살아남은 것은 19세기에 이루어진 선택 과정의 결과이다. 부르주아 문화에 관한 책에서 그것은 개연성 있는 선택처럼 보인다. 하지만 그것은 **문학의** 역사로서의 문학사 — 여기서는 임의의 선택권의 복수성, 심지어 무작위성이 이 그림의 핵심적 측면이다 — 그리고 **사회의** 역사(의 일부)로서의 문학사 — 대신 여기서 중요한 것은 특수한 형식과 그것의 사회적 기능 간의 연관이다 — 간의 차이를 강조해준다.

들, 그리고 스타일들. 내가 부르주아를 발견한 것은 거기서이다. 특히 스타일들에서. 적잖이 놀랄 일이었는데, 서사가 얼마나 자주 사회적 정체성의 토대로 간주되고28 그리고 얼마나 자주 부르주아가 —『정신현상학』의 몇몇 유명한 장면부터 「선언」의 '단단한 모든 것이 녹아 대기 속으로 사라진다' 그리고 슘페터의 창조적 파괴까지 — 격동 및 변화와 동일시되는지를 검토해볼 때 그렇다. 그래서 나는 부르주아 문학이 새롭고 예측 불가능한 플롯에 의해 규정되리라고 기대했다. 자본주의적 혁신에 대해 엘스터가 쓰듯이 "어둠 속으로의 도약"29에 의해 말이다. 하지만 대신 「진지한 세기」에서 내가 주장하는 대로 사태는 정반대였던 것 같다. 불안정이 아니라 **규칙성**이 부르주아적 유럽의 위대한 서사적 발명품이었다.30 단단했던 모든 것은 점점 더 그렇게 되었다.

---

28 프랑스의 부르주아를 다룬 최근 저서에서 예를 하나 들어보자. "나는 여기서 사회집단의 존재는 물질적 세계 속에 뿌리내리고 있지만 언어, 보다 구체적으로는 서사에 의해 형성된다고 상정한다. 어떤 집단이 사회와 정치적 조직체 속에서 하나의 행위자로서 자기의 역할을 주장하려면 자기 이야기[들]를 갖고 있어야 한다." Sarah Maza, *The Myth of the French Bourgeoisie: An Essay on the Social Imaginary, 1750-1850*, Cambridge, MA, 2003, p. 6.

29 슘페터는 '효율성과 합리성 때문이 아니라 역동적 성격 때문에 자본주의를 찬양했다.' "...... 혁신의 창조적이고 예견 불가능한 측면에 대해 대충 얼버무리고 넘어가기보다 그는 그것을 자기 이론의 초석으로 삼았다. 혁신은 본질적으로 불안정한 현상이다. — 어둠 속으로의 도약이다." Jon Elster, *Explaining Technical Change: A Case Study in the Philosophy of Science*, Cambridge 1983, pp. 11, 112.

30 서사[화]에 대한 부르주아의 그와 동일한 저항은 네덜란드의 **황금기**에 대한 헬거슨 Richard Helgerson의 연구에도 나온다. 거기서는 시각예술이 주된 예술 형식으로, 거기서 '여성, 아이, 하인, 농민, 장인, 주제넘게 나서는 남성 소송인은 **행동하는** 반면 보다 상층인 남성 가장은 그저 그렇게 **존재할** 뿐이며 ...... 비서사적 장르인 초상화에서 선택의 형태를 발견하는 경향이 있다.' "Soldiers and Enigmatic Girls: The Politics of Dutch Domestic

왜? 주된 이유는 아마 부르주아 자체에 있을 것이다. 19세기가 진행되는 내내 일단 '새로운 부'를 백안시하는 낙인이 극복되자 계속해서 되풀이되는 몇 가지 특징이 이 형상 둘레에 모여들었다. 무엇보다 먼저 에너지가 그것이었다. 그리고 자제력, 지적 명료성, 상업적 정직성, 강한 목표의식이 그것이었다. 모두 '좋은' 특징이다. 하지만 서구의 스토리텔링이 말 그대로 수천 년 동안 의존해온 유형의 서사적 주인공[영웅] ― 전사, 기사, 정복자, 모험가 ― 과 짝을 맺을 정도로 충분히 좋지는 않다. 슘페터는 '증권거래소는 성배의 빈약할 대역일 뿐이다'라고 조롱하듯이 쓰고 있다. 그리고 ― '온통 세로로 줄지은 숫자들에 파묻힌 사무실에서' 이루어지는 ― 사업가로서의 삶은 "본질적으로 비영웅적일 수밖에"31 없는 운명이다. 그것이 오래된 지배계급과 새로운 지배계급 간의 주요한 불연속성이다. 귀족계급은 용감무쌍한 기사들의 회랑 전체 속에서 뻔뻔하게 자기를 이상화한 반면 부르주아는 자신과 관련해 그러한 어떤 신화도 만들어내지 않았다. 모험의 거대한 메커니즘은 부르주아 문명에 의해 부식되고 있었다. ― 그리고 등장인물은, 아무런 모험도 없이, 미지의 것과의 조우에서 유래하는 **독특함**uniqueness이라는 각인을 잃어버렸다.32 기사에 비해 부르주아는 아무런 [외형적] 표시도 없고,

---

Realism, 1650-1672", *Representations* 58(1997), p. 55를 보라.
31 슘페터, 변상진 역, 『자본주의, 사회주의, 민주주의*Capitalism, Socialism and Democracy*』, 한길사, 269페이지, 254~255페이지. 비슷한 맥락에서 베버는 칼라일이 크롬웰 시대를 '우리들 최후의 영웅주의'로 규정하고 있음을 환기시킨 바 있다(베버, 박성수 역, 『프로테스탄티즘의 윤리』, 9페이지).
32 투기적 심성과 자본주의적 정신 간의 관계에 대해서는 Michael Nerlich, *The Ideology*

[뚜렷한 형태로] 손에 잡히지 않는 것 같다. 모든 부르주아는 다른 여느 부르주아와 비슷하다. 여기『북과 남』을 여는 장면이 있는데, 여주인공이 어머니에게 맨체스터의 산업가를 이렇게 묘사한다.

'아! 전 별로 아는 바가 없어요.' 마가렛이 느릿느릿 대답했다. …… '서른 살 정도에, 딱히 평범하지도 않고 그렇다고 잘 생기지도 않은, 특징 없는 얼굴이에요. 신사까지는 아닌데, 하지만 그건 바라기 힘든 일이잖아요.' '그렇다고 상스럽거나 저속한 사람도 아니야'라며 그녀의 아버지가 덧붙였다.33

별로, 정도, 딱히 ~아니다, 없다, 까지는 아니다. …… 통상 매우 날카로운 마가렛의 판단은 소용돌이를 이루는 회피 속에서 길을 잃고 만다. 부르주아적 유형의 **추상화**가 이루어지는 셈이다.『자본』에서 몇 구절을 인용하자면, 극단적 형태에서는 단지 '인격화된 자본', 또는 심지어 단지 "잉여가치를 잉여자본으로 전화시키기 위한 기계"34일 뿐이다. 보다 후일의 베버에게서와 마찬가지로 마르크스에게서도 모든 감각적 특징의 방법론적[철저한] 억압은 이 등장인물이 도대체 어떻게 흥미진진한 이야기의 중심이 될 수 있는지를 상상하는 것을 어렵게 만든다. ─ 물론 토마스 만이 그리는 영사領事 토마스 부덴부르크의 초상(이것은

of Adventure: Studies in Modern Consciousness, 1100-1750, Minnesota 1987(1977) 그리고 다음 장의 첫 두 절을 보라.
33 개스켈Elizabeth Gaskell, 이미경 역,『북과 남North and South』, 문학과 지성사, 101페이지.
34 마르크스, 김영민 역,『자본』I-3, 이론과 실천, 671페이지, 675페이지.

베버 본인에게 깊은 인상을 남겼다)에서처럼 자기-억압이 해당 이야기이지 않다면 말이다.35 보다 이전 시기에 또는 자본주의 유럽의 주변부에서 사태는 그와 달랐는데, 거기서 하나의 체계로서의 자본주의의 취약함은 크루소, [뒤에서 다루게 되는 베르가의 소설『마스트로-돈 제수알도』의 주인공인] 모타Gesualso Motta 또는 보쿨스키 같은 강력한 개인적 형상을 상상할 수 있는 훨씬 더 큰 자유를 남겨놓는다. 하지만 자본주의적 구조가 굳어지는 곳에서는 서사의 메커니즘 그리고 스타일의 메커니즘이 텍스트의 중심으로서의 개인을 대체한다. 그것이 본서의 구조를 살펴볼 수 있는 또 다른 방식이다. 그리하여 부르주아적 등장인물에 두 장, 부르주아적 언어에 두 장이 할애된다.

6. 산문과 열쇠말: 예비적 고찰

나는 이야기story보다는 스타일style에서 부르주아를 발견했다, 라고 몇 페이지 앞에서 말했는데, 내가 말하는 '스타일'이란 대체로 두 가지 것을 의미한다. 산문prose과 열쇠말keyword이 그것이다. 산문의 수사학은 본서의 첫 두 장에서 한 번에 한 측면(연속성, 정확성, 생산성, 중립성 ……)씩 서서히 시야에 들어오게 될 텐데, 거기서 나는 18~19세기 내내

---

35 토마스 만과 부르주아에 대해서는 루카치의 소론 외에도 로사Alberto Asor Rosa의 "Thomas Mann o dell'ambiguità borghese', *Contropiano* 2: 68 and 3: 68을 보라. 만약 부르주아를 주제로 한 책을 쓰리라는 생각이 처음 뇌리를 스쳐간 특수한 한 순간이 있었다면, 40년 전에 로사의 에세이들을 읽었을 때였다. 이후 그것은 1999~2000년에, 즉 베를린의 Wissenschaftskolleg에 머물던 시기에 본격적으로 시작되었다.

상승하는 그것의 원호[弧]를 차트화하고 있다. 그것은, 부르주아적 산문은 대단한 성취였다. — 그리고 매우 **힘들인**[노동으로 만들어진]laborious 성취였다. 이 산문의 우주[세계]로부터 '영감' — 신으로부터 이 선물. 거기서는 아이디어와 결과가 창조라는 단 한순간에 마술적으로 융합된다 — 이라는 어떤 개념도 부재하는 것은 **노동**을 즉각 생각하지 않고는 산문이라는 매체를 상상하기가 얼마나 힘든지를 암시한다. 분명히 언어적 노동일 테지만 부르주아적 활동의 가장 전형적인 몇몇 특징을 구현하는 종류의 것일 터이다. 만약 본서 『부르주아』에 주인공이 있다면 이 **힘들인**[공들인] 산문이 분명히 그것이다.

내가 방금 개요를 제시한 산문은 이념형으로, 어떤 특수한 텍스트에서도 결코 완전히 실현되지 않는다. 열쇠말은 그렇지 않다. 그것은 실제적인 단어로, 현실의 작가가 사용하는 것으로, 이런저런 책에까지 완벽하게 추적 가능하다. 여기서 개념적 틀은 수십 년 전에 윌리엄스에 의해 『문화와 사회*Culture & Society*』 그리고 『열쇠말들*Keywords*』에서 그리고 개념사*Begriffgeschchte*에 대한 코젤렉의 작업에서 정해졌다. 근대 유럽의 정치 언어에 초점을 맞추는 코젤렉에게서

개념은 그것이 파악하는 연관에 대한 지표일 뿐만 아니라 그것 자체가 하나의 **요소**이다.[36]

---

[36] 코젤렉, 「개념사와 사회사」, 『지나간 미래』, 135페이지.

보다 정확히는 언어와 현실 간의 '긴장'을 불러일으키는 요소, 종종 "[법적 불평등에 대항하는] 투쟁적 개념"37이다. 비록 지성사를 위한 위대한 모델이지만 이 접근법은 그로에튀상 말대로 "행동하지만 많은 말을 하지는 않는"38 사회적 존재에게는 아마 어울리지 않을 것이다. 그리고 앞의 존재는 말할 때도 개념의 지적 명료성보다는 건성 건성하는 일상의 영어를 선호한다. 따라서 '투쟁'이라는 말은 분명히 '유용한', '능률적인', '진지한' 같은 실용적, 구성적 열쇠말을 가리키기에는 잘못된 용어이다. ― '편안함'이나 '영향' 같은 위대한 매개자는 굳이 언급할 필요 없이 말이다. 그것들은 코젤렉의 '긴장'보다 "세계와 사회가 [상호] **적응할 수 있도록 해주는 도구**"39가 언어라는 뱅베니스트의 생각에 훨씬 더 가깝기 때문이다. 나의 열쇠말 중 너무 많은 것이 형용사인 것으로 드러나는 것은 우연이 아니라고 생각한다. 문화의 의미론적 체계에게 (개념은 별도로 하더라도) 명사보다는 덜 핵심적인 형용사는 비체계적이며, 실로 '적응 가능하다.' 또는 험프티 덤프티라면 경멸적으로 이렇게 말할 것이다. "형용사야, 네가 맘대로 할 수 있지만 [명사는 아니야]."40

산문 그리고 열쇠말. 두 개의 병행하는 실 가닥으로, 우리의 논증 내내 상이한 크기의 절, 문장 그리고 개별 단어 수준에서 재출현할 것이

---

37 앞의 책, 126페이지.
38 Groethuysen, *Origines* I, p. xi.
39 Emile Benveniste, "Remarks on the Function of Language in Freudian Theory", in *Problems in General Linguistics*, Oxford, OH, 1971(1966), p. 71(강조는 필자의 것이다).
40 루이스 캐럴, 남장현 역, 『거울 나라의 앨리스』, 부북스, 113페이지.

다. 둘을 통해 부르주아 문화의 기묘함peculiarity은 잠재적인 것으로부터, 그리고 심지어 언어의 묻혀진 차원으로부터도 나타날 것이다. 명석판명한 관념보다는 무의식적인 문법 유형과 의미론적 연상으로 만들어진 '심성.' 그것은 본서의 원래 계획은 아니었다. 그리고 빅토리아적 형용사를 다룬 부분이 본서의 개념적 중심일 수 있다는 사실에 의해 여전히 당황하는 순간이 있다. 하지만 비록 여러 가지 부르주아적 이념이 많은 주목을 받았다고는 해도 그의 심성은 여전히 — 거의 1세기 전에 이루어진 그로에튀상의 연구 같은 소수의 고립된 시도를 제외하면 — 대체로 탐구되지 않은 채로 있다. 그리고 언어의 세목minutiae은 위대한 이념이 종종 가면으로 가리는 비밀을 드러낸다. 새로운 열망과 오래된 관습 간의 알력, 부정 출발, 망설임, 타협이 그것이다. 한마디로 말해, 문화사의 **느림**. 부르주아 문화를 미완의 프로젝트로 보는 저서에게는 그것이 올바른 방법론적 선택처럼 느껴졌다.

7. '부르주아는 길을 잃었다. ……'

1912년 4월 14일. 솔로몬 구겐하임의 동생 벤야민Benjamin Gugenheim이 타이타닉 호에 승선 중이었는데, 배가 가라앉기 시작하자 다른 남성 승객들의 광란 그리고 종종 야만성을 견뎌내고 여성과 아이들이 구명선에 올라탈 수 있도록 도운 사람 중 하나였다. 그런 다음 그의 집사가 구명선에 사람들을 태우라는 명령을 받았을 때 작별을 고하며 '벤 구겐하임이 겁쟁이여서 한 명의 여성도 선내에 남아 있지 않았다'고 아내에게 말해줄 것을 요청했다. 그리고 그게 다였다.41 그의 말은 그보다는 약간 덜 공감을 불러일으키는 것일 수도 있었지만 실제로 그것은 문제가 되지 않는다. 그는 옳은 일을, 하기 매우 어려운 일을 했다. 따라서 카메론의 1997년도 영화〈타이타닉〉을 위해 일한 조사자는 이 일화를 발굴했을 때 즉각 시나리오 작가들에게 알려주었다. 이 얼마나 대단한 장면인가. 하지만 그는 단호히 거절당했다. 너무 비현실적이라는 것이었다. 부자는 겁[냄] 등과 같은 추상적 원리를 위해 죽지 않는다는 것이다. 그리고 실제로 영화에서는 어렴풋이 벤야민을 연상시키는 한 형상이 권총을 들고 군중을 헤치고 나가 구명선에 올라타려고 시도한다.

1932년에 만은「부르주아 시대의 대변자로서의 괴테」라는 에세이에서 '부르주아는 길을 잃었다'고 썼는데, 타이타닉호와 관련된 앞의 두 순간 ― 20세기의 두 정반대 끝 쪽에 위치해 있다 ― 은 그에게 동의한다. 길을 잃은 것은 자본주의가 길을 잃었기 때문이 아니다. 반대로 자본주의가 이전 어느 때보다 더 강하기 때문이다(골렘처럼 대부분 파괴 속에서 그럴지라도 말이다). [녹아 대기 속으로] 사라진 것은 부르주아가 **정당하다**[정통이라]는 느낌이다. 단지 지배할 뿐만 아니라 그렇게 해야 **마땅하다**는 지배계급의 이념이 그것이다. 타이타닉호에서 벤야민 말에 생명을 불어넣은 것이 그와 같은 확신이었다. 헤게모니 개념을 논하는 그람시의 구절 중 하나를 인용하자면42, 그의 계급의 '위엄(그리고 따라서

---

41 John H. Davis, *The Guggenheims, 1848-1988: An American Epic*, New York 1988, p. 221.
42 Antonio Gramsci, *Quaderni del carcere*, Torino 1975, p. 1519.

신뢰)'이 내깃돈으로 걸렸던 것이다. 그것을 포기한다는 것은 통치할 권리를 잃음을 의미했다.

　　권력, 가치들에 의해 정당화된. 하지만 부르주아의 정치적 지배가 마침내 의제에 오르는 것과 꼭 마찬가지로[43] 재빨리 연속해서 출현한 세 개의 중요한 새로운 사태가 그림을 영원히 바꾸어버렸다. 먼저 정치적 붕괴가 찾아왔다. 호시절belle époque이, 이 사조가 자기를 비추어보기를 좋아한 오페레타opérette 같은 싸구려의 번지르르함 속에 종말에 이르면서 부르주아는 오래된 엘리트와 협력해 유럽을 전쟁의 대학살 속으로 몰아넣었다. 나중에는 검은색 셔츠[이탈리아의 파쇼당원]와 갈색 셔츠[독일의 나치당원] 뒤에 숨어 계급이익을 보호하고, 최악의 대량학살을 위한 길을 닦았다. 앙시앙레짐이 종말을 고하면서 새로운 인간들은 진정한 지배계급처럼 행동할 수 없음이 입증되었다. 1942년에 차디찬 경멸감과 함께 "부르주아에게는 …… 주인이 필요하다"[44]라고 쓸 때 슘페터는 자기가 무슨 말을 하고 있는지를 굳이 설명할 필요가 없었다.

　　본성상 앞의 것과 거의 정반대인 두 번째 변형은 제2차세계대전 이후, 민주주의 체제가 광범위하게 수립되면서 출현했다. 앤더슨은 이렇게 쓴다. 즉 '현대의 자본주의 사회구성체 내부에서 대중으로부터 얻어

---

43 아렌트는 이렇게 쓴다. "정치적 지배에 대한 포부 없이 먼저 경제력에서 두드러진 역량을 발휘한 역사상 최초의 계급'인 부르주아는 제국주의 시기(1886~1914년)에 '정치적 해방'을 달성했다." 박미애, 이진우 역, 『전체주의의 기원』 1권, 한길사, 268페이지.
44 슘페터, 앞의 책, 271페이지.

진 역사적 동의의 특이한 점은

대중이 기존의 사회질서 속에서 **궁극적 자결권을 행사하고 있다**는 믿음을 갖고 있는 점에서 찾을 수 있다. …… 국민의 정부에서 모든 시민이 민주주의적 평등을 누리고 있다는 신뢰가 그것이다. ― 다시 말해 어떤 지배계급도 존재함을 불신하는 것이다.45

단복을 입은 행진 대열 뒤로 숨은 유럽의 부르주아는 이제 하나의 계급으로서의 자기-소거를 요구하는 정치적 신화 뒤로 몰래 도주했다. 이 분식粉飾 행위는 '중간계급' 담론이 사방으로 퍼지는 바람에 그만큼 훨씬 더 용이해졌다. 그리고 이어 마지막 다듬질, 즉 자본주의가 상대적 복지를 서구의 대규모 근로대중의 삶에 가져오면서 상품이 새로운 정당화 원리가 되었다. 동의의 원리는 두말할 필요 없이 사람이 아니라 사물 위에 구축되었다. 그것이 오늘날의 여명이었다. 자본주의는 승승장구하고 부르주아 문화는 죽었다.

본서에는 많은 것이 빠져있다. 일부는 다른 지면에서 논했기 때문에 새로 말할 것이 아무것도 없다고 느껴졌다. 『세상의 이치 ― 유럽 문화 속의 교양소설』과 『아틀라스』에서 큰 역할을 한 발자크의 벼락부자par

---

45 "The Antinomies of Antonio Gramsci", *New Left Review* 1/100(November-December 1976), p. 30.

venue 또는 디킨스의 중간계급의 경우가 그렇다. 19세기 말의 미국 작가들 — 노리스Frank Norris, 하우얼스William Dean Howells, 드라이저Theodore Dreiser — 은 그 나름대로 전체 그림에 새로 보탤 것이 거의 없어 보였다. 게다가 본서는 당파적 에세이로, 백과전서적 야심 같은 것은 전혀 갖고 있지 않다. 그렇긴 하지만 혼자만으로도 한 권의 본격 저서가 될 조짐을 보이지만 않았더라도 나로서는 정말 포함시키고 싶었을 주제가 하나 있었다. 빅토리아조 영국과 1945년 이후의 미국 간의 유사성이 그것으로, 주로 반부르주아적 가치에 기반한 자본주의의 두 헤게모니 문화 — 지금까지 존재한 유일한 것이었다 — 의 역설을 강조하고 싶었다.46 물론 나는 공적 담론에서의 종교적 감정의 편재를 생각 중이다. 그것은 실제로는 점증하는 중인데, 세속화를 향한 보다 이전의 흐름을 현격히 역전시키고 있다. 19세기와 20세기 말의 대단한 기술적 진보에 대해서도 비슷하게 말할 수 있을 것이다. 합리주의적 심성을 권장하는 대신 산업혁명, 그리고 오늘날의 디지털 '혁명'은 과학적 문맹 그리고 믿음을 허용치 않는 종교적 미신의 혼합물을 생산해왔다. — 지금 그것들 또한 과거보다 더 나쁘다. 이 점에서 오늘날의 미국은 빅토리아적 장章의 핵심 명제

---

46 통상적 용법에서 '헤게모니'라는 용어는 역사적으로, 논리적으로 구분되는 두 영역을 가리킨다. 다른 자본주의 국가들에 대한 한 자본주의 국가의 헤게모니 그리고 다른 사회계급들에 대한 한 사회계급의 헤게모니가 그것이다. 또는 간단히 말해 국제적 헤게모니와 민족적 헤게모니가 그것이다. 영국과 미국은 지금까지 국제적 헤게모니의 유일한 사례였다. 하지만 물론 국내에서 행사하는 정도는 다 달랐지만 민족부르주아 헤게모니의 경우 많은 사례가 존재해왔다. 이 절 그리고 「안개」에서의 나의 논지는 내가 영국 그리고 미국의 민족적 헤게모니와 결부시키는 특수한 가치와 관련이 있다. 그것이 국제적 헤게모니를 촉진시킨 가치들과 어떻게 연결되는지는 여기서 제대로 다룰 수 없어서 그렇지 매우 흥미로운 질문이다.

를 발본화하고 있는 중이다. 자본주의 체계의 중심에서의 베버적 탈주술화의 패배 그리고 사회관계의 감정적 재주술화에 의한 그것의 대체가 그것이다. 두 경우 모두 내부의 핵심적 구성요소는 국민 문화의 극적 유아화였다. 빅토리아조 문학의 보우들러화Bowdlerization[Thomas Bowdler: 여성과 어린이가 읽기 편하도록 유용하게 만든다는 명분을 내세워 여기저기 제멋대로 삭제하고 축약한 『가정용 셰익스피어The Family Shakespeare』을 출판했다]를 착수시킨 '가정 독서'라는 신성한 이념부터 미국적 오락을 잠재운 시럽 같은 복제품 — TV를 보며 미소 짓는 가족 — 에 이르기까지 말이다.47 그리고 이 유사성은 '유용한' 지식 그리고 — 스포츠에 중독되는 것부터 시작해 — 많은 교육정책의 반지성주의부터 '진지한earnest'(과거)과 '재미 있는fun'(지금) 같은 말의 편재에 이르기까지 거의 모든 방향으로 연장될 수 있을 것이다. 그것은 은근슬쩍 위장된 형태로 지적, 정서적 진지함에 대한 경멸을 감추고 있다.

오늘날의 빅토리아주의로서의 '미국식 생활방식American way of Life.' 위의 생각이 아무리 유혹적이라도 나는 또한 우리 시대의 문제에 대한 나의 무지를 알았으며, 그렇게 하지 않기로 결정했다. 옳은 결정이었다. — 하지만 어려운 결정이었는데, 그것은 본서가 현재와는 어떤 진정한 연관성도 없는, 전적으로 역사적 연구임을 받아들인다는 것을 의미했기 때문이다. 코르넬리우스 박사는 「무질서와 초기의 슬픔」에서 이렇게 골

---

47 이 두 문화를 최고로 대표하는 이야기꾼 — 디킨스와 스필버그 — 이 모두 성인만큼이나 어린이에게 호소하는 이야기를 전문으로 했던 것이 이 말이 무슨 의미인지를 효과적으로 전달해준다.

똑히 생각하고 있다. 즉 역사학 교수들이

> 역사를 사랑하는 것은 그것이 지나가는 어떤 것이기 때문이 아니라 오직 그것이 지나가야 **하는 것**이기 때문이다. …… 그들의 가슴은 과거에 시종일관되고, 규율된 역사적 과거에 속한다. …… 과거는 불멸화된다. 즉 죽었다.48

코르넬리우스처럼 나 또한 역사학 교수이다. 하지만 나는 규율된 무생명성이 내가 할 수 있게 될 모든 것은 아니리라고 믿고 싶다. 이 의미에서 『부르주아』를 앤더슨과 다르카이스에게 헌정하는 것은 두 사람에 대한 나의 우정과 존경 이상의 것을 표시한다. 그것은, 언젠가, 그들로부터 현재에 대한 비판을 위해 과거의 지성을 배우리라는 희망을 표현한다. 본서는 그러한 희망에 부응하고 있지 않다. 하지만 다음 저서는 그럴 수 있을 것이다.

---

48 Thomas Mann, *Stories of Three Decades*, New York 1936, p. 506.

1
'노동하는' 주인

The Bourgeois

1. 모험, 투기 심리, 운명의 여신

이야기가 어떻게 시작되는지는 잘 알려져 있다. 즉 아버지가 아들에게 '중간계층' — '노동하는 부류처럼 궁핍함이나 역경이나 힘든 노역' 그리고 '상류층처럼 오만이나 사치, 야심, 시기심으로 인한 불편한 마음' 모두로부터 똑같이 자유롭다 — 의 삶을 버리고, "배를 타는 모험을 감행해 투기 심리Enterprize로 모험을 통해 팔자를 고치려"[1] 들지 말 것을 경고한다. 모험adventure과 투기 심리. 이 두 가지를 동시에 한다. 『로빈슨 크루소』(1719년)에서 모험 — 난파 …… 해적 …… 무인도 …… 오리노코라는 큰 강 — 은 '이상하고도 놀라운 일'(이 책의 표지를 보라) 이상의 것을 의미하기 때문이다. 두 번째 여행에서 크루소가 항해에 나서면

---

1 대니얼 디포, 윤혜준 역, 『크루소』, 을유문화사, 10~11페이지.

서 "약간의 밑천small Adventure"2을 가져갔을 때 이 용어는 사건의 한 유형이 아니라 자본의 한 형태를 가리켰다. 네를리히는 이렇게 쓴다. 즉 근대 초기의 독일에서 'adventure'는 '교역의 공통 용어'에 속했으며, "(또한 불안Angst이라고도 불리는) 위험이라는 의미"3를 가리켰다. 이어 쿠스케Bruno Kuske의 연구를 인용해 이렇게 말한다.

> aventiture[모험적, 투기적] 거래와 알려진 고객에의 판매는 구분되었다. aventiture 거래는 상인이 정확히 어떤 시장을 찾을 수 있는지 알지 못한 채 상품을 출시하는 경우를 포함한다.

위험천만한 투자로서의 adventure. 디포의 소설은 그런 생각을 잘 보여주는, 그리고 그것이 "실제로 현재 상태status quo를 고수할 것을 결코 주장하지 않는 …… 자본주의의 역동적 경향"4과 관련되어 있음을 보여주는 기념비이다. 하지만 그것은 특수한 종류의 자본주의이다. 젊은 크루소에게 호소하는, 베버의 '자본주의적 모험가'의 경우에서처럼 그의 상상력을 사로잡는 것은 '비합리적이고 투기적인 등장인물'의 활동 또는 "힘에 의한 획득[강제 획득]"5을 향해 있는 활동이다. 힘에 의한 획득은 분명히 섬(그리고 그것 이전의 노예농장) 이야기이다. 그리고 비합리성과 관련해 그가 본인의 '황당하고 경박한 생각'[27페이지], "외국으로

---

2 앞의 책, 29페이지
3 Michael Nerlich, *The Ideology of Adventure*, p. 57.
4 Ian Watt, *The Rise of the Novel: Studies in Defoe, Richardson and Fielding*, Berkeley, CA, 1957, p. 65.
5 Weber, *Protestant Ethic*, p. 20.

떠돌아다니고 싶어 하는 나의 어리석은 성향"6을 빈번히 인정하는 것은 베버의 유형학과 완전히 일치한다. 이 측면에서 『크루소』 1부는 근대 초기의 장거리 교역의 투기적-심성mentality의 완벽한 예시로, 그것의

> 위험은 컸을 뿐만 아니라 헤아릴 수 없을 정도로 많았으며, 그 자체로서 자본주의의 합리적 사업의 지평을 넘어섰다.7

지평을 넘어섰다. …… 1929년에 로마의 비블리오테카 에르치아나에서 한 전설적 강연에서 바르부르크는 해상교역의 변덕스런 여신 — 운명의 여신Fortuna — 에게 패널 전체를 할애한 채 르네상스 초기의 휴머니즘은 마침내 이 여신의 변덕이라는 오래된 불신을 극복했다고 주장했다. 비록 '우연', '부'로서의 운명의 여신 그리고 '폭풍(이탈리아어로는 fortunale)'이 겹친다는 것을 상기시켰지만 그는 운명의 여신이 점차 마계적 특징을 잃어가는 일련의 이미지를 제시했다. 가장 기억할 만한 것으로는, 루첼라이Giovanni Rucellai의 문장紋章에서 운명의 여신이 "배 위에 서서 마스트 노릇을 하면서 왼손으로는 돛의 활대를, 오른손으로는 부풀어 오른 돛의 보다 낮은 쪽 끝을 움켜잡고 있는 모습"8이었다. 그는

---

6 디포, 『크루소』, 58페이지.
7 Giovanni Arrighi, *The Long Twentieth Century: Money, Power, and the Origins of Our Times*, London 1994, p. 122.
8 Aby Warburg, "Francesco Sassetti's Last Injunctions to his Sons"(1907), in *The Renewal of Pagan Antiquity*, Los Angeles 1999, pp. 458, 241. 이 강의를 위해 고안한 도판의 배치에서 그리고 1998년에 시에나에서 열린 '므네모시네Mnemosyne'라는 제목의 전시회에 원본 그대로 전시된 이 패널의 번호는 48번이다.

계속해서 이렇게 말했다. 이 이미지는 "루첼라이가 본인이 한 기념비적 질문, 즉 '인간의 이성과 실천적 지성은 운명의 불의의 사건, 운명의 여신에 맞설 수 있는 어떤 힘이라도 갖고 있는가?'에 대해 제시한 대답이었다. '바다에 대한 지배력이 점점 더 커지고 있던' 당시에 그에 대한 응답은 '그렇다'였다. 운명의 여신은 '계산 가능하고, 법칙에 종속'되게 되었다. 그리고 그 결과 과거의 '상인 모험가'는 자체가 "상인 탐험가"9라는 보다 합리적인 형상으로 바뀌었다. 그것은 코헨이 『소설과 바다』에서 독립적으로 제출한 것과 동일한 명제이다. 그녀는 이렇게 쓴다. 즉 만약 크루소를 '약삭빠른 항해사'로 생각한다면 그의 이야기는 '위험성이 매우 높은 활동'에 대해 주의를 촉구하는 이야기이기를 그치고, 대신 "최고의 성공 기회를 잡아 어떻게 그것을 완수할 것인가"10에 대한 성찰이 된다. 더 이상 비합리적으로 '전'근대적이지 않은 젊은 크루소는 오늘날의 세계의 진정한 시작이다.

운명, 합리화된. 훌륭한 생각이다. — 하지만 『크루소』에 적용하면

---

9 바르부르크는 여기서 근대 초기 유럽의 가장 성공적인 상업 집단인 상업적 투기꾼들 Merchant Adventurers에 대해 넌지시 언급하고 있다. 이름에도 불구하고 투기꾼들은 전혀 투기적이지 않았다. 칙허장에 의해 보호받은 그들은 저지대[유럽 북해 연안의 벨기에, 네덜란드, 룩셈부르크로 구성된 지역]와 독일 영토로의 영국제 모직물 수출을 독점했다(비록 내전Civil War의 발발로 인해 대부분의 권력을 잃었지만 말이다). 항로와 교역 중심지들이 완전히 바뀐 가운데 크루소는 대서양의 노예경제의 설탕 교역으로 재산을 모은다. 근대 초기의 상업 집단에 대해서는 브렌너Robert Brenner의 빼어난 저서 *Merchants and Revolution: Commercial Change, Political Conflict, and London's Overseas Traders, 1550-1653*, London 2003(1993)을 보라.
10 Margaret Cohen, *The Novel and the Sea*, Princeton 2010, p. 63.

이야기의 너무 많은 부분을 잃어버리게 되므로 완전히 설득력이 있지는 않다. 폭풍과 해적, 식인종과 포로 생활, 목숨을 위협하는 난파와 구사일생 같은 에피소드 모두에서 코헨의 '약삭빠름'이나 바르부르크의 '바다에 대한 지배력'의 표시를 식별하기는 불가능하다. 반면 배가 "닻이 풀어져 정박지를 벗어나서는 돛대가 하나도 서 있지 않은 상태로 ······ 목숨을 걸고 표류하는 중"11인 첫 장면은 루첼라이의 문장 紋章 의 현격한 역전으로 해석된다. 크루소의 금융적 성공의 경우, 그것의 근대성은 적어도 성공만큼이나 의문의 여지가 있다. 비록 (근대의 자수성가자의 판테온에서 그의 주요 선행자인) 행운의 여신 Fortunatus 이야기의 마술적 장비 裝備 는 소설로부터 사라졌지만 부재하는 사이에도 그의 부는 쌓이며, 나중에 그것이 되돌아오는 방식 ― '포르투갈 금화 160 모이도르'로 가득 찬 허리춤의 '낡은 호주머니.' 그것은 다시 이렇게 이어진다. '아주 고급스러운 표범가죽 7개', '아주 훌륭한 사탕 5상자'와 '아직 동전으로 찍지 않은 금 100개', ······ '설탕 1,200상자, 담뱃잎 800말이 그리고 정산한 내 몫의 나머지를 모두 금으로 환산해 선적해 보냈다' ― 은 여전히 동화 같은 이야기에서는 얼마든지 써먹을 만할 것이다.12

확실히 해두자. 디포의 소설은 근대의 위대한 신화**이다**. 하지만 모험 때문이 아니라 모험에도 **불구하고** 그렇다. 엠프슨은 『목가의 몇 가지 버전』에서 크루소를 항해사 신드바드와 즉석에서 비교하는데, 그가 완전히 옳았다.13 즉 어느 편인가 하면, "장사해서 ······ 먹고 살려는"14

11 앞의 책, 20페이지.
12 앞의 책, 404페이지, 407페이지.

신드바드의 욕망은 '순전히 이곳저곳 떠돌아다니고 싶은' 크루소의 '기분'보다 솔직하게 — 그리고 합리적으로 — 상업적이다. 두 이야기의 유사성이 끝나는 곳은 바다 위에서가 아니다. 육지에서다. 일곱 차례의 항해에 나설 때마다 모두 바그다드의 이 상인은 마법에 걸린 동일한 숫자의 섬에서 사면초가 — 사람을 잡아먹는 거인들, 육식성 짐승들, 고약한 유인원들, 사람을 죽이려 드는 마술사들 — 가 된다. — 그는 그것으로부터 (거대한 육식성 새의 발톱에 자기를 묶을 때처럼) 미지의 것으로 한층 더 도약하는 것에 의해서만 빠져나올 수 있다. 다시 말해『신드바드』에서는 모험이 바다를, 그리고 단단한 대지$^{\text{terra firma}}$ 또한 지배한다.『크루소』에서는 그렇지 않다. 육지를 지배하는 것은 노동이다.

2. '이 일이 내가 게으르게 살지 않았음을 입증해주는 바.'

하지만 왜 노동일까? 분명히, 얼핏 보자면, 그것은 생존 문제이다. 아래 같은 상황이 그것이다.

> 하루의 과제가 …… 필요한 것의 논리에 의해 일꾼 눈앞에 드러나는 것처럼 보인다.[15]

---

13 William Empson, *Some Versions of Pastoral*, New York 1974(1935), p. 204.
14 *The Arabian Nights: Tales of 1001 Nights*, Harmondsworth 2010, vol. II, p. 464.
15 Stuart Sherman, *Telling Time: Clocks, Diaries, and English Diurnal Forms, 1660-1785*, Chicago 1996, p. 228. 셔먼은 E. P. Thompson, "Time, Work-Discipline, and Industrial Capitalism", *Past & Present* 38(December 1967), p. 59의 말을 약간 수정해

하지만 심지어 "내가 이곳에서 사는 기간이 설사 40년까지 되는"16 경우 미래에 필요한 것이 확보될 때도 크루소는 그저 착실하게, 꾸준히 노동한다. 계속 페이지를 넘기더라도 마찬가지이다. 실생활에서의 그의 모델인 셀커크는 (추정되기로는) '낙담하고, 맥없고, 우울해지는' 상태 그리고 '가장 관능적인 쾌락에 필적하는 …… 하나의 연속적 축제'에 빠지는 상태 사이를 미친 듯이 계속 오가며 후안페르난데스제도[태평양 동남부에 있으며, 칠레령인 마사테라 섬을 비롯한 세 섬으로 이루어져 있다]에서 4년을 보냈다.17 18세기가 흐르는 동안 1년 중 노동일 숫자는 250일에서 300일로 증가한 것으로 계산되어왔다. 일요일의 지위가 결코 완벽히 명확하지 않은 섬에서 총 노동일은 분명히 더 많았을 것이다.18 그런 열의가 절정에 이르렀을 때 "내 형편이 이제 어떠했냐면 …… 농장을 이 섬에 2개, …… 방 내지 굴 여럿, …… 농사짓는 밭 두 군데, …… 전원주택, …… 가축 키우는 우리, …… 살코기를 제공해주는 살아 있는 창고, …… 겨울에 먹을 건포도"19를 갖고 있었다. 그가 독자에게 돌아

인용한다.
16 디포, 앞의 책, 220페이지.
17 *The Englishman* 26(1713년 12월 3일자)에 실린, 셀커크Alexander Selkirk에 대한 스틸의 묘사에서 인용했다. 지금은 Rae Blanchard, ed., *The Englishman: A Political Journal by Richard Steele*, Oxford 1955, pp. 107-108에서 찾아볼 수 있다.
18 Joyce Appleby, *The Relentless Revolution: A History of Capitalism*, New York 2010, p. 106. 다른 식으로 복원해본 자료들에 따르면(가령 Jan de Vries, *The Industrious Revolution: Consumer Behavior and the Household Economy, 1650 to the Present*, Cambridge 2008, pp. 87-88) 18세기에 증가한 것은 노동일의 숫자 — 그것은 300일가량이나 되는 문턱에 이미 도달했다 — 가 아니라 하루 노동시간의 숫자였다. 하지만 앞으로 살펴보겠지만 크루소는 이 측면에서 자기 시대를 한참 앞섰던 것 같다.

서서 '이 일이 내가 게으르게 살지 않았음을 …… 입증해 줄'[220페이지] 것이라고 외칠 때 우리는 그저 동의하면서 머리를 끄떡일 수 있을 뿐이다. 그리고, 그렇다면, 한 번 더 질문해보자. 왜 그는 그렇게 많이 **노동할까?**

> 오늘날 우리는 '노동하는' 상층계급이 얼마나 독특하고 놀라운 현상인지를 거의 깨닫지 못하고 있다.

『문명화과정』에서 엘리아스는 위와 같이 쓴다.

> 그들이 지배하는데도, 다시 말하면 어떤 상급자도 요구하지 않는데도 왜 [노동하라는] 압박에 알아서 복종할까?[20]

엘리아스의 놀라움은 코제브도 공유하는데, 그는 헤겔의 『현상학』의 핵심에서 어떤 역설 — '부르주아의 문제' — 을 식별해낸다. 그에 따르면 부르주아는 (노동은 오직 외적 강제의 결과로서만 등장할 수 있기 때문에) 동시에 **타자**를 위해 노동해야 하지만 (더 이상 주인이 없으므로) 오직 "**자기**를 위해서만"[21] 노동할 수 있다. 자기를 위해 노동한다, **마치 자기가 타자인 듯이**. 그것이 바로 크루소가 기능하는 방식이다. 즉 그의 한

---

19 디포, 앞의 책, 218~219페이지.
20 엘리아스Nobert Elias, 박미애 역, 『문명화과정』 1권, 한길사, 308~309페이지.
21 Alexandre Kojève, *Introduction to the Reading of Hegel: Lectures on the 'Phenomenology of Spirit*, Ithaca, NY, 1969(1947), p. 65.

측면은 목수나 도공 또는 제빵업자가 되어 무엇인가를 완수하려고 시도하면서 몇 주건 보낸다. 그런 다음 주인 크루소가 등장해 결과의 불충분함을 지적한다. 그런 다음 그러한 사이클이 처음부터 재반복된다. 그리고 그것이 반복되는 것은 노동이 **사회권력의 새로운 정당화 원리**가 되었기 때문이다. 소설이 끝날 때 크루소가 자기가 "졸지에 약 5천 파운드 현찰의 주인인 것"22을 발견할 때 그때까지 28년에 걸친 부단한 노고가 그의 재산을 **정당화하게 된다**. 현실주의적으로, 둘 간에는 어떤 관계도 없다. 그가 부유한 것은 브라질식의 플랜테이션에서 익명의 노예들을 착취했기 때문이다. — 반면 그의 고독한 노동은 돈 한 푼 가져다주지 않았다. 하지만 우리는 그가 이 소설의 다른 어떤 등장인물보다 더 열심히 노동하는 모습을 보아왔다. 어떻게 그가 가진 것을 소유해야 **마땅하지** 않을 수 있을까?23

크루소의 처신을 완벽하게 포착하는 단어가 하나 있다. '근면industry'이 그것이다. OED에 따르면, 1500년경에 이 단어의 최초의 의미는 '지적으로 또는 영리하게 일하기. 솜씨, 재간, 손재주 또는 영리함'이었다. 그런 다음 16세기 중반이 되면 두 번째 의미가 등장한다. '근면 또는 부지런함. …… 면밀하고 지속적인 응용 …… 진력, 분투'가 그것인데, 그것은 곧 이렇게 결정화된다.

---

22 디포, 앞의 책, 408페이지.
23 '그가 가진 것'에는 물론 섬도 포함된다. 로크John Locke는 『통치론』의 「소유」 장에서 미개간지에 대해 '모든 인간에게 똑같이 속하던 물물을 자연의 수중에서 꺼내 **자기 것으로 수취해왔다**'라고 쓴다. 다시 말해 섬에서 노동함으로써 크루소는 그것을 자기 것으로 만든다. 로크, 강정인, 문지영 역, 『통치론Two Treatises on Government』, 까치, 36페이지.

체계적 노동이나 노고; 이런저런 유용한 노동에의 습관적 종사.24

솜씨와 재간부터 체계적 진력까지. 'industry'는 그런 식으로 부르주아 문화에 기여한다. 고된 노동이 그것으로, 그것이 다종다양한 숙련 노동을 대체한다.25 그리고 또한 **차분한** 노동이기도 하다. 허쉬먼에게서 이익이 '차분한 정념[열정]'인 것과 동일한 의미에서. 그것은 꾸준하며, 꼼꼼하며, 점증적이며, 그리하여 과거의 귀족제도의 '격동적(하지만 약한) 정념[열정]보다 더 강하다.26 여기서 두 지배계급 간의 불연속성은 오해

---

24 위와 같은 의미의 변형들에 대해 처음 알려준 라이직Sue Laizik에게 감사드린다. 물론 '근면Industry'은 윌리엄스의『문화와 사회』의 열쇠말 중 하나이다. 비록 그가 가장 큰 관심을 가진 변형, 즉 industry가 '그저 인간의 한 속성이기보다는 하나의 제도, 일군의 활동'이 되는 것은 여기서 묘사된 변형 이후에, 아마도 그것의 결과로 일어나지만 말이다. 먼저 industry는 ('숙련과 창의력'의 독특함과 반대로) 누구나 수행할 수 있는 단순한 추상적 노동이 된다. 그런 다음 재차 추상화되어 물 자체가 된다. Raymond Williams, *Culture & Society: 1780-1950*, New York 1983(1958), p. xiii 그리고 *Keywords: A Vocabulary of Culture and Society*, rev. edn, Oxford 1983(1976) 중 'Industry' 항목을 보라.
25 '근면한industrious'이라는 형용사가 분명하게 밝혀주듯이 힘든 일은 영국에서 '재주 많은' 일솜씨에는 결여된 윤리적 후광을 소유하고 있다. 그것이 전설적 회사 〈아서 앤더슨 회계법인Arthur Andersen Accounting〉이 1990년대에도 여전히 '가치 목록table of values'에 '근면[고된 노동]hard work'을 포함했던 이유를 설명해준다. 반면 같은 회사의 '머리를 잘 굴리는' 부문(온갖 종류의 투자 수법을 날조해온 〈Anderson Counseling〉)은 그러한 목록을 '개인에 대한 존중' — 현금 보너스를 가리키는 신자유주의적 선언어이다 — 으로 대체해버렸다. 결국 〈카운슬링〉이 〈회계법인〉으로 하여금 주가조작을 인가하도록 강권했으며, 그리하여 회사가 불명예스럽게 몰락하는 사태로 이어졌다. Susan E. Squires, Cynthia J. Smith, Lorma McDougall and William R. Yeack, *Inside Arthur Andersen: Shifting Values, Unexpected Consequences*, New York 2003, pp. 90-91을 보라.
26 Albert O. Hirschmann, *The Passions and the Interests: Political Arguments for Capitalism before its Triumph*, Princeton, NJ 1997(1977), pp. 65-66.

의 여지없이 명백하다. 만약 격동적 정념[열정]이 전사 같은 카스트에 의해 요구되는 것 — 전투가 벌어지는 짧은 '하루'의 백열白熱 — 을 이상화해왔다면 부르주아적 이익은 평화롭고 반복 가능한(그리고 반복 가능한, 반복 가능한, 반복 가능한) 매일의 미덕이다. 에너지는 덜 들지만 훨씬 더 긴 시간이 필요하다. 몇 시간뿐이지만 — 크루소는 더없이 겸손한 태도로 "저녁 한 네 시간"27이라고 쓴다 — 28년을 그렇게 해야 한다.

앞 절에서는 『크루소』를 여는 모험에 대해 살펴보았다. 이 절에서는 평생에 걸친 섬에서의 그의 노동에 대해 살펴보자. 『프로테스탄티즘의 윤리』와 진행방식이 동일하다. '자본주의적 모험가'와 함께 시작되지만 근면함이라는 에토스가 결국 "비합리적 충동의 합리적 완화"28를 가져오는 역사가 그것이다. 디포의 경우 첫 번째의 모험가 형상으로부터 두 번째의 합리적 형상으로의 이행은 특히 현격한데, 겉으로는 완전히 무계획적이기 때문이다. 소설의 표지(〈도판 2〉)에서는 크루소의 '기이하고 놀랄 만한 모험' — 맨 위에 큰 글씨로 인쇄되어 있다 — 이 분명히 주요한 매력 요소로 홍보된다. 반면 섬에서의 생활을 다룬 부분은 단지 "다른 많은 에피소드 중 하나"29일 뿐이다. 하지만 그렇다면 이 소

---

27 디포, 앞의 책, 166페이지. '아침에' 사냥하는 데 드는 3시간 그리고 '다듬고 말리고 저장하고 요리하는 것으로, 그것이 하루 시간의 상당 부분을 차지했다.' 그것이 저녁에 하는 네 시간의 노동—그것은 그의 시대의 대부분의 노동자가 생산하는 것의 총계보다 더 많은 것을 생산할 것이다 — 에 분명히 추가되어야 할 것이다.
28 Weber, *The Protestant Ethic*, p. 17.
29 이 점은 아래 논의에 빛지고 있다. Giuseppe Sertoli, "I due Robinson", in *Le avventure di Robinson Crusoe*, Turin 1998, p. xiv.

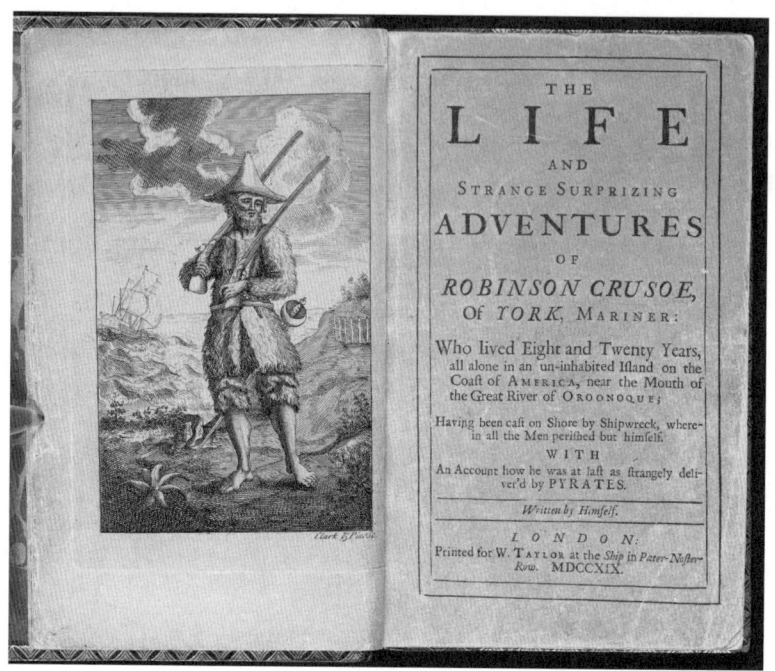

〈도판 2〉『로빈슨 크루소』(1719년)의 권두 삽화.

설을 실제로 쓰는 동안 '예기치 않게, 억제하지 못하고' 섬을 확장하는 일이 일어났음에 틀림없다. 그것이 이 이야기가 모험 이야기에 종속되는 것을 거부하도록 만들고, 그것을 텍스트의 새로운 중심으로 만들었다. 그런 식으로 이야기 도중에 방향을 다시 잡는 것의 중요성을 최초로 파악한 것은 제네바 출신의 한 칼뱅주의자였다. 루소가 그로, '이 소설의 모든 허풍을 정화한' 루소의 '『크루소』'는 난파로부터 시작될 것이며, 섬에서 보낸 세월에 국한될 것이며, 그리하여 에밀은 모험을 꿈꾸느라 시간을 허비하지 않을 것이며, 대신 크루소의 노동에 집중할 것이다

("그는 유용한 모든 것에 대해 알고 싶어 할 것이다. 그 외의 건 알고 싶어 하지 않을 것이다"30). 물론 에밀에게, 그리고 이후의 모든 아이에게 그것은 잔혹하다. 하지만 그것은 옳았다. 섬에서의 크루소의 고된 노동이 실제로 이 소설의 가장 큰 새로움이기 때문이다.

자본주의적 모험가[투기꾼]로부터 노동하는 '주인'으로. 하지만 그런 다음, 『크루소』가 끝을 향해 다가가면서 두 번째의 180도 전환이 일어난다. 식인종, 무장충돌, 반란자, 늑대, 곰, 동화에나 나올법한 부. …… 왜일까? 만약 모험의 시학이 합리적 반대물[노동]에 의해 '완화되어 왔다'면 하필이면 왜 **소설의 맨 마지막 문장에서** "내가 겪은 새로운 모험 중에 일어난 정말 놀랄 만한 사건들의 이야기"31를 약속할까?

지금까지 나는 모험[투기]의 문화와 합리적 노동윤리 간의 대립을 강조해왔다. 그리고 실제로 이 두 가지는 양립 불가능하며, 후자가 근대 유럽의 자본주의에 특수한 좀 더 최근 현상임은 전혀 의문시되지 않는다. 하지만 그렇다고 해서 그것이 근대자본주의가 노동윤리로 **환원 가능하다**는 의미는 아니다. 베버는 분명히 그렇게 하려는 쪽으로 끌렸지만 말이다. 마찬가지로 '비합리적이고 투기적인 …… 또는 힘에 의한

---

30 루소Jean-Jacques Rousseau, 김중현 역, 『에밀』, 한길사, 331페이지.
31 디포, 앞의 책, 438페이지. 노박은 이렇게 쓴다. "*The Farther Adventures of Robinson Crusoe*는 1719년 8월 20일에, 그러니까 1권이 출판된 후 거의 4개월 후에 출간되었다." 이 사실은 디포가 '원본이 인쇄되기 전에 이미 속편을 쓰고 있었으며', 따라서 이 마지막 문장은 하릴없는 미사여구가 아니라 매우 구체적인 광고의 노림수임을 강력하게 암시한다. Maximillian E. Novak, *Daniel Defoe: Master of Fictions*, Oxford 2001, p. 555.

획득을 향해 있는 등장인물'의 활동이 더 이상 근대자본주의에 **전형적인 현상**이 아니라는 사실이, 그것이 근대자본주의에 **부재한다는** 의미는 아니다. 결과 면에서 폭력적이고 종종 예측 불가능한 다양한 비경제적 실천 — 마르크스의 '본원적 축적' 또는 하비가 최근 주장한 '강탈dispossession에 의한 축적' — 은 자본주의의 팽창에서 주요한 역할을 해왔다(그리고 실제로 **여전히** 하고 있다). 만약 그렇다면 모험의 서사는, 폭넓게 해석해보자면, — 가령 보다 이후 시기의 작품이지만 대도시적 성찰과 식민지적 로망스를 교착entrelacement시키는 콘래드의 기법처럼 — 근대(성)의 재현에 여전히 완전히 적합하다.

따라서 그것이 '두 크루소' 그리고 그 결과 디포의 서사 구조 속에서 불연속성이 나타나게 되는 역사적 토대이다. 즉 섬은 근대라는 시기의 근면한 주인에 대한 최초의 일별을 제공한다. 바다, 아프리카, 브라질, 금요일이Friday 그리고 다른 모험은 자본주의적 지배의 보다 오래된 — 하지만 결코 완전히 버려지지 않은 — 형태에 목소리를 부여한다. 형식적 관점에서 볼 때, 그처럼 정반대 음역이 통합되지 않은 채 공존하는 것 — 다시 한 번 앞서 말한 유사성을 이용하자면, 콘래드의 계산된 위계와는 너무나 다르다 — 은 분명히 이 소설의 흠이다. 하지만, 매우 분명하게, 비일관성은 **단지 형식 문제만이 아니다**. 그것은 부르주아적 유형 자체 그리고 그의 "두 영혼"[32]의 미해결된 변증법에서 발생한다.

---

[32] 『파우스트』의 저 유명한 독백에서 영감을 얻은 '두 영혼'이라는 은유는 부르주아에 대한 좀바르트의 저서의 주조음이다. "모든 완벽한 부르주아의 가슴에는 두 영혼이 산다. 기업가적 영혼과 존경할 만한 중간계급 남자의 영혼이. …… 기업가적 영혼은 황금욕, 모험욕, 탐

그것은 베버와 반대로 합리적 부르주아는 비합리적 충동을 결코 진정으로 벗어날 수도 또 약탈자 — 그는 한때 그렇게 존재했다 — 를 거부할 수도 없음을 암시한다. 단지 새로운 역사적 시기의 시작일 뿐만 아니라 **결코 극복되지 않을 구조적 모순이 가시화되는 시작**인 점에서 디포의 짜임새 없는shapeless[형태를 제대로 마무리하지 못한] 이야기는 부르주아 문학의 위대한 고전으로 남는다.

3. 열쇠말 1: '유용한'

11월 4일. 이날 아침부터 내 하루일과를 총 들고 외출하는 시간, 잠자는 시간, 기분 전환하는 시간 등으로 구분하기 시작했으니, 다시 말해, 매일 아침 비가 안 오는 날에는 한 두세 시간 총을 갖고 외출했고, 다음에는 한 11시까지 작업했고, 그리고는 갖고 있는 먹을거리로 식사하고, 12~2시까지는 날씨가 지독하게 더워 누워 잠을 청했고, 저녁에는 다시 작업했다.33

일과, 총, 잠 그리고 기분 전환하는 시간. 하지만 크루소가 실제로 하루를 기술할 때 기분전환은 사라지며, 그의 삶은 계몽주의에 대한 헤겔의 딱딱한 요약을 말 그대로 상기시킨다. 거기서는 "[인간에게] 일체

구욕의 종합이다. …… 부르주아적 정신은 타산, 모든 것을 빠짐없이 챙기는 빈틈없음, 사려분별, 절약으로 이루어진다." Werner Sombart, *The Quintessence of Capitalism*, London 1915(1913).
33 디포, 앞의 책, 105페이지.

의 것이 유용하다."34 유용하다useful. 본서의 첫 번째 열쇠말이다. 크루소가 배를 타고 난파된 배로 다시 가보았을 때 — '[금을 가득 실은 배 한 척보다 더 값진] 횡재'인 목공 연장통부터 '나한테 매우 쓸모 있는[유용한] 물건 몇 가지', "나한테 쓸모 있을 수도 있을 …… 모든 것"까지35 — 마치 주문을 걸듯이 반복하는 것이 크루소를 중심에 놓음으로써(**나한테** …… 나한테 …… 나한테 쓸모 있다) 세상이 돌아가는 방향을 새롭게 바꾼다. 로크에게서처럼 여기서 유용성은 사적 소유를 수립해줄(**나한테** 쓸모 있다) 뿐만 아니라 그것을 노동과 동일시함으로써 정당화하는 범주이다(**나한테** 쓸모 있다). 이 책을 일러스트로 그린 페르콜리Tullio Percoli의 그림(〈도판 3〉)36은 『백과전서』의 기술적 도판tableau의 퇴화된 버전처럼 보이는데, 어떤 대상도 목적 자체이지 않으며 — 유용성의 왕국에서는 **아무것도 목적 자체가 아니다** — 항상 그리고 단지 **다른 어떤 것을 하기 위한 수단**일 뿐인 이 세계의 본질을 포착하고 있다. 도구이다. 그리고 도구의 세계에서는 할 것이 하나밖에 남아 있지 않다. 노동이 그것이다.37

그에게는 모든 것이 그렇다. 모든 것이 도구이다. 그리고 이어 유용성의 세 번째 차원이 존재한다.

마침내 나의 작은 왕국을 한 바퀴 둘러보고 싶은 마음이 간절해지니 나는

---

34 헤겔, 『정신현상학』 2권, 임석진 역, 한길사, 135페이지.
35 디포, 앞의 책, 76페이지, 80페이지.
36 Tullio Pericoli, *Robinson Crusoe di Daniel Defoe*, Milan 2007.
37 이 도구의 세계에서는 인간 존재 자체가 도구가 된다. — 즉 사회적 분업 속의 단순한 톱니바퀴가 된다. 그리하여 크루소는 다른 선원을 결코 이름으로 환기시키지 않으며 오직 활동으로만 그렇게 한다. 선원, 목공 …….

〈도판 3〉 페리콜리, 〈로빈슨과 도구들〉(1984년), 먹물과 수채화 그림물감으로 종이 위에 그림, 76×57cm(스튜디오 페리콜리의 허락으로 게재).

이 여행을 떠나보기로 작정했고, 따라서 배에 필요한 양식을 실었으니, 식빵 덩어리(그냥 딱딱한 건빵이라고 해야 하겠지만) 한 12개, 내가 매우 즐겨 먹던 음식인 볶은 쌀을 가득 채운 질그릇 단지 하나, 럼주 작은 병 하나, 염소 반 마리, 또 염소를 사냥할 화약과 총탄, 선원들 관물에서 건져온 야전 외투 두 벌을 실었는데, 하나는 바닥에 깔고 앉고 다른 하나는 잘 때 이불로 덮을 목적이었다.[38]

여기, 이야기의 활동적 중심으로서의 크루소(**나**는 작정했다. …… **나**

---

[38] 디포, 앞의 책, 198~199페이지.

는 양식을 실었다. …… **나**는 건져왔다. …… **나**는 깔고 앉고, 덮었다) 옆에, 탐험을 위해 필요한 물건(질그릇 단지 …… 화약과 총탄 …… 야전외투 두 벌) 바로 옆에 ─ 여행을 위한 …… 더 많은 것을 죽이기 위한 …… 눕기 위한 …… 나를 덮기 위한 ─ 억수같이 많은 마지막 물건이 유용성의 삼각형을 완성시킨다. 주어, 목적어 **그리고 동사**. 이 동사는 도구의 교훈을 내면화시켜왔으며, 그것을 크루소의 활동 자체 내에서 재생시킨다. 거기서 하나의 행위는, 전형적으로, **다른 어떤 것을 하기 위해** 항상 행해진다.

그래서 다음날 나는 내가 명명한 대로 내 전원주택으로 가서 좀 짧은 가지들을 잘라냈는데, 그것들을 내 맘껏 소기의 목적에 알맞게 쓸 수 있음을 확인하자, 다음에 갈 때는 도끼를 가져가 한 묶음을 잘라내기로 했는데 거기에 워낙 이 나무가 많[다는 것을 곧 발견했]기에 별 어려움 없이 그렇게 했고, 그것들을 내 울타리 내지는 담장 안에 다 쌓아놓고 말린 후 쓰기 좋은 상태가 되자 내 동굴로 갖고 들어갔으며, 여기서 다음 우기에 그것들로 작업을 하며 지냈으니, 나는 할 수 있는 한 최선을 다해 광주리를 꽤 많이 만들어 흙을 나르거나 기타 필요한 물건들을 넣어둘 수 있게 했는데, 물론 뭐 그렇게 깔끔한 모양으로 만들어내지는 못했지만 내 목적에는 충분히 쓸 만하게는 만들었고 나중에는 늘 이 광주리들이 떨어지지 않도록 주의해, 하나가 닳아서 못 쓰게 되면 더 만들어 보충했고, 특히, 내 곡식들이 어느 정도 분량이 될 만큼 수확하면 그것들을 넣어둘 수 있는 튼튼하고 깊숙한 광주리를 몇 개 만들어 놓았다.

이 어려움을 극복하느라 무한한 시간을 거기에 쏟아부은 후에 나는

다른 아쉬운 물건 두 개도 만들어볼까 해서 시도했는데 ……39

1행 당 2~3개의 동사. 다른 작가 수중에서라면 그만큼의 활동은 제정신이 없는 것이 될 것이다. 하지만 여기서 목적론의 편재적 어휘(그래서, 소기의 목적, ~를 가져가, 쓰기 좋은, 작업하며, 쓸 만하게 만들다, 주의해, 만들어볼까 ……)가 해당 페이지를 일관되고 견고하게 만들어주는 결합조직을 제공한다. 반면 동사는 크루소의 행동을 주요 절의 즉각적 과제(나는 갔다, 나는 확인했다, 나는 갔다, 나는 쌓아놓았다) 그리고 마지막 절의 보다 불명확한 미래로(잘라내기로 하다. …… 나르기로 하다. …… 넣어두기로 하다. …… 만들어볼까) 실용적으로 다시 더 작게 나눈다. 하지만 분명히 **훨씬** 더 불명확하지는 않은데, 유용성의 문화에게 이상적 미래는 너무나 가까운 곳에 있는 것이기 때문이다. 현재의 연속에 지나지 않을 터이기 때문에 말이다. '**다음날**', '**다음 계절**', '한 묶음을 잘라냈는데, **나는 곧** [워낙 이 나무가 많다는 것을] **발견했다**.' 여기서는 모든 것이 빡빡하고, 쇠사슬 모양으로 [단단히] 이어져 있다. 헤겔의 '산문적 의식'처럼 "원인과 결과, 목적과 수단"40 같은 범주의 관계를 통해 세계를 이해하는 이 문장에서는 어떤 단계도 건너뛰는 법이 절대 없다('다음에 갈 때는 — 도끼를 — 가져가 한 묶음을 — 잘라내기로 했는데'). **특히** 수단과 목적이 그렇다. 베버라면 그것을 목적합리성Zweckrationalität [합목적성]이라고 부를 것이다. 목적을 향하고, 목적에 의해 지배되는 합리성. 호르크하이머식 변주로는 '도구적 이성.' 베버보다 2세기 전에 디포의 해당 페이지

---

39 앞의 책, 156페이지.
40 헤겔, 두행숙 역, 『미학 강의』 3권, 은행나무, 593페이지.

는 목적합리성을 최초로 구현한 어휘적·문법적 연쇄를 예시해준다. 개념이 되기 훨씬 이전의 **언어적 실천**으로서의 도구적 이성. — 비록 완전히 눈치채지 못한 채지만 완전히 분절화되었다. 그것이 부르주아적 심성, 그리고 그것에 대한 디포의 위대한 기여에 대한 최초의 일별이다. 유용성의 스타일로서의 산문이 그것이다.

4. 열쇠말 II: '능률'

유용성의 스타일. 디포만큼 대단한 소설가는 최후의, 가장 야심만만한 소설을 전적으로 이 생각에 바쳤다. 에밀은 유용한 모든 것에 대해 알고 싶어 하리라고 루소는 쓰는데, **그리고 그 외의 것은 알고 싶어 하지 않을** 것이다. 그리고 괴테는 — 유감스럽게도 — 두 번째 조항을 말 그대로 준수했다. 『편력시대』(1829년)의 시작 부분에서 이런 문장을 읽을 수 있다. "유용성으로부터 진실을 거쳐 아름다움으로."41 이 소설에서는 '고풍스러운 유원지나 근대적 공원' 대신 "일직선으로 심어진 과수, 야채 밭, 큰 약초밭 이외에도 어떤 의미에서나 실제로 도움이 된다고 생각되는 종류의 것을 완만하게 경사진 평면 위에서"42 한눈에 볼 수 있다. 빌헬름 마이스터에 관한 이전 소설, 즉 1796년의 『수업시대』에서 핵심적이었던 유용성과 아름다움 간의 갈등은 사라졌다. 『편력시대』의 '교육 주州'에서 갈등은 기능적 종속으로 대체된다. 이 소설 속에 존재하는

---

41 괴테, 곽복록 역, 『빌헬름 마이스터의 편력시대』, 서울대학교 출판부, 73페이지.
42 앞의 책, 52페이지.

소수의 예술가 중 하나인 조각가 설명에 따르면 "도움이 되도록 노력"[43] 함으로써 그는 이제 완전히 행복하게 해부학적 모델을 만들 수 있으며, 그리고 그저 그것뿐이다. 최근에 획득한 무목적성을 예술이 박탈당한 사실은 칭찬할만한 전진으로 반복해서 제시된다. 신부는 빌헬름에게 이렇게 쓴다.

> 예술과 기술의 관계는 소금과 음식물의 관계와 같습니다. 그러나 우리가 예술을 받아들이는 것도 다만 수공업이 몰취미한 것이 되지 않도록 하자는 데 있습니다.[44]

석수石手, 석공, 목수, 기와장이, 자물쇠 수리공 …… 등 '엄격 예술[기술]'은 — 이 주의 또 다른 지도자는 이렇게 덧붙인다 —

> 자유 예술의 모범이 되고, 자유 예술을 무색케 하도록 노력해야 한다.[45]

그런 다음, 만약 필요하다면, 유토피아의 가혹한, 반미학적 측면이 등장한다. 빌헬름의 가이드는 퉁명스럽게 이렇게 통지한다. 즉 만약 주변에서 어떤 극장도 보지 못한다면

> 그런 어정쩡한 것이 아주 위험함을 우리는 알았기 때문입니다. 그런 속임

---

43 앞의 책, 501페이지.
44 앞의 책, 304페이지.
45 앞의 책, 596페이지.

수를 우리의 진지한 목적에 합치시킬 수는 없었습니다.46

따라서 연극은 이 주로부터 금지된다. 바로 그거다.

『편력시대』의 부제는 '체념한 사람들'로 되어 있는데, 이 말로 그것이 가리키는 것은 근대적 분업에 의해 강요된 인간의 완전함의 희생이었다. 30년 전에, 즉 『수업시대』에서 주제는 부르주아적 실존의 고통스런 절단으로 제시되었다.47 하지만 후일의 소설에서 고통은 사라졌다. 빌헬름은 오랜 동료 중 하나에게서 즉각 "그것을 깨닫고 …… 그런 의미에서 활동하는 사람은 행복하지"48라는 말을 듣는다. 그럴 때가 되었으며, 그것에 보조를 맞출 수 있는 것은 '행운'이다. 농사에 쓰는 모든 도구를 한군데 모아둔 농기구장을 소유한 농부는 이렇게 외친다.

일 자체를 동시에 인형처럼 즐기면서 할 수 있는 사람, 환경이 의무로 요구하는 것을 급기야는 또 노리개로 즐길 수 있는 사람은 행복하다.49

분업을 축하하기 위한 농기구장. 빌헬름의 대화 상대자 중 하나는 이렇

---

46 앞의 책, 322페이지.
47 빌헬름은 베르너에게 보낸 편지에서 이렇게 쓴다. "그래서 그는 자신을 '한' 가지 방법으로 유용하게 만들기 위해 다른 모든 것을 소홀히 하지 않을 수 없기 때문에 그의 본성 속에는 조화란 있을 수 없고 또 있어서는 안 된다는 것이 이미 전제되는 셈이지." 『빌헬름 마이스터의 수업시대』, 안삼환 역, 민음사, 404페이지.
48 앞의 책, 38페이지.
49 앞의 책, 165페이지

게 말한다.

> 모든 행위, 모든 기술은 …… 오직 한정되어짐으로써만 습득되어질 수 있는 것이오. 한 가지 일을 올바로 아는 것은 …… 백 가지 일을 어중간하게 하는 것보다 훨씬 더 높은 교양을 줍니다.50

또 다른 사람은 "'내가 도움이 되는 곳[살기 좋은 곳]이야말로 나의 조국'이라고"51 말하면서 이렇게 계속한다.

> 나보고 말해보라면 '사람은 누구나 어디에서나 자타自他를 위해 도움이 되도록 노력하라'로 할 것입니다. 그것은 교훈도 아니고 충고도 아니고 인생 그 자체에 대한 발언입니다.

『편력시대』를 위해 완벽했을 단어가 하나 있다. — 괴테가 이 작품을 쓰고 있을 때 존재하기만 했더라면 말이다. 능률efficiency이 그것이다. 또는 더 좋게는, 이 단어는 실제로 존재했다. 하지만 여전히 이전 수 세기 동안 가리켜온 것을 가리켰다. OED는 그것에 대해 이렇게 말한다. '작동을 초래하는 작인 또는 어떤 결과를 가져오는 원인이라는 사실.' **무엇을 초래하는 것**으로서의 능률, 그리고 그게 다다. 그런 다음 19세기 중반경에 의미가 전환된다.

---

50 앞의 책, 178페이지.
51 앞의 책, 501페이지.

완수하기에 적합함 또는 그렇게 할 수 있는 힘 또는 성공적 완수, 의도된 목적, 적절한 힘, 실효성, 효능.52

적절한 힘. 더 이상 어떤 것을 **할** 수 있는 단순한 능력이 아니라 어떤 낭비도 없이 그리고 가장 경제적인 방식으로 할 수 있는 능력. 만약 유용성이 세계를 도구의 모음으로 바꾸어버렸다면 분업은 거기에 끼어들어 도구가 목표를 향해 나가도록 방향을 조정했다('의도된 목적'). ― 그리고 '능률'은 결과이다. 그것들이 자본주의적 합리화의 역사에서 연속적으로 이어지는 세 단계이다.

자본주의적 합리화의 ― 그리고 유럽적 식민주의의 역사. '하지만 이 로마인들은 참으로 변변찮은 사람들이었어'라고 말로는 브리튼에서의 로마인들에 대해, 경멸적으로, 말한다.

그들은 정복자였어. 정복자가 되기 위해 필요한 것은 포악한 힘뿐인데.53

포악한 힘. 반대로 식민지에서 영국의 통치를 '**구원해주는 것**'은 "능률 ― 능률에 대한 헌신"54이었다. 이 말은 단일 문장 내에서 목소리가 점점 커지면서 두 번 언급된다. 그런 다음 『암흑의 핵심』에서 사라진다.

---

52 이 전환은 몇몇 장에서 거의 동시에 일어난다. *OED*는 법(Whately, 1818-1860), 문명사(Buckle, 1858), 정치철학(Mill, 1859) 그리고 정치경제학(Fawcett, 1863)에서 일어난 변화를 예로 든다.
53 콘래드, 이상옥 역, 『암흑의 핵심 *Heart of Darkness*』, 민음사, 15페이지.
54 같은 곳.

그것이 있던 자리에는, 전혀 뜻밖에, **비**-능률적인 세계가 들어서는데, 거기서 기계들은 방치된 채 썩고 분해되어 가는 중이며, 노동자들은 바닥이 구멍난 들통으로 물을 모으며, 벽돌에는 핵심적인 성분이 부족하다. 말로 본인의 노동은 대갈못의 부족 때문에 멈추어 있다(비록 "해변에는 대갈못이 상자로 쌓여 있었고, 상자가 터지거나 갈라져 있기도 했었"55지만 말이다). 이 모든 낭비가 나타난 이유는 간단하다. 노예제도가 그것이다. 슈바르츠Roberto Schwarz는 콘래드 시대의 브라질의 플랜테이션에 대해 노예제도는 '폭력 그리고 군율軍律'에 항상 의지할 수 있기 때문에 '능률이라는 이념' 둘레에 배치된 개념이 결코 아니라고 쓴다. 따라서 '생산 과정에 대한 합리적 연구와 지속적 현대화'는 말 그대로 '말이 되지 않는다.' 그런 경우에는 '회사'의 콩고에서처럼 로마인들의 '포악한 힘'이 효율성 자체보다 도착적으로 더 '효율적인 것'으로 드러날 수 있을 것이다.

기이한 실험이다, 『암흑의 핵심』은. 명석한 부르주아 엔지니어를 세기말 자본주의의 가장 돈 되는 투기적 사업 중의 하나가 산업적 능률과는 정반대임을 목격하도록 파견하는 것이다. 다시 한 번 슈바르츠 말을 인용하자면, '근대적이었던 것의 정반대'임을 말이다. 나는 몇 페이지 앞에서 '폭력에 의한 획득'이 자본주의적 합리성과 나란히 살아남았다고 썼다. 그리고 콘래드의 노벨라 — 거기서 윤리적 부르주아가 비합리적 모험가를 구하기 위해 파견된다 — 는 그처럼 삐걱거리는 동거의 완벽한 실례이다. 자기와 공통점이 아무것도 없는 군중에 둘러싸인 말로가

---

55 앞의 책, 63~64페이지.

유일하게 공감하는 것은 강을 따라 버려진 기차역에서 발견한 익명의 팸플릿에 대해서이다. 그는 이렇게 쓴다. '변변찮은 내용을 적어놓은 페이지들이' '선원들이 맡은 일에 임하는 올바른 방식에 대한 정직한 관심'에 의해 '[소중한 빛을] 훤하게 발하고 있었어.'[86페이지] **올바른** 방식. 식민지 수탈이 한창인 가운데서의 노동윤리. '소중한 빛을 환하게 발함' 대對 제목의 '암흑.' 종교를 연상시키는 내용들이다. 『프로테스탄티즘의 윤리』에서의 '소명Beruf'처럼 말이다. 또는 저 시초의 '능률에 대한 **헌신**[몰두, 몸 바침]devotion'처럼 말이다. 후자는 『직업으로서의 학문』에 등장하는 '임무에의 헌신[몰두, 몸 바침]'에서 베버에 고유한 반향을 얻게 된다. 하지만 …… 능률에 대한 헌신이라고? …… **콩고자유국가에서?** 공통점이 아무것도 없다고 나는 말했다. 말로와 주변의 수탈자들 간에는. 즉 공통점이 아무것도 없다, **그가 그들을 위해 일한다는 사실을 제외하고는**. 능률에 대한 그의 헌신[몰두, 몸 바침]이 클수록 그들의 수탈은 그만큼 더 쉬워진다.

노동문화의 창조는, 아마 거의 틀림없이, 하나의 계급으로서의 부르주아의 가장 위대한 상징적 성취였다. 유용성, 분업, '근면', 능률, '소명', 다음 장章의 '진지함.' ― 이 모든 것, 그리고 그 외의 다른 몇 가지는 단지 절박한 필요거나 잔혹한 의무였던 것이 획득한 엄청난 중요성을 증언한다. 막스 베버가 (『프로테스탄티즘의 윤리』에서) 육체노동을 그리고 (『직업으로서의 학문』에서) 위대한 학문을 기술하기 위해 동일한 개념을 사용할 수 있던 사실은 자체가 부르주아적 노동이 새로운 상징적 가치를 갖게 되었음을 가리키는 추가적인, 간접적 표시이다. 하지만 자기 임무에 대한 말로의 충심으로부터의 '헌신[몰두, 몸 바침]'이 유혈적 억압 도구로 바뀔 때 —『암흑의 핵심』에서는 너무나 명백해 눈에 보이지 않을 정도이다 — 부르주아적 노동의 기본적인 이율배반이 표면화된다. 자기와 관련된 일에 전념하는 것은 그것의 위대함의 원천이지만 — 물가에 숨는 미지의 부족들, 승선한 어리석고 겁먹은 살인자들 그리고 말로. 모두가 망각하고 있지만 말로가 증기선이 똑바로 나아가도록 하고 있다. — 또한 그것의 예속의 원천이기도 하다. 말로의 노동윤리는 그를 압박해 자기 일을 제대로 하도록 만든다. '어떤 목적을 위해'는 관심사가 아니다.『직업으로서의 학문』에서 너무나 기억할만한 방식으로 환기되는 '가죽 눈가리개'[20페이지]처럼 근대적 노동의 정당성과 생산성은 단지 강화될 뿐만 아니라 자기 둘레에 흩어져 있는 것에 대한 맹목성에 의해 **확립된다**. 베버가『프로테스탄티즘의 윤리』에서 쓰듯이 그것은 정말 '매우 비합리적인 성격의 생활 태도'로, 거기서 '인간이 일을 위해 있는 것이지 그 역은 아니며', 어떤 사람의 부단한 활동의 유일한 결과는 "단지 완벽한 '직무 완수'라는 비합리적 감각"56뿐이다.

목적합리성에 의해 지배되는 비합리적 종류의 삶. 하지만 앞서 살펴

---

56 앞의 책, 38페이지와 39페이지. 자본주의적 에토스에 대한 베버의 묘사에서는 '비합리적'이라는 단어가 뇌리를 떠나지 않는다. 하지만 그에게는 두 가지 대립적인 종류의 자본주의적 비합리성이 존재한다. '모험가adventurer'— 여기서 수단은 정말로 비합리적이지만 목적(이득의 개인적 향유)은 그렇지 않다 — 의 그것과 근대적 자본가의 그것 — 앞서와 반대로 수단은 철저하게 합리화되어 왔지만 결과는 완전히 비합리적이다. 즉 인간이 노동을 위해 있지 역이 아니다 — 이 그것들이다. 도구적 이성의 부조리성이 정체를 드러내는 것은 근대적 자본가에서 뿐이다.

본 대로 도구적 이성은 또한 근대적 산문의 근본 원리 중 하나이다. 몇 페이지만 보아도 그렇게 연관되는 것이 어떤 결과를 가져오는지가 보이기 시작할 것이다.

5. 열쇠말 III: '편안함'

『프로테스탄티즘의 윤리』에서 아래 내용을 읽을 수 있다.

> 처음에는 세속을 벗어나 고독으로 도피한 기독교 금욕주의는 세속을 단념한 상태에서도 이미 수도원에서 나와 세계를 기독교적으로 지배하고 있었다. 그렇지만 그러면서도 대체로 세속적 일상생활에 있는 그대로의 자연적 성격을 허용하고 있었다. 그런데 이제 이 금욕주의는 닫아버린 수도원 문을 뒤로 하고 삶의 시장에 걸어 나와 현세적 일상생활에 자신의 방법을 침투시키기 시작했고, 일상생활을 세속 속에서 — 그러나 세속에 의해서나 세속을 위해서는 아니었다 — 합리적 생활로 변형시키기 시작했다.[57]

세속[세계] 속에서의 삶. 하지만 세속에 의한 삶도 또 세속을 위한 삶도 아니다. 크루소의 삶과 꼭 마찬가지로. 즉 섬 '속에서의 삶이지 섬 '의' 삶도 또 섬 '을 위한' 삶도 아니다. 가령 베버는 자본주의적 에토스에 대해 "자기 개인을 위해서는 자기 재산을 '조금도 사용치 않으며',

---

[57] 베버, 『프로테스탄티즘의 윤리』, 111페이지.

단지 완벽한 '직무 완수'라는 비합리적 감각만 갖고 있다"[58]고 쓴다. 하지만 우리는 크루소에게서 그러한 인상을 결코 받지 못한다. 이 소설 구석구석에는 은근한, 확 눈에 띄지 않아서 그렇지 즐거워하는 느낌이 속속들이 배어 있다. — 그리고 아마 그것이 이 소설이 성공한 이유 중 하나일 것이다. 하지만 **무엇**에 대한 즐거움?

앞에서 나는 크루소가 심판 앞에서 자기를 정당화하는 사람 어투로 독자에게 말을 건네는 순간을 인용한 바 있다. — '이 일이 내가 게으르게 살지 않았음을 …… 입증해줄 것이다.' 하지만 그런 다음 문장은 예기치 않은 쪽으로 방향을 바꾼다.

> 내가 게으르게 살지 않았고, …… 내 자신의 삶을 편안하게 해주는 데 필요한 것을 이뤄내기 위해서는 전혀 수고를 아끼지 않았음을 입증해줄 것이다.[59]

편안하게comfort. 그것이 열쇠이다. 만약 '유용한'이 섬을 작업장으로 변형시켰다면 '편안하게'는 크루소의 존재에게 쾌락이라는 요소를 회복시켜준다. 심지어 『프로테스탄티즘의 윤리』조차 그것의 표시 아래 보다 가벼운 계기를 발견한다.

> 현세적인 프로테스탄트의 금욕주의는 전력을 다해 재산낭비적 향락에 반

---

[58] 앞의 책, 38~39페이지.
[59] 디포, 앞의 책, 220페이지.

대해왔고 소비, 특히 사치재 소비를 봉쇄해버렸다. …… 반면 합리적 사용은 재산가에게 고행을 강요하려는 것이 아니라 재산을 필요하고 실천적으로 일에 사용하는 것이었다. '편안함이라는 이념The idea of comfort' [원문이 영어이다]은 윤리적으로 허용되는 사용 목적의 범위를 특징적으로 포괄하고 있다. 그러므로 이 이념과 결부된 생활방식의 발전이 그러한 생활관의 가장 철저한 대변인인 퀘이커교도에게서 가장 먼저 그리고 가장 명확하게 관찰된 것은 우연이 아니다. 견고하지 못한 경제적 토대에 입각해 냉정한 소박함보다 낡아빠진 우아함을 선호한 기사풍의 화려함이 주는 허식과 외관에 반대해 퀘이커교도는 부르주아적 '가정'bürgerlichen 'home'의 조촐하고 견고한 편안함Bequemlichkeit을 이상으로 삼았다.60

편안함의 구현체로서의 부르주아 가정home. — **영국적인** 부르주아 가정. 모라즈는 『의기양양한 부르주아들』에서 18세기가 흐르는 동안 '영국은 새로운 유형의 행복 — 집에 있는 것의 행복을 유행시켰다'고 쓴다.

> 영국인들은 그것을 '편안함'이라고 부르는데, 세계의 나머지도 그렇게 할 것이다.61

60 베버, 앞의 책, 126페이지.
61 Charles Moraze, *Les bourgeois conquerants*, Paris 1957, p. 13. 빅토리아조 시대에 이르면 가정과 편안함을 연관 짓는 것이 너무나 자명해져 게이는 건축가에게, 정말 진지하게, '편안한 스타일 말고는 어떤 스타일도 가미하지 말 것을 주문한' 한 '영국인 고객'의 사례에 대해 보고하고 있다(*Pleasure Wars*, p. 222). 『하워즈 엔드』에서 마거릿에게 집을 보여주는 윌콕스 씨를 생각해볼 수 있을 것이다. "생활을 편안하게 해주는 것, …… 아 물론 적당한 규모의 것을 줄이는 사람들은 참을 수가 없습니다." E. M. Forster, *Howards End*, New York 1998, pp. 117-118.

두말할 필요 없이, 크루소의 섬에 '중간계급 가정'은 존재하지 않는다. 하지만 "이 세상에서 내게 남은 몇 가지 안 되는 낙을 즐길 수 없었기 때문에 내가 생활하는 데 가장 절실하게 아쉬운 물건을 만드는 작업에 착수했을"62 때 또는 나중에 "내 거처는 헤아릴 수 없이 편안해졌다"63 고 말할 때 그 또한 분명히 편안함을 가정적 지평과 동일시하고 있었다. 의자, 탁자, 파이프, 공책 …… 그리고 우산!64

편안함. 이 말은 후기 라틴어 합성어 — cum+forte —에서 유래하는데, 이 말은 13세기에 '힘을 북돋기, 격려하기 …… 도움주기, 원조'(OED)를 가리키기 위해 최초로 영어에 등장하는데, 이 말의 의미론적 영역은 다음 4세기 동안 대체로 동일하게 남는다. '육체적 원기회복이나 경감', '구호', '부족하고 고통스럽고 아플 때 …… 정신적으로 피로하거나 고통당할 때 돕기.' 그러다가 17세기 말에 급변한다. 편안함은 더 이상 우리를 역경으로부터 '정상적' 상태로 돌려보내는 것이 아니라 정상성을 출발점으로 간주하며, 어떤 재난과도 관계없이 웰빙을 목적 그 자체로 추구하는 것이다. '즐거움과 만족을 낳거나 그것에 도움이 되는 것'(통상 복수형으로, 한편으로는 필수품과, 다른 한편으로는 사치품과 구분된다).65

---

62 디포, 앞의 책, 99페이지.
63 앞의 책, 314페이지.
64 앞의 책, 195페이지.
65 의미가 바뀔 때는 종종 일어나는 일이지만 과거의 의미와 새로운 의미는 얼마간 공존하며, 심지어 동일한 텍스트에서조차 그렇다. 가령 디포에게서 명사와 동사는 여전히 해당 용

한편으로는 필수품, 다른 한편으로는 사치품. 그처럼 강력한 두 개념 사이에서 진퇴양난에 빠진 이 이념은 전장이 되지 않을 수 없었다. 『꿀벌의 우화』의 불가사의한 '주석(L)'은 이렇게 진술한다. '삶을 편안하게 해주는 것은 너무나 다양하고 방대해

> 이 말[삶을 편안하게 해준다는 것]을 하는 사람이 어떤 삶을 사는지를 알지 못하고서는 그것이 무슨 말인지 모른다. …… 그런데 일용할 양식을 달라고 기도할 때 아마도 주교는 교회 머슴이 생각하지 않은 몇 가지를 기도 속에 더 넣을 것으로 나는 믿는다.66

주교 말을 빌리면 '편안함'은 위장된 사치품일 것 같다. 『천로역정』을 여는 몇몇 페이지에서 익명의 주인공 — 그는 삶을 편안하게 해주는 것을 버리려고 하는 도중에 '크리스천'이라는 이름을 받는다 — 은 분명히 그런 식으로 이 용어를 이해한다.67 하지만 준엄한 프랭클린은 그 나름

어의 과거의 의미를 전달하는(난파당한 크루소가 어떻게 '뭍에 이르러, 거기서 큰 안도comfort의 숨을 내쉬며 해안의 바위벽을 더듬더듬 올라갔는지'[69페이지]를 이야기할 때처럼 말이다) 반면 부사와 형용사는 새로운 의미 쪽으로 기우는 경향이 있다. 아래 두 경우에서처럼 말이다. 즉 크루소가 '내 거처는 헤아릴 수 없이 편안해졌다comfortable'[314페이지]고 진술할 때 또는 많은 시간과 온갖 공을 들여 우산을 만든 후 '이렇듯 나는 지극히 안락한 삶comfortably을 살았다'[196페이지]고 차분하게 자기 입장을 표명할 때가 그렇다.
66 맨더빌Bernard Mandeville, 최윤재 역, 『꿀벌의 우화: 개인의 악덕, 사회의 이익』, 문예출판사, 142페이지.
67 '뭐라고요! 친구들과 안락함comfort을 모두 버리라고요!'라고 완고가 말했다. 크리스천(그것이 그의 이름이었다)이 말했다. '그래요, 당신이 버릴 것 모두 합쳐도 내가 누릴 것의

대로 망설인다. 1756년의 『가난한 리처드의 연감』은 이렇게 말한다.

> 친구들과 동포들이여, 여러분은 해마다 적어도 20만 파운드를 유럽과 동인도제도 그리고 서인도제도 산 상품을 사는 데 쓴다고 한다. 만약 이 비용의 절반이 **절대 필요한 것들**이더라도 나머지 절반은 없어도 되는 것[사치품]superfluities 또는 기껏해야 편리함을 위한 것Conveniences으로, 짧은 한 해 정도는 그것 없이도 얼마든지 살 수 있을 것이다.[68]

짧은 한 해 정도는 각종 편리함을 자제할 것을 요구받아도 별 무리가 없는 기간이다. 편리함이라고? 맨더빌은 이렇게, 무자비하게, 지적한다. 즉 '품위와 편리함이라는 말'은 너무나 '모호함'으로 가득 차 있어 완전 무용하다. 그리고 OED는 그가 옳았음을 입증해준다.

> 편리함: 모종의 행위의 수행에 …… 적합한 또는 적절한 특징. 개인적 편함, 행위의 용이함으로 전도되는 물리적 장치나 설비.

만약 구체적으로 파악하기 어렵다면 그러한 편리함은 없느니만 못할 것이다.[69]

한 조각 가치에도 못 미치지요.' 번역John Bunyan, 정덕애 역, 『천로역정 The Pilgrim's Progress』, 을유문화사, 24~25페이지.
68 Benjamin Franklin, *Autobiography, Poor Richard, and Later Writings*, New York 1987, p. 545.
69 실제로 comfort이라는 이념과 편리함convenience이라는 이념 간에는 비교적 분명한 차이가 존재한다. 즉 편안함은 모종의 쾌락을 포함하지만 편리함은 그렇지 않다.

말들의 전쟁은 항상 혼란스럽다. 그러니 『크루소』의 저 구절을 다시 읽어보자.

이제 나는 생활하는 데 가장 **절실하게 아쉬운** 물건을 만드는 작업에 착수했는데, 특히 의자와 탁자 없이는 이 세상에서 내게 남은 몇 가지 안 되는 **낙**을 **즐길** 수 없었으니, 가령 글을 쓰거나 식사하는 등 몇 가지 일을 탁자가 없으면 **즐겁게** 수행할 수가 없었다.70

56개의 단어 속에서 '절실하게'로부터 '낙[편안함]'과 '즐겁게'로, '아쉬운'으로부터 '즐길'로 이동한다. 그러한 전조는 너무나 급속해 맨더빌의 비꼼 쪽 또는 '한편으로는 필수품, 다른 한편으로는 사치품' 하는 식으로 어느 쪽인지 입장을 밝히지 않는 OED의 어정쩡한 규정 쪽이 정당함을 입증해주는 것 같다. 하지만 만약 크루소의 **실제**적 편안함을 살펴본다면 이 개념은 주장과 달리 등거리를 잃어버린다. 탁자를 이용해 글을 쓰고, 식사하는 등 '몇 가지 일을 하는 것'이 분명히 '절실하게' 쪽으로 향하는 성향이 있는 모든 것이다. ― 사치품과는 절대 아무 관계도 없이. 사치는 항상 다소 상궤를 벗어나 있다[별나다]out of the ordinary. 편안함은 결코 그렇지 않다. 그것이 주는 쾌락의 심오한 공통감각은 거기서 유래하는데, 베블렌이 『유한계급론』에서 맹렬하게 표현하는 대로 하자면, "화려하게 장식되어 있으며, 기이해 보일 뿐만 아니라 불편하고, 고통을 느낄 정도로 편하지 않은"71 데서 느끼는 사치의 도착적 즐거움

70 디포, 앞의 책, 99-100페이지.
71 베블렌Thorstein Veblen, 박홍규 역, 『유한계급론*Theory of the Leisure Class*』, 문예

과는 너무나 다르다. 그보다는 덜 비꼬는 말투지만 그에 못지않게 신랄한 목소리로 브로델은 앙시앵레짐의 사치를 아래 이유로 '한층 더 잘못된 것'으로 기각한다.

우리라면 편안함이라고 부를 만한 것이 항상 딸려 있는 것은 아니었다. 난방은 아직 형편없었으며, 환기시설은 보잘 것 없었다.72

일상의 필수품을 구하기가 편리해지자 편안해진다. 그처럼 새로운 지평 내부에서 이 용어의 기원적 의미의 한 측면이 다시 표면화된다. '부족, 고통, 질병'의 '경감', '구호', '돕기.' 이 말을 통상 그런 의미였다. 몇 세기 후에 경감의 필요가 돌아왔다. 비록 이번에는 질병의 경감이 아니라 노동의 경감이지만 말이다. 현대의 얼마나 많은 편안함이 노동으로부터 가장 직접적으로 발생하는 필요, 즉 **휴식**rest을 다루고 있는지가 눈에 띈다(크루소가 바란 최초의 편안함 — 딱한 사람이라니 — 은 의자이다73). 편안함을 프로테스탄트 윤리에게 '허용 가능한 것'으로 만드는 것이 바로 노동과의 이 가까움이다. 그렇다, 웰빙well-being이 그것이다. 하지만 그것은 그것을 핑계로 소명으로부터 멀어지도록 사람을 꾀

출판사, 195페이지.
72 Fernand Braudel, *Capitalism and Material Life 1400-800*, New York 1973(1967), p. 235.
73 뉴먼 추기경은 후일 이렇게 쓰게 된다. '편안함 또는 편리함을 주는 것'이란 "안락의자 또는 추위나 피로를 내쫓는 데서 나름의 역할을 하는 잘 타는 불과 같은 것을 말한다. 비록 자연은 그것 없이도 지낼 수 있도록 휴식 수단뿐만 아니라 동물의 열 모두를 우리에게 마련해주었지만 말이다." John Henry Newman, *The Idea of a University*, London 1907(1852), p. 209.

어낼 수 없는 것이기도 하다. 그렇게 하기에는 너무나 온건하고sober 수수하게modest 남아 있기 때문이다. 최근의 일부 자본주의 역사가는 '너무 많이 온건하다'고 대꾸한다. 근대사의 가파른 변화 속에서 중요한 역할을 하기에는 너무나 수수하다고 말이다. 드 브리에스는 이렇게 쓴다. 즉 편안함은 '충족시킬 수 있는', 따라서 내장된 한계를 가진 욕망을 가리킨다고 말이다. '소비자혁명' 그리고 보다 후일의 경제적 이륙의 한도-없음을 설명하기 위해 우리는 대신 디포 세대의 경제학자들이 최초로 간파한 "휘발성을 띤 '욕망의 백일몽'"74 또는 "유행의 독불장군 정신"75으로 돌아가야 한다. 편안함을 개념화할 여지는 전혀 남기지 않는 정식화와 함께 맥켄드릭은 이렇게 결론을 내린다. 즉 18세기는 '필요의 절대명령'이 "유행의 절대명령"76에 의해 최종적으로 대체된 시대라고.

그렇다면 편안함 대신 유행fashion일까? 한 측면에서 이 대안은 분명히 무근거하다. 둘 모두 근대의 소비문화 형성에 기여해온 만큼 말이다. 하지만 매우 다른 방식으로, 계급적으로 정반대 함의를 갖고 그렇게 해온 것이 사실이다. 이미 궁정사회에서 활동하고 있었으며, 오늘날까지 거만함, 실로 사치의 후광을 보존하고 있는 유행은 자신을 넘어 과거의

---

74 Jan de Vries, *The Industrious Revolution*, pp. 21, 23. 여기서 그는 편안함과 쾌락을 대립적인 것으로 보는 *The Joyless Economy*, Oxford 1976에서의 스키토프스키Tibor Scitovsky의 ― 완전히 비역사적인 ― 관점을 받아들이고 있다.
75 Joyce Oldham Appleby, *Economic Thought and Ideology in Seventeenth-Century England*, Los Angeles 2004(1978), pp. 186, 191.
76 Neil McKendrick, 'Introduction' to Neil McKendrick, John Brewer and J-H. Plumb, *The Birth of a Consumer Society: The Commercialiiation of Eighteenth-Century England*, Bloomington, IN, 1982, p. 1.

지배계급을 닮기를 바라는 부르주아에게 호소한다. 편안함은 실용적인 것으로, 산문적인 것으로 남는다. 그것의 미학 — 혹시 그런 것이 있다면 — 은 절제되고, 기능적이며, 일상에, 그리고 심지어 노동에 적응되어 있다.77 그것이 편안함을 유행보다 덜 가시적으로 만들지만 존재의 작은 틈새들로 한없이 더 잘 삼투할 수 있도록 만든다. 전파를 위한 소질을 타고난 셈인데, 그것을 커피, 담배, 초콜릿, 주류 등 18세기의 다른 유형의 상품 — 그것들 또한 필수품과 사치품의 중간 어딘가에 존재한다 — 과 함께 공유한다. 독일어로 기호식품Genussmittel이라고 불리는 것이 그것이다(영어로는 'means of pleasure'인데, 이 'means'에서 우리는 오해의 여지없이 도구적 이성의 반향을 듣는다). 또한 '각성제stimulant'로도 불리게 될 텐데, 또 다른 놀랄만한 의미론적 선택을 거기서 볼 수 있다. 그것이, 그것이 주는 기쁨으로 하루와 한 주에 마침표를 찍고, '즐거움을 주기 때문에 개인을 보다 효율적으로 사회 속으로 흡수해 단단히 고정시키는' 탁월하게 "실천적인 기능"78을 수행하는 것은 충격이라고 하

---

77 "자본주의적 라이프스타일은 현대의 비즈니스 정장modern lounge suit의 기원과 관련해 쉽게 — 아마 가장 효율적으로 — 기술될 수 있다"(슘페터, 『자본주의, 사회주의, 민주주의』, 252페이지)고 지적할 때 슘페터가 염두에 두고 있던 것이 분명히 그것이었을 것이다. 컨트리웨어에서 유래한 그것은 [직장에서 입는] 신사복뿐만 아니라 일상의 우아함으로 통칭되는 어떤 것의 표시 모두로 이용되었다. 하지만 그것이 노동과 관련되게 된 것이 그것을 보다 흥겹고 패션 감각을 따지는 자리에 참석할 때 입는 옷으로는 '어울리지 않는 것'으로 만들어버렸다.

78 Wolfgang Schivelbusch, *Tastes of Paradise: A Social History of Spices, Stimulants, and Intoxicants*, New York 1992(1980), p. xiv. 1700년경 '커피, 설탕, 담배는 이국적 제품인 것에서 의료용품으로 자리를 옮겼다'라고 버그와 클리포드는 쓴다. 그런 다음 두 번째로, 편안함과 동일한 변형이 일어난다. 즉 '의료용품'에서 일상의 소소한 즐거움으로 바뀐다. 노동, 담배, 편안함은 크루소가 "내가 내 솜씨에 대해 가장 뽐내고 싶은 것은 바로 담배

고 말 것도 없을 것이다.

쉬벨부시는 이렇게 쓴다. 기호식품 업적은 '역설처럼 들린다.' 그의 규정은 이렇게 해석될 수 있을 것이다. 즉 향유 속의 노동$^{Arbeit-im-Genuss}$. 향유[쾌락]와 뒤섞인 노동. 편안함의 역설과 동일한 역설이다. 그리고 동일한 이유에서 그렇다. 17~18세기 동안 똑같이 강력하지만 완전히 상충되는 일군의 가치가 동시에 등장했다. 근대적 생산의 금욕적 정언명령 — 그리고 상승하는 사회집단의 향유 욕망이 그것이었다. 편안함과 '기호식품'은 이리저리해서 이 두 대립적 힘 간의 타협을 벼려낼 수 있었다. 그것은 진정한 해법이 아니었다. 그렇게 하기에는 시초의 대립이 너무 날카로웠다. 따라서 '편안함'의 모호성에 대한 맨더빌 말이 옳았다. 그가 놓친 것은 이 모호성이 **다름 아니라 이 용어의 요점이라는 사실이었다**. 종종 그것이 언어가 할 수 있는 최고의 것이다.

6. 산문 I: '연속(성)의 리듬'

나는 몇 페이지 앞에서 이렇게 썼다. 크루소의 행위를 실제로 일어나기 전에 예시하는 것에 의해, 목적절이 '도구적 이성'의 렌즈를 통해

파이프를 만들 수 있었다는 것이며 …… 그것이 내게 큰 낙"(『크루소』, 208페이지)이었다고 말하는 구절에서 이음매 하나 없이 완벽하게 만난다. Maxine Berg and Helen Clifford, eds, *Consumers and Luxury: Consumer Culture in Europe 1650-1850*, Manchester 1999, p. 11을 보라.

현재와 과거의 관계를 구조화한다 — '나는 **그것을 하기 위해** 이것을 한다' — 고. 그것은 크루소의 신중한 계획 수립에만 국한되지 않는다. 여기 그가 있다. 난파, 그의 삶 전체에서 가장 큰 참화를 초래하고 전혀 예기치 못한 순간 직후의 그가. 하지만 그는

> 해안에서 한 200미터 정도 안쪽으로 걸어가서 혹시 마실 물이 있는지 찾아보았는데, 매우 다행히도 물을 찾았고, 물을 마신 후 허기를 참아 보려 담배를 좀 입 안에 넣고 씹으며, 나무로 가서 위로 올라가 잠이 들어도 떨어지지 않을 자세를 잡아 보려 애쓰며, 호신용으로 나뭇가지를 짧게 잘라 내 곤봉 비슷하게 만든 다음 자리를 잡자[79]

그는 '마실' 물이 있는지를 '보러' 간다. 그런 다음 '허기를 참아 보려' 담배를 씹으며, '떨어지지 않을' 자세를 잡아 보며, '호신용으로' 나뭇가지를 잘라낸다. 모든 곳에서 단기간의 목적론만 볼 수 있다. 마치 그것이 제2의 본성인 것처럼 말이다. 그런 다음 목적절이 그처럼 전향되는前向, forward-leaning 문법과 나란히 두 번째 선택이 모습을 나타낸다. 정반대의 시간적 방향으로 향하려는 경향이 그것이다. 극히 드문 동사 형태이다. 과거형 동명사past gerund가 그것이다. '마신 후', '넣고', '잘라내서' ……. — 그것은 다른 어느 곳에서보다 더 『크루소』에서 점점 더 빈번해지고, 중요해진다.[80] 여기, 이 소설에서의 몇 가지 사례가 있다.

---

79 디포, 앞의 책, 71~72페이지.
80 〈문학 랩〉에 등록된 3,500편의 소설 중 과거형 동명사는 1800~1820년 사이에는 1만 자 당 5회 나오다가 1860년이 되면 3회로 떨어지며, 19세기 말까지 이 수준에 머문다. 따라

돛대와 돛을 **설치한** 후에 배를 띄워보니 아주 물에 잘 떠간다는 것을 확인한 후 ……

보트를 안전하게 **정박시켜** 놓은 후 나는 총을 들고 해안에 상륙해 ……

바람이 밤새 **잦아지고** 바다가 잠잠해졌기에 나는 출항을 감행했으며 ……

이제 나의 모든 물건을 섬으로 **갖고 올라와 안전한 곳에 옮겨놨**으니, 나는 다시 내 보트로 가서 ……81

여기서 특히 의미심장한 것은 동명사의 — 세칭世稱 — 문법적 '측면'이다. 화자의 관점에서 보면 크루소의 행위가 완전히 **완성된**completed **것처럼** 보이는 사실이 그것이다. 전문용어로는 '완료했다perfected'고 할 테지만 말이다. 배는 잘 간수해 두었다, 딱 한 번 만에 최종적으로[완전히]. 물건은 모래사장에 내려놓았으며, 거기 남아 있을 것이다. 과거와의 경계선이 그어졌다. 시간은 더 이상 '흐름'이 아니다. 그것은 일정하게 패턴화되며, 그런 만큼 지배된다. 하지만 **문법적으로** '완료된' 동일

서『크루소』의 빈도(1만자 당 9.3회)가 2~3배 높다. — 그리고 두 개의 서로 다른 동사에 대해 단일한 조동사를 사용하는 디포의 버릇으로 미루어볼 때 아마 더 높을 것이다("마신 후", "넣고", "극복하느라 …… 쏟아부은 후에"[156페이지] 등). 그렇긴 하지만 〈문학 랩〉의 코퍼스는 19세기에 국한되어 있어 1719년에 출판된 소설에 대한 그것의 가치는 분명히 결정적인 것이 될 수 없다.
81 디포,『크루소』, 198페이지, 199페이지, 200페이지, 277페이지(강조는 필자의 것이다).

한 행위도 **서사적으로는** 열린 채 있게 된다. 디포의 문장은 종종 하나의 행위의 성공적 마무리 형태를 취하며(배를 잘 간수해두었다. ……), 그것을 **또 다른** 행위를 위한 전제로 바꾼다. 나는 배가 아주 물에 잘 떠간다는 것을 확인했다. …… 나는 총을 집어 들었다. …… 나는 감행했다. 그런 다음, 가히 천재적인 솜씨로, 이 두 번째 행위는 **세 번째 행위**를 위한 전제가 된다.

먹게 **한 다음**, 전에 **했던 대로** 목에 끈을 묶어 끌고 **오려는데** ……

배를 아주 안전하게 정박시켜 **놓은 후** 나는 뭍으로 **올라가** 내가 있는 위치를 확인하려 주위를 **둘러보았다**.

이 어려움을 극복**하느라** 무한한 시간을 쏟아**부은 후에** 나는 다른 아쉬운 물건 두 개도 만들어볼까 해서 시도**했는데** ……82

과거형 대명사. 과거시제, 부정사不定詞. 세 부분으로 이루어진 아주 멋진 연속적 배열. '목적합리성'은 즉각 손에 닿는 목표를 초월하고 보다 긴 시간적 원호를 그리는 방법을 배워왔다. 중앙에 있는 주절은 행위 동사로 인해 눈에 띈다(나는 …… 시도했다. 나는 …… 갔다. 나는 …… 묶었다). 그것들이 정형 형태로 굴절되는[어형이 변화되는] 유일한 동사이다. 그것의 왼쪽에는 그리고 과거에는 동명사가 놓여 있다. 반은 동

---

82 앞의 책, 162페이지, 205페이지, 156페이지(강조는 필자의 것이다).

사이고 반은 명사인 그것은 크루소의 행위에 객관성의 잉여를 부여하며, 그것을 거의 그의 인격 바깥에 위치시킨다. 대상화된 노동이라고 말하고 싶은 유혹을 느낄 것이다. 마지막으로 주절 오른쪽 그리고 (결코 너무 멀지는 않지만) 명시되지 않은 미래 속에 목적절이 놓여 있는데, 이 절의 부정사 — 마치 열려 있음을 증가시키려는 듯 종종 이중화된다 — 는 도래할 것의 서사적 잠재성을 구현한다.

과거-현재-미래. 프라이는 『비평의 해부』에서 산문을 다룬 부분에 '연속(성)의 리듬'이라는 제목을 붙였다. 거기서는 흥미롭게도, 지속(성)에 대해서는 실제로는 거의 아무것도 말해지지 않으며, — '[문장의] 절의 키케로적 균형 잡기'가 '거의 운율의 균형을 이루는 것'부터 소재를 '너무 지나치게 대칭성을 띠게 만드는' '양식화된 산문'에 이르는 — 그것으로부터의 일탈, '헨리 제임스의 후기 소설에 나오는 긴 문장'('직선적 사고 과정이 아니라 공시적 이해') 또는 마지막으로 '직선적 운동을 감쇄하는' "고전적 스타일"83에 대해서는 매우 많이 말해진다. 그렇게 일직선적 지속(성)으로부터 대칭과 동시성으로 지속적으로 미끄러지는 것은 신기하다. 그리고 이 점에서는 프라이만 그런 게 아니다. 루카치는 『소설의 이론』에서 이렇게 말한다.

> 그렇게 되면 오직 산문만 고뇌와 월계관, 싸움과 왕관, 나아가는 길과 그러한 길의 신성함을 동일한 힘으로 포용할 수 있게 된다. 산문이 갖는 자유분

---

83 프라이, 『비평의 해부』, 503페이지, 505페이지, 509~510페이지.

방한 유연성과 아무런 리듬 없는 엄격성만이 구속과 자유, 주어진 무거움과 발견된 의미에 의해 이제 내재적으로 빛을 발하는 세계가 쟁취한 경쾌함을 동일한 힘으로 포괄할 수 있는 것이다.84

이 개념은 복잡하지만 명확하다. 루카치에게서 "모든 형식은 현존재가 안고 있는 근본적 불협화음의 해소"85이기 때문이다. 그리고 소설의 세계의 특수한 불협화음은 그것이 "무한히 커졌으며 …… 위험이든 선물이든 [그리스 세계보다] 훨씬 더 풍부해진"86 데 있으므로 소설은 '아무런 리듬도 없지만' 동시에 그런 이질성에 모종의 형식을 부여할 정도로 '엄격하지는' 않은 매체를 필요로 한다. 그리고 그에게는 이 매체가 산문이다. 이 개념은 명확하다. 하지만 여기서 이 개념이 요점일까? 『소설의 이론』의 부제는 '에세이An Essay'이다. 그리고 청년 루카치에게 에세이는 "학문과 윤리 및 예술이 아직도 분화되지 않은 채 하나의 통일을 이루고 있던 상태"87를 잃지 않은 형식이었다. 그리고 예술이 그것이었다. 따라서 앞의 페이지를 두 번째로 인용해보자.

그렇게 되면 오직 산문만
고뇌**와** 월계관, 싸움**과** 왕관,
나가는 길**과** 그러한 길의 신성함을

---

84 『소설의 이론』, 62페이지.
85 앞의 책, 66페이지.
86 앞의 책, 37페이지.
87 루카치, 반성완 역, 「에세이의 본질과 형식」, 『영혼과 형식』, 25페이지.

동일한 힘으로 포용할 수 있게 된다.

산문이 갖는 자유분방한 유연성과 아무런 리듬 없는 엄격성만이 구속과 자유, 주어진 무거움과 발견된 의미에 의해 이제 내재적으로 빛을 발하는 세계가 쟁취한 경쾌함을 동일한 힘으로 포괄할 수가 있는 것이다.

단어들은 동일하다. 하지만 이제 그것들이 대칭을 이룬다는 것이 가시화되었다. 상반되는 것이 하나의 짝으로 균형을 맞추어 하나씩, 하나씩 연속적으로 소개된다(고뇌와 월계관. …… 구속과 자유. …… 주어짐, 무거움과 발견된 의미 ……). 동의어인 두 동사('포용한다.' — '포괄한다')에 의해 봉해지고, 동일한 부사절('포용한다. **동일한 힘으로**.' — '동일한 힘으로 포괄한다')에 의해 마무리되는 것에 의해 말이다. 여기서 의미론과 문법은 완전히 상호 불화한다. 전자는 산문의 부조화를 역사적으로 불가피한 것으로 제기하며, 후자는 그것을 신고전주의적 대칭 속에 집어넣는다. 산문은 불멸화된다, 반-산문적 스타일 속에서.[88]

앞으로 살펴보겠지만 이 페이지가 산문에 대한 루카치의 마지막 말은 아니다. 하지만 그것은 분명히 그와 대조적으로『크루소』의 스타일

---

[88] 대칭은 청년 루카치에게 심원한 영향을 미친 짐멜의 미학 사상에서 큰 역할을 한다. 짐멜은「사회학적 미학」에서 이렇게 쓴다. "모든 미학적 처리의 토대는 대칭 속에서 발견된다." "사물에 의미와 조화를 부여하려면 무엇보다 먼저 대칭을 이루는 방식으로 그것에 형식을 부여하고, 부분들이 조화를 이루어 전체를 형성하고, 중심점을 둘러싸고 질서를 이루도록 해야 한다." Georg Simmel, "Soziologische Aesthetik", *Die Zukunft*, 1896을 보라. 이탈리아 번역본 *Arte e civilta*, Milan 1976, p. 45에서 인용했다.

을 조명해준다. 과거형 동명사와 과거시제, 부정사 절의 연속은 대칭을, 따라서 또한 그것으로부터 유래하는 — '비등방적非等方的이며', 택하는 방향에 따라 달라지는 — 안정성(그리고 그와 같은 미)을 배제하는 시간성의 이념을 구현한다. 이 페이지의 왼쪽에서 오른쪽으로 — 완전히 완성된 과거부터 우리 눈앞에서 안정되고 있는 현재 그리고 그것을 넘어 다소 막연한 미래로 — 진행되면서 이 산문은 단지 연속성뿐만 아니라 **비가역**성의 산문이 된다. 근대(성)의 속도는 '파괴 활동에 나선다[그러면서 자기가 전권을 장악하고 있다는 의식을 갖는다][2권, 62페이지]'라고 헤겔은 『정신현상학』에서 쓴다. 그것을 「공산당선언」은 '단단한 모든 것이 녹아 대기 속으로 사라진다'라고 반향한다. 디포의 리듬은 그것들만큼 과열되어 있지 않다. 신중하고 안정적이다. 하지만 결코 뒤돌아보지 않고 전진하는 데서는 앞의 두 저자 못지않게 단호하다. 자본주의적 축적은 "영원한 **혁신**"[89] 활동을 요구한다고 베버는 『프로테스탄티즘의 윤리』에서 쓴다. 그리고 디포의 문장 — 여기서 첫 번째 행동의 성공은 **보다 많은** 행동을 위한, 그리고 그것을 넘어 더 많은 행동을 위한 발판이다 — 은 다름 아니라 과거의 성취를 새로운 시작으로 끊임없이 '혁신하는' 이 방법을 구현하고 있다. 그것이 *pro-vorsa*, 즉 전향된 것으로의 산문의 문법이다.[90] **증가**[성장]growth의 문법이다.

---

89 Weber, *Protestant Ethic*, p. 21.
90 산문은 '어떤 규칙적 귀환도 모르는' '전향된 담론[*provorsa*]'이라는 생각에 대한 고전적 정식화는 Heinrich Lausberg, *Elemente der literarischen Rhetorik*, Munich 1967, § 249에서 찾아볼 수 있다.

이 어려움을 극복하느라 무한한 시간을 쏟아부은 후에 나는 다른 어쉬운 물건 두 개도 만들어볼까91

한 가지 어려움은 극복되었다. 그러자 이제 **두 가지** 어쉬운 것을 해결할 수 있을 것이다. 진보가 그것이다.

자신에게 **미래**를 제공하고, 과거와 자신을 비교하는 것에 의한 **현재**의 끊임없는 자기정당화.92

'유용성'의 스타일. 산문의 스타일. 자본주의 정신의 스타일. 근대적 진보의 스타일. 하지만 그것은 정말 **스타일**일까? 형식적으로는, 그렇다. 그것은 자체에 고유한 문법적 연쇄 그리고 도구적 행동이라는 자체의 분산된 주제론을 갖고 있다. 하지만 미학적으로는? 그것이 산문의 스타일론의 중심적 문제이다. 꾸준히, 한 번에 한 발씩 앞으로 나간다는 신중한 결정은, 충분히, **산문적**이다. 현재로는 이 문제를 이쯤에서 그만두기로 하자. 산문적 스타일. 아비투스보다는 미와 덜 관련되어 있는 것으로서의 그것.

구조화하는 구조로 기능하도록, 즉 어떤 식이든 규칙에의 종속의 산물이 되지 않고 또는 목표를 달성하기 위해 필요한 조작을 명확하게 장악하지

---

91 『크루소』, 156페이지.
92 Hans Blumenberg, *The Legitimacy of the Modern Age*, Cambridge, MA, 1983(1966-1976), p. 32(강조는 필자의 것이다).

않고도 객관적으로 '규율[조절]되고regulated' '규칙적regular'일 수 있는 실천과 재현의 생성 및 구조화 원리로 기능하도록 만들어진, 의식적인 목표 지향 없이 객관적으로 목적에 적응된 지속적이고 치환 가능한 **성향**, 구조화된 구조 ……93

3개의 절로 구성된 디포의 문장은 부르디외가 말하고자 하는 바의 탁월한 실례이다. 즉 어떤 계획도 없이, 구분되지만 양립 가능한 요소들의 더딘 성장에 의해 태어나게 된 '**구조화된 구조**.' 그것은 일단 완전한 형태에 도달하면 '의식적으로' 그렇게 할 것을 겨냥하지 않은 채 시간성에 대한 독자의 '실천과 재현'을 '규율[조절]한다.' 그리고 여기서 '규율[조절]한다'는 용어는 심오하게 **생산적인** 의미를 갖고 있다. 그것의 요점은 시간적 재현의 다른 형태들을 **불**-규칙인 것으로 억압하는 것이 아니라 문법적으로 꽉 조일 뿐만 아니라 상이한 상황에 적응할 수 있을 정도로 충분히 유연한 견본을 마련하는 데 있다.94 주어진 구조의 **정확**

---

93 Pierre Bourdieu, *Outline of a Theory of Practice*, Cambridge 2012(1972), p. 72.
94 『크루소』는 3개의 요소로 구성된 절을 하나 또는 그 이상 짝짓는 것과 별도로 주절을 연기하는 것에 의해 기본적 배열 순서에 대한 몇 가지 이형태를 제시한다('점토를 찾아내 그것을 파내고 부드럽게 다지고 집으로 가져와 작업한 끝에 항아리라고 할 수도 없이 못난 질그릇 큰 것을 두 개밖에는 만들지 못했는데, 여기에는 한두 달치 노동이 들어갔다'[174페이지]). 또는 중간에 절을 하나 더 삽입하는 것에 의해 그렇게 한다('두 번째 화물을 육지에 옮겨놓자 나는 화약상자들을 빨리 뜯어보고 싶었으나 워낙 큼직해서 그대로 들고 올 수가 없기에 뜯어서 한 묶음씩 꺼내 쓰기로 하고 돛과 잘라온 몇 개의 장대를 갖고 의도했던 대로 조그마한 텐트를 만드는 작업을 했고'[82페이지]). 또는 구문론적으로 여러 요소를 추가하는 것에 의해 그렇게 한다('배가 모래언덕에 그렇게 걸렸고 배를 움직여 벗어나기에는 너무 깊숙이 박혀 있었으니 우리는 정말 끔찍한 곤경에 빠져 있었던 터라, 어찌하건 방도를 찾아 목숨을 구해보려 최선의 노력을 할 수밖에 없었는데'[65페이지]).

한 반복을 요구하는 기억화의 메커니즘을 통해 수천 년 동안 교육적 실천을 '규율[조절]해온' 운문과 달리 산문은 원래의 것과 비슷해야 하지만 — 그렇다 — 단연코 동일해서는 **안 되는** 구조의 **주관적 재-생산**을 요청한다. 루카치는 『소설의 이론』에서 그것을 위한 완벽한 은유를 발견했다. 정신의 생산성이 그것이다.

7. 산문 II: '우리는 정신의 생산성을 발견했다.'

자기의 '작은 왕국'에 대해 더 많은 것을 알고 싶어 안달이던 크루소는 섬을 배로 일주하기로 결심한다. 먼저 일부 바위가 그를 멈추어 세우며, 그런 다음 바람이 방해가 된다. 그는 3일을 기다린다. 그런 다음 다시 한 번 위험을 무릅쓰고 밖으로 나간다. 하지만 그가 죽으리라고 느낄 때까지 모든 것 — '엄청나게 깊은 물살' …… '해류' …… '내가 아무리 노를 저어댄다 해도 별 소용이 없었다'[200~201페이지] — 이처참할 정도로 잘못된다. 그는 이렇게 결론을 내린다.

이제 나는 하느님이 섭리하신다면 가장 비참한 처지에 있는 인간들의 처지를 더 심하게 만드시는 게 얼마나 쉬운 일인가를 깨달았다.[95]

하느님의 섭리. 이 소설의 알레고리적 음역. 하지만 『천로역정』

---

95 디포, 앞의 책, 201페이지.

[1678년]이라는 불가피한 선구자와의 비교는 얼마나 많은 것이 변했는지를 드러낸다. 불과 한 세대 만에. 번연에게서 텍스트의 알레고리적 잠재력은 체계적으로 그리고 명시적으로 이 소설의 여백에 써넣은 글marginalia, 傍註에 의해 활성화되는데, 그것이 크리스천의 역정을 제2의 텍스트로 변형시킨다. 그리고 그것 안에 이 소설의 진정한 의미가 들어 있다. 가령 우유부단이 역정歷程의 느린 속도에 대해 불평하자 번연의 추가addendum, 追記 — '우유부단인 것으로는 충분하지 않다' — 가 해당 에피소드를 서사적 흐름으로부터 추상화될 수 있으며, 현재시제로 영원히 보존될 수 있는 윤리적 교훈으로 바꾸어 놓는다. 이 이야기가 의미 있는 것은 그것이 두 가지 이야기를 갖고 있으며, 두 번째 이야기가 중요하기 때문이다. 알레고리는 그렇게 작동한다. 하지만 『크루소』는 다르다. 영어로 된 가장 소박한 단어 중의 하나 — 'Things' — 가 내가 무슨 말을 하는지를 분명히 해줄 것이다. 'things'는 번연에게서는 ('way'와 'man'에 이어) 3번째로 그리고 디포에게서는 ('시간', 그리고 바다 및 섬과 관련된 일군의 용어에 이어) 10번째로 출현 빈도가 높은 명사이다. 얼핏 보기에 그것은 두 소설 간의 인접성 그리고 다른 소설들과의 거리를 암시하는 것 같다.96 하지만 용어색인을 보면 그림이 바뀐다. 여기 번연으로부터의 인용문이 있다.

---

96 『천로역정』에서 'things'은 1만 자당 25회 빈도로, 『크루소』에서는 12회 빈도로 등장한다. 〈Google Books corpus〉에서 17세기 말과 18세기 초에 이 단어의 평균 출현 빈도는 약 10배 더 낮았다(1만 자당 1.5회와 2.5회). 〈문학 랩〉에서 1780년경에는 2회의 출현 빈도로 매우 느리게 증가하며, 1890년대에는 겨우 5회를 넘는다.

그러니 비유로 된 모든 사물을 경멸하지 맙시다.

그분은 비천한 것에서 거룩한 것을 이끄십니다.

…… 죄인들이 알기 어려운 것들을 깨우치고 알려주는 것.

…… 앞으로 올 것을 기다리면서 지금 있는 것을 탐하지 않음이 최상이다.

…… '보이는 것은 잠깐이요 보이지 않는 것은 영원함이라.'

지상의 인간이 입과 혀를 사용할 가치가 있는 일이 천국의 하나님에 관한 것 말고 뭐가 있겠습니까?

나는 단지 모든 일을 바로잡고자 합니다.
감추어진 심오한 신비를

…… 도대체 무슨 목적으로 …… 헛된 일로 마음을 채우려 하겠오?[97]

이 사례들에서 'things'는 비록 부분적으로는 겹치지만 세 가지 서로 구분되는 의미를 소유하고 있다. 첫 번째 것은 완전히 총칭적인 것이

---

[97] 번연, 『천로역정』, 13페이지, 16페이지, 47페이지, 50페이지, 105페이지, 114페이지, 95페이지, 172페이지.

다. 'things'는 중요하지 않을 것을 나타내기 위해 사용된다.

> 크리스천과 믿는 자는 오는 길에 일어난 모든 일을 이야기했다.[98]
> 나는 단지 모든 일을 바로 잡고자 합니다.

이 단어는 (『천로역정』에서 출현 빈도가 매우 높은 또 다른 단어인) '세상'을 환기시키며, 그것을 비본질적인 것으로 뿌리쳐 버린다. 그런 다음 ― '비천한 것'과 '헛된 일' 등 ― 또 다른 표현군이 두 번째의 의미론적 층을 추가하며, 그처럼 중요하지 않은 세상 것에 대한 윤리적 경멸감을 표현한다. 그리고 마지막으로 하찮음과 비도덕성 다음에는 세 번째 육화incarnation가 온다. 즉 'things'는 표징sign이 된다. '비유로 된 사물' 또는 '죄인은 알기 어려운 것을 깨우치고 알려주는 것' 또는 해석자 ― 완벽한 이름 ― 가 역정 중에 휴식을 취하는 동안 크리스천에게 설명해주어야 할 '훌륭한 것'이 그것이다.

표징으로 바뀌는 'things.' 그리고 쉽게 그렇게 될 수 있는데, 왜냐하면 실은 그것들은 **실제로는 'things'이었던 적이 결코 없기** 때문이다. 번연은 전형적으로 알레고리적 방식으로 세상을 불러내지만(첫 번째 의미에서의 'things') 단지 그것의 천박함(두 번째 의미)만 비난하고, 그것을 전적으로 초월하고 말 뿐이다(세 번째 의미). 그것은 『천로역정』의 전체 제목이 말하는 대로 '이 세상에서 올 세상으로 가는' 완전히 논리적인

---

98 앞의 책, 68페이지.

진행이다. 거기서 문자적 판plane은 알레고리적 판과, 육체가 영혼과 맺는 것과 동일한 관계를 맺고 있다. 그것은 '우리 도시'처럼 오직 타 버리기 위해서만 존재하는데, 이 도시는 크리스천이 즉시 설명하듯이, "하늘이 내린 불로 타 버릴 것"[99]임을 확실히 들었다. 파괴되고, 불로 타버리고, 정화된다. 그것이 『천로역정』에서의 things의 운명이다. 그러면 이제 『크루소』를 보자.

…… 내가 눈독을 들일 만한 다른 물건으로는 가령 당장 공구 ……

…… 배의 장비들과 돛과 기타 육지로 갖고 올 수 있는 물건이 상당히 많다는 ……

…… 포수의 몫이었던 다른 물건 몇 가지, 특히 쇠지레 두세 개 ……

…… 무슨 고리버들 세공하듯 굽혀 쓸 나뭇가지가 없었거나 ……

…… 이 빵이라는 것 하나를 준비하고 만들고 말리고 다듬고 모양을 내어 완성하기까지 들어가는 숱한 자질구레한 것이 얼마나 많은지 ……

항아리라고 할 수도 없이 못난 질그릇 큰 것을 두 개밖에는 만들지 못했는데, 여기에는 한두 달치 노동이 들어갔다.[100]

---

99 앞의 책, 21~22페이지.
100 『크루소』, 75페이지, 80페이지, 81페이지, 108페이지, 171페이지, 174페이지,

여기서 things는 표징이 아니며, 분명히 '헛되지도' 또 '비천하지도' 않다. 그것들은 크루소가 결여와 욕망이라는 이중적 의미에서 '아쉬운 것'이라고 부르는 것이다. 결국 이 소설의 가장 중요한 에피소드 중 하나는 그것들을 실은 뱃짐을, 해저로 가라앉아 영원히 잃어버리는 것으로부터 구하는 데 있다. 이 용어의 의미는 불가피하게 여전히 총칭적이지만 이번에 그것의 불확정성은 세계로부터의 도주보다는 그것의 특수화 과정을 촉진한다. things은 의미를 획득하지만 영원의 판으로 '수직적으로' 올라가는 것에 의해서가 아니라 구체화되거나('자질구레한 것', '질[그릇]', '못난') 또는 '공구', '쇠지레', '질그릇', '굽혀 쓸 나뭇가지'로 바뀌는 또 다른 절로 '수평적으로' 흘러 들어가는 것에 의해 그렇게 된다. 그것들은 완고하게 물질적인 것으로 남아 표징이 되기를 거부한다. 번연에게서와 달리 더 이상 '인간의 구원에 대해 책임지지 않으며 "자체에 고유한 안정성이나 신뢰 가능성을 제공함으로써 그것과 **경쟁하는**"101 『근대의 정당성』의 근대 세계처럼 말이다. 안정성과 신뢰 가능성. 그것이 디포에게서의 things의 '의미'이다. 그것이 버크가 17세기 중반까지 거슬러 올라가며 추적하는 "축자적 마음가짐literal mindedness"102 또는 '1660년경쯤' 그와 병행해 네덜란드 장르화에서 이루어진 이동, 즉 '알레고리적 장치'가 중심을 차지하던 데서 "일상적 삶과 관련된 용무"103로 중심이 이동하는 현상이다. 감상적인 것이라면 질색할 빅토

---

101 Blumenberg, *Legitimacy of the Modern Age*, p. 47(강조는 필자의 것이다).
102 Peter Burke, *Varieties of Cultural History*, Cornell 1997, p. 180. 또한 그의 보다 이전 논문 "The Rise of Literal-Mindedness", *Common Knowledge* 2(1993)를 보라.

리아인이라면, '세상에서 늘어나는 것이라고는 모종의 사실적임일 뿐'
이라고 쓸 것이다.

> 정신의 산문적 전회. …… **글자 그대로의 의미임**[축자적 의미임], 사실에
> 관해 무엇을 생각하건 또는 상상하건 '사실은 여차여차하다'라고 말하는
> 경향.104

사실은 여차여차하다. 산문에 대한 헤겔의 말을 들어보자.

> 따라서 일반적으로 우리는 산문적으로 표상하기 위한 법칙으로 문자적 정
> 확성, 틀림없는 명확성, 그리고 확실한 이해 가능성을 내세울 수 있다. 반
> 면 은유적인 것과 비유적인 것은 대개 비교적 불명확하고 부정확하다.105

그러니 이 절을 시작할 때 언급한 구절로 돌아가 전체를 읽어보자.

> 3일째 되는 날 아침에 바람이 밤새 좀 잦아지고 바다가 잠잠해졌기에 나는
> 출항을 감행했으나, 모든 무모하고 무지한 뱃사공들은 나를 보고 타산지석
> 으로 삼아야 할 것인즉, 이유는, 내가 이 암초 지점에까지 근접하자마자 바
> 위에서 내 보트 길이 정도밖에는 떨어져 있지 않았음에도 엄청나게 깊은
> 물살에 말려든 것을 발견했는데 마치 물방앗간의 수문처럼 해류가 빨려 들

---

103 Schama, *Embarrassment of Riches*, pp. 452-453.
104 Walter Bagehot, *The English Constitution*, Oxford 2001(1867), pp. 173-175.
105 헤겔, 『미학강의』 3권, 두행숙 역, 은행나무, 632페이지(번역을 완전히 바꾸었다).

어가고 있었고, 그것이 내 보트를 어찌나 격하게 끌고 들어가는지 내가 기껏 할 수 있는 일이라고는 가장자리에서나 겨우 배를 버티게 하는 것뿐이었으나, 그것도 얼마 버티지 못할 지경이었으니, 해류가 왼편에 있던 소용돌이에서 점점 더 멀리 내 배를 끌고 오는 걸 발견했다. 그때는 나를 돕는 바람도 전혀 불어오는 게 없었고 내가 아무리 노를 저어댄다 해도 별 소용이 없었기에, 자포자기하는 심정이 깃들기 시작했으니, 이제 섬의 양편으로 해류가 흘러가는 것을 알고 있는 형편에서는 곧 몇 마일만 더 멀리 가면 두 해류가 만날 것일 터, 그렇게 되면 나는 구제받을 길 없이 끝장날 것이었으나, 그렇다고 이걸 피할 수 있는 가능성도 전혀 엿보이지 않았기에, 이제 바다는 잠잠했으므로 파도 때문에 망하는 게 아니라 굶어서 슬슬 죽어갈 전망밖에는 바라볼 수 없었다. 해안에 올라갔을 때 내가 너무 무거워 들어 올릴 수도 없을 정도로 큰 바다거북 한 마리를 잡았고 그것을 내 보트에다 던져놓았고 마실 물 한 단지, 그러니까 내가 만든 질그릇에 담은 물이 있었으나, 망망대해로 밀려 나가면 이걸로 어찌 버티겠는가······.106

해가 뜨고, 아침이 되니 바람도 잦아든다. — 그리하여 바다를 진정시키게 된다. 선원들에 대한 반쯤은 알레고리적인 '타산지석'이며, 이어 '정확성'이 돌아온다. 암초, 배, 해안, 깊은 물살, 해류, 그리고 끝에서의 죽음(즉각 이렇게 명시해야 할 것이다. 즉 익사가 아니라 아사라고 말이다)에 대한 공포까지 내내 이어진다. 그런 다음 한층 더 많은 세목이 이어진다. 그는 굶어 죽을 것이다. — 그렇다 — 하지만 실제로 그는 거북이를 신

---

106 디포, 앞의 책, 200~201페이지.

고 있다. 실제로는 '너무 무거워서 들어 올릴 수도 없을 정도로' 큰 놈이다(아니다. **거의** 정도로 크다). 또한 물 단지도 갖고 있다. **마실** 물이 담긴 **큰** 단지이다. — 비록 **실제로**는 단지가 아니라 단지 '내가 만든 질그릇'일 뿐이지만. '틀림없는 명확성.' 하지만 무엇을 위한? 알레고리는 항상 명확한 의미를 갖고 있었다. '요점'을. 그러면 이 세목들은? 단지 '현실 효과' — 바르트는 리얼리즘적 스타일에서 그것을 간파하게 될 것이다. — 이기에 그것들은 너무 많으며, 너무 집요하다. — '하찮은 대상들, 잉여적[쓸데없는]redundant 단어들.' 크루소가 아침에 떠난 사실 또는 거북이가 최대로 컸다는 사실을 갖고, 여전히, 무엇을 해야 할까? 사실은 여차여차하다. 좋다, 그렇다 치자, 그리고 그것들은 의미한다 — 무엇을?

슈타이거는 『시학의 근본개념』에서 서사시적 별칭epithet은 무엇을 의미하는가 라고 묻는다. 또는 보다 정확하게는 **그것이 너무 자주 반복된다**는 사실은 무엇을 의미할까? 바다는 **항상** 진한 포도주색이며, 오뒷세우스의 삶은 모든 날이 우여곡절로 가득 찼다는 사실은? 아니다. '익숙한 것'의 그러한 '귀환'은 그보다 더 보편적이고, 훨씬 더 중요한 어떤 것을 암시한다. 대상이 '확고하고 안정적인 존재'를 획득했으며, 그 결과 "더 이상 삶이 멈추지 않고 흘러가지는 않으리라는 것"[107]이 그것이다. 중요한 것은 주어진 별칭의 개별성이라기보다는 그것의 귀환이 서사시적 세계에 부여하는 **견고성**이다. 그리고 축자적 마음가짐의 산문의 세목에 대해서도 동일한 논리가 적용된다. 그것의 중요성은 특수한 내

---

[107] Emil Staiger, *Basic Concepts of Poetics*, University Park, PA 1991(1946), pp. 102-103.

용보다는 그것이 세계 속에 가져오는 전례 없는 **정확성**precision에 있다. 한 매체의 작품을 다른 매체의 작품으로 재현하려고 시도하는ekphrasis 오래된 전통에서처럼 상세한 기술은 더 이상 예외적 대상 전용專用이 아니다. 그것은 이 세계의 사물을 바라보는 정상적[평범한] 방식이 된다. 정상적인[평범한], 그 자체로 소중한[가치 있는]. 그것은 크루소가 단지를 갖고 있는지 아니면 질그릇을 갖고 있는지와 관련해 실제로는 아무런 차이도 만들어내지 않는다. 중요한 것은 세목을 중요한 것으로 간주하는 마음가짐이 수립되는 것이다. **심지어 즉각 중요하지 않더라도**. 정확성이다. 정확성을 위한 정확성 말이다.

존재하는 것에 대해 그렇게 전혀 움츠리지 않고 주목하는 것은 세계를 가장 '자연스러운' 동시에 가장 '**비**-자연스러운' 방식으로 관찰하는 것이다. 자연스러운 것은 그것이 어떤 상상력도 요구하지 않으며 단지 디포에게 "스타일과 방법 모두에서 주제, 즉 정직함에 대해 모종의 적절한 유사성을 가진 솔직성plainness"108을 요구하는 것처럼 보이기 때문이다. 하지만 또한 비-자연스럽기도 하다. 우리가 앞서 읽은 것과 같은 페이지는 '국지적local' 초점을 너무나 많이 갖고 있어 전반적 의미가 신속하게 흐릿해지기 때문이다. 정확성을 위해 치러야 할 대가가 존재하는 셈이다.

---

108 Daniel Defoe, "An Essay upon Honesty", in *Serious Reflections during the Life and Surprising Adventures of ROBINSON CRUSOE With his Vision of the Angelic World*, ed. George A. Aitken, London 1895, p. 23.

나는 …… 종종 보다 명료하게 하기 위해 어찌나 많은 말로 things를 전달
하려고 했는지 이제는 심지어 나에게조차 다양한 장소에서 말이 너무 많은
죄를 범한 것처럼 보일 정도이다.

'사실 문제'의 위대한 이론가, 즉 보일은 실험에 대한 본인의 기술 방식
에 대해 그렇게 쓰고 있다. 하지만 이렇게 덧붙인다.

나는 그러한 것들에 대한 언급보다는 수사학자들의 계율을 무시하는 쪽을
택했는데, 그것들이, 내 생각으로는, 내 주제와 관련 있으며 당신, 나의 독
자에게 유용하기 때문이다.109

유용한 말 많음. 『크루소』를 위한 공식이 될 수 있을 것이다.

정확성을 위해 치러야 할 대가가 존재한다. 블루멘베르크와 루카치
는 동일한 단어로 그것을 표현한다. 총체성이 그것이다.

---

109 Robert Boyle, "A Proemial Essay, wherein, with some Considerations touching Experimental Essays in general, Is interwoven such an Introduction to all those written by the Author, as is necessary to be perused for the better understanding of them", in *The Works of the Honourable Robert Boyle*, ed. Thomas Birch, 2nd. edn, London 1772, vol. I, pp. 315, 305. 쿤은 "The Function of Measurement in Modern Physical Science" (1961)에서 '모든 실험과 관찰은 완전히 그리고 자연주의 소설에서처럼 상세히 보고되어야 한다'는 새로운 실험 철학의 주장에 대해 말하면서 "보일 같은 사람들이 …… **법칙과 완전히 일치하건 그렇지 않건 최초로 양적 데이터를 보고하기 시작한 사실**"에 대해서도 지적하고 있다. Thomas S. Kuhn, *The Essential Tension: Selected Studies in Scientific Tradition and Change*, Chicago, IL, 1977, pp. 222-223을 보라.

근대체계의 강점은 자기의 '방법'에 대한 지속적인, 거의 일상적인 검증과 '생활세계'적 성공에 의거하는 점에 있었다. …… 그리고 이 체계의 약점은 지치지 않는 성공이 어떤 '전체'를 만들어낼 수 있는지의 불확실성에 있었다.[110]

우리 세계는 무한히 커졌으며 어느 구석이든 그리스 세계보다 (위험이든 선물이든) 훨씬 더 풍부해졌다. 하지만 그러한 풍부함은 그리스적 삶의 근간을 이루고 있던 긍정적 의미, 즉 총체성을 사라지도록 만들었는데[111]

풍부함이 총체성을 사라지도록 만든다. …… 『크루소』에서 인용한 앞의 페이지의 요점은 그의 갑작스런 공포여야 할 것이다. 그는 난파한 날 이후 그렇게 죽음에 가까이 간 적이 없던 것이다. 하지만 세계의 요소들은 너무 다채로우며, 그것들에 대한 정확한 언급은 너무 부담스러워 이 에피소드의 일반적 의미는 지속적으로 굴절되고 약화된다. 우리의 기대가 어떤 것을 결정하자마자 소재의 원심적 잉여 속에서 — 선물과 위험으로 풍부한 구석 — 모든 종합을 좌절시키는 뭔가 **다른** 것이 출현한다. 루카치 말을 들어보자.

우리는 정신의 생산성을 만들어낸 것이다. 그렇기 때문에 그리스의 원형적 이미지가, 다시는 그것을 회복할 수 없을 정도로 그 자체의 객관적 자명성

---

110 Blumenberg, *Legitimacy of the Modern Age*, p. 473.
111 루카치, 『소설의 이론』, 37페이지.

을 상실하게 된 것은 바로 그러한 이유에서이다. 그리고 우리 사고가 끝없이 원형적 이미지에 가까이 다가가려고 하지만 결코 완전히 접근할 수 없는 것도 이 때문이다. 우리는 형식의 창조라는 개념을 발견하게 된 것이다. 그렇기 때문에 우리 손이 만들어내는, 그러나 피곤하고 절망한 채 중도에 그만 내버려두는 모든 것에 결국에는 항상 하나의 완결성이 결여되는 것도 바로 그러한 이유에서이다.112

가까이 다가가려고 하지만 …… 결코 완전히 접근할 수 없는 채 …… 절망한 손 …… 불완전. 정신의 생산성Produktivität des Geistes의 세계는 또한 『이론』의 또 다른 페이지(96페이지)의 '신에 의해 버림받은' 세계[의 서사시]이기도 하다. 그리고 우리는 궁금해진다. 여기서의 지배음은 무엇일까? 완수된 것에 대한 자부심? 아니면 잃어버린 것에 대한 멜랑콜리? 근대문화는 생산성을 축하해야 할까 아니면 그것의 "근사치"113를 통탄해야 할까? 그것은 베버의 '탈주술화'가 제기하는 것과 동일한 물음이다(그리고 루카치와 베버는 『소설의 이론』을 쓸 당시에는 매우 가까운 사이였다). 탈주술화Entzauberung 과정에서는 무엇이 더 중요할까? "계산을 통해 모든 사물을 — 원칙적으로 — 계산할 수 있는 사실"114일까? 아니면 계산의 결과가 더 이상 "세계의 **의미**에 대해 뭔가

---

112 앞의 책, 37페이지.
113 혹시 있을 수 있는 어떤 오해라도 피하기 위해 '생산성'이라는 단어는 『소설의 이론』에서 현재 통용되는 바의 의미처럼 양적이고 이윤-추구적 의미를 갖고 있지 않음을 지적하자. 그것은 단지 '원형적 이미지'를 재생하기보다는 새로운 형식을 창조할 수 있는 능력을 가리킨다. 따라서 오늘날이라면 아마 '창조성'이 '생산성'보다 더 나은 번역어일 수도 있을 것이다.
114 베버, 이상률 역, 『직업으로서의 학문』, 문예출판사, 30페이지.

를 실로 조금이라도 가르쳐 줄 수 없게 된"115 사실일까?

무엇이 더 중요할까? 그것을 말하기는 불가능한데, 왜냐하면 '계산'과 '의미'는 베버에게서 비교 불가능한 가치이기 때문이다. 루카치에게서 '생산성'과 '총체성'이 그렇듯이 말이다. 그것은 우리가 몇 페이지 앞에서 살펴본 부르주아적 노동문화에서 맞닥뜨리게 되는 것과 동일한 기본적 '비합리성'이다. 산문이, 세계에 대한 우리의 지각을 풍부하게 해주는 구체적 세목을 더 잘 증가시킬수록 — 자기 일[노동]을 하는 데서 더 나아질수록 — 그만큼 더 그렇게 하는 이유는 손에 분명하게 잡히지 않게 된다. 생산성인가 아니면 의미인가. 이어지는 세기에 부르주아 문학의 경로는, 아무리 많은 비용이 들더라도 노동을 심지어 한층 더 잘하기를 원하는 사람 그리고 생산성이냐 아니면 의미냐 간의 양자택일에 직면해 그것 대신 의미를 선택하기로 결정나는 사람으로 분기될 것이다.

115 앞의 책, 36페이지.

2

진지한 세기

The Bourgeois

1. 열쇠말 IV: '진지한'

몇 년 전, 앨퍼스는 『묘사의 방법』이라는 제목의 저서에서 네덜란드의 황금기 화가들이 ― '인간의 중요한 행위를 모방한 작품'을 창작하기보다는 '보여진 세계를 묘사하기로 결정함으로써' ― 유럽 미술의 흐름을 영원히 바꾸었다고 평한 바 있다. (앨퍼스 본인이 종종 언급하는 유아살해 같은) 성사와 속사의 위대한 장면 대신 우리는 정물화, 풍경화, 실내화, 도시 풍경화, 초상화, 지도를 발견하게 된다. …… 간단히 말해 "서사敍事 예술과 구분되는 묘사의 예술"[1]이 등장한다.

멋진 명제이다. 하지만 적어도 한 가지 경우 ― 베르메르Johannes Vermeer의 작품 ― 진정한 새로움은 서사의 제거가 아니라 서사의 **새로**

---

[1] Svetlana Alpers, *The Art of Describing: Dutch Art in the Seventeenth Century*, Chicago, IL, 1983, pp. xxv, xx.

운 차원의 발견인 것 같다. (이어지는 페이지에 실린 〈도판 4〉의) 파란색 옷을 입은 여인을 예로 들어보자. 그녀의 몸은 얼마나 이상한 모양을 하고 있는가. 임신 중일까, 혹시? 그렇게 정신을 집중하고 누구 편지를 읽고 있을까? 벽 위의 지도가 암시하는 대로 남편은 멀리 나가 있을까?(하지만 만약 남편이 멀리 나가 있다면……). 그리고 전경에는 손궤가 열려 있다. 편지는 거기 들어 있었을까? — 그렇다면 **낡은** 편지로, 최근에 온 편지가 없어 다시 읽는 것일까?(베르메르의 그림 속에는 매우 많은 편지가 등장하며, 항상 소소한 이야기를 암시한다. 즉 여기서 지금 읽혀지고 있는 것은 어딘가 다른 곳에서, 보다 이전에, 심지어 그보다 이전의 사건에 관해 쓰여진 것이다. 몇 인치도 안 되는 얇은 캔버스 위에 시공간적으로 3층이 쌓이는 셈이다). 그리고 하녀가 이제 막 여주인에게 건네준 〈도판 5〉의 편지가 있다. 두 사람의 눈을 보라. 걱정, 아이러니, 의구심, 공모. 하녀가 여주인의 여주인이 되고 있는 모습을 거의 볼 수 있을 것이다. 그리고 프레임은 얼마나 기묘하게 사선을 이루고 있는가. 문, 넓은 방, 버려진 대걸레. — 거리 바깥에서 누군가 답장을 기다리고 있을까? 그리고 〈도판 6〉을 보자. 소녀 얼굴에 어린 미소는 어떤 종류의 것일까? 탁자 위에 놓인 술 주전자로 미루어볼 때 얼마나 많은 와인을 마셨을까?(당시의 네덜란드 문화에서 그것은 현실적인 질문이었다. 그리고 다시 한 번 그것은 서사적 물음이다). 전경의 군인은 그녀에게 어떤 이야기를 하고 있었을까? 그리고 그녀는 그의 말을 **믿었을까**?

나는 여기서 멈춘다. 하지만, 앨퍼스에게는 죄송하지만, 이 모든 장면이 실제로 '인간의 중요한 행위'이기에 조금은 마지못해. 즉 어떤 이

〈도판 4〉 베르메르, 〈편지를 읽고 있는 푸른 옷의 여인〉(1663년), 유화, 44×38cm(브릿지먼 아트 라이브러리).

야기, 즉 하나의 서사에 나오는 장면들이다. 그렇긴 하지만 세계사Weltgeschichte의 위대한 순간은 아니다. 하지만 서사는 — 젊은 시절의 조지 엘리엇George Eliot이 (서사가 네덜란드 회화에서 유래했음을 포함해2) 완벽하

2 진지한 세기 131

〈도판 5〉 베르메르, 〈연애편지〉(1669년), 유화, 47×39cm(브릿지먼 아트 라이브러리).

게 알았듯이 — 단지 기억할 만한 장면으로만 이루어지지 않는다. 바르

2 "나는 단조롭고, 소박한 삶을 충실하게 그려 놓은 그림에서 향기로운 공감의 원천을 발견한다. 화려하거나, 찢어지게 가난하거나 혹은 비극적인 고통을 당하거나 아니면 굉장한 행동으로 세상을 떠들썩하게 만드는 인생보다는 평범한 인생을 사는 사람들이 훨씬 더 많다.

〈도판 6〉 베르메르, 〈장교와 웃고 있는 소녀〉(1657년)(프릭 컬렉션 제공).

트Roland Barthes는 「서사의 구조적 분석 입문」에서 서사의 에피소드를

나와 같은 부류의 사람들도 대부분 그렇게 평범한 삶을 운명으로 여기며 살고 있다. 나는 구름을 타고 둥실둥실 떠다니는 천사나, 예언자나, 무당이나, 영웅적 전사에게는 별로 관심이 없다. 그들보다는 오히려 늙고 평범한 여인이 화분의 꽃을 돌보려고 허리를 구부리거나 혹은 혼자서 외로이 식사하는 모습을 보았을 때 곧장 관심이 간다. …… 또 나는 어느 시골 마을의 결혼식에도 관심을 갖는다. 결혼식은 사방이 갈색 벽으로 둘러싸인 곳에서 열린다. 어색해하는 신랑과 어깨가 높고 얼굴이 넓적하고 못생긴 신부가 춤을 추기 시작하면 나이가 지긋한 중년의 이웃 어른들은 좋아죽겠다는 표정을 지을 것이다." 조지 엘리엇, 『아담 비드 Adam Bede』, 이미애 역, 나남출판사, 308~309페이지.

2 진지한 세기 133

'주기능단위cardinal functions'(또는 '핵')와 '촉매단위catalysers'라는 두 개의 포괄적 단위 계층으로 나눔으로써 앞의 물음에 대답하기 위한 정확한 개념적 틀을 발견했다. 채트먼은 『이야기와 화법Story and Discourse』에서 '중핵kernel'과 '위성들satellites'이라는 용어를 사용한다. 나는 '전환점turning point'과 '충전재filler'라는 용어를 사용할 텐데, 주로 논의를 단순화하기 위해서이다. 하지만 용어 사용법은 중요하지 않으며, 오직 개념만 문제가 된다. 여기서 바르트 말을 들어보자.

> 하나의 기능이 주된 것이 되려면 해당 기능과 관련을 맺고 있는 행위가 줄거리의 전개를 위해 일정한 결과를 갖고 있는 대안을 열어주는 것으로 충분하다. …… 두 개의 주기능단위 간에는 보조적 기호표시가 놓일 가능성이 언제나 존재하는데, 이 기호표시는 교체적 성격을 바꾸지 않은 채 하나의 핵이나 다른 핵을 중심으로 주위에 모이게 된다. 촉매단위들은 여전히 기능적이다. …… 하지만 그것들의 기능적 성질은 약화되고 일방적이며 불필요한 것이 된다.3

주기능단위는 플롯에서의 전환점이다. 충전재는 한 전환점에서 다음 전환점 **사이에** 일어나는 일이다. 『오만과 편견』(1813년)에서 엘리자베스와 다시는 3장에서 만난다. 그는 천박하게 굴며, 그녀는 역겨워한다. '줄거리의 전개를 위해 일정한 결과를 갖고 있는' 첫 번째 사건이다. 그녀는 그에게 맞서기 시작한다. 31장 뒤에서 다시는 엘리자베스에게 청

---

3 롤랑 바르트, 김치수 역, 「서사의 구조적 분석 입문」, 『구조주의와 문학비평』, 문학과 지성사, 106~107페이지.

혼한다. 두 번째 전환점이다. 대안이 열리게 된 것이다. 다시 27장이 지나간다. 그녀는 그것을 받아들인다. 대안이 닫히고, 소설은 끝난다. 세 개의 전환점. 시작, 중간, 엔딩. 매우 기하학적이다. 정말 오스틴답다. 하지만 물론 이 세 장면 사이에서 엘리자베스와 다시는 만나고, 이야기하고, 듣고 그리고 각각 상대방에 대해 생각하는데, 그와 같은 종류의 것을 양화시키는 것은 쉽지 않지만 대체로 그와 같은 종류의 에피소드는 약 110개에 달하는 것 같다. 그것들이 충전재다. 그리고 바르트가 맞았다. 즉 그것들은 실제로는 큰 기여를 하지 않는다. 이야기의 진행을 풍부하게 하고, 뉘앙스를 부여한다. 하지만 전환점이 확립해놓은 것은 수정하지 않는데, 실제로 그렇게 하기에는 너무 '약화되고 불필요한 것[기생적인 것]이 된다.' 그것이 제공해야 하는 것이라고는 대화를 나누는 사람, 카드놀이, 방문, 산책, 편지 읽기, 음악 감상, 커피 마시기 …… 가 전부이다.

서사화Narration. 하지만 일상4의 서사화. 그것이 충전재의 비밀이다.

---

4 19세기 초에 일상성 — alltäglich, everyday, quotidien, quotidiano — 의 의미론적 장은 '습관적인', '일상적인', '반복 가능한', '혼한'이라는 무색의 영역을 향해 떠내려간다. 일상과 성스러움이 보다 생생하게 대립되었던 보다 이전 시대와 반대로 말이다. 좀체 손에 잡히지 않는 삶의 이 차원을 포착하는 것이 『미메시스』에서의 아우어바흐의 목표 중 하나였다. '일상의 진지한 모방ernste Nachahmung des Alltäglichen'[*Mimesis*, Appendix, p. 572]이라는 이 책의 개념적 라이트모티브가 분명하게 보여주듯이 말이다. 비록 저자가 결국 고른 제목은 '모방Mimesis'의 측면을 전경화하고[중시하고] 있지만 이 책의 진정한 독창성은 다른 두 용어, 즉 '진지한'과 '일상'에 놓여 있는데, 심지어 그것은 예비연구인 「일상의 진지한 모방에 관해Über die ernste Nachahmung des alltäglichen」에서는 한층 더 핵심적이다(여기서 그는 또한 '변증법적인 것'과 '실존론적인 것'을 '일상'을 대체할 수 있는 것

2 진지한 세기 135

서사화. 왜냐하면 앞의 에피소드들은 항상 일정량의 불확실성을 포함하기 때문이다(엘리자베스는 다시 말에 어떻게 반응할까? 다시는 가드너가 사람들과의 산책에 동의할까?). 하지만 불확실성은 국지적이고, 제한된 것으로 남으며, '줄거리의 전개를 위한 일정한 결과' ― 바르트라면 이렇게 말할 것이다 ― 에는 장기적 영향을 미치지 않는다. 이 측면에서 충전재는 19세기 소설가들에게는 너무나 소중했던 좋은 예절과 매우 흡사하게 기능한다. 그것은 삶의 '서사성'을 통제하기 위해 고안된 메커니즘이다. 그것에 규칙성을, 즉 '스타일'을 부여하기 위한 메커니즘이다. 여기서는 베르메르가 소위 '장르'화와 결별한 것이 핵심적이다. 그가 그린 장면들에서는 더 이상 아무도 큰 소리로 웃지 않는다. 기껏해야 미소뿐이다. 하지만 심지어 그것조차 자주 짓지 않는다. 통상 그가 그린 형상들은 파란색 옷을 입고 무엇인가에 몰두하고 있는 차분한 여인의 얼굴을 하고 있다. 진지하다. 리얼리즘을 규정하는 『미메시스』의 마술적 공식에서처럼 진지하다(그리고 이미 『제르미니 라세르토$^{Germinie\ Lacerteux}$』「서문」에서 볼 수 있는 대로 공쿠르 형제에게서 소설은 '진지한 위대한 형식$^{la\ grande\ forme\ sérieuse}$'이다). 진지하다. "오락이나 쾌락의 추구와는 반대된다"(*OED*)는 의미에서 그러하다. "농지거리나 여흥과는 반대된다$^{in\ Gegensatz\ von\ Scherz\ und\ Spasz}$"(그림). "천박하고 경박한 것과는 정반대되는 것$^{alieno\ da\ superficialità\ e\ frivolezze}$"(바타글리아).

하지만 '진지한'은 정확히 무슨 의미일까? 문학에서. 유럽 문학에

으로 검토하고 있기도 하다). *Travaux du séminaire de philolgie romane*, Istanbul 1937, pp. 272-273을 보라.

'진지한 장르genre sérieux'를 도입한 [디드로의] 『사생아에 관한 대화』 (1757년)의 두 번째 대화 말미에서 '나는 단 한 가지 질문만 남겨 놓았다'는 문장을 읽을 수 있다.

> 그것은 당신 작품의 장르와 관련되어 있다. 그것은 비극이 아니다. 그것은 희극이 아니다. 그렇다면 그것은 무엇이며, 그것을 위해 어떤 이름을 사용해야 할까?5

세 번째 『대화』를 여는 부분에서 그는 새로운 장르를 '두 개의 극단적 장르 간의 중간적인 것' 또는 '둘 중간에 놓인 것'으로 규정하는 것에 의해 앞의 물음에 대답한다. 그것은 대단한 직관으로, 스타일과 사회계급 간의 유서 깊은 연관성을 갱신한다. 비극적 수난이라는 귀족적 높이 그리고 희곡의 평민적 깊이에 중간의 계급은 자체가 중간에 놓인 스타일을 추가한다. 전자도 또 후자도 아니다. 중립적이다. 『크루소』의 산문이다.6 하지만 그의 '중간' 형식은 앞의 두 극단으로부터 완전히 **등거리**에 있지 않다. '진지한 장르'는 — 그는 이렇게 덧붙인다7 — '희곡보다는 비극 쪽으로 기울며', 실제로 카유보트Gustave Caillebotte의 〈유럽광

---

5 Denis Diderot, *Entretiens sur le fils naturel*, in *Oeuvres*, Paris 1951, pp. 1243ff.
6 디킨스는 1856년 7월에 랜더Walter Savage Landor에게 보낸 편지에서 혼자 말하듯이 이렇게 중얼거린다. "지구에서 가장 인기 있는 책 중 하나가 어떤 사람이라도 웃거나 웃도록 만들 수 있는 것을 아무것도 갖고 있지 않은 것은 기이하지 않나요? 하지만 저는 제법 확신을 갖고 당신 또한 『크루소』에 나오는 어느 구절에 대해서도 [『가상 대화집*Imaginary conversations*』에서] 결코 그렇게 하지 않았다고 생각합니다."
7 Denis Diderot, *Entretiens sur le fils naturel*, in *Oeuvres*, Paris 1951, pp. 1247.

〈도판 7〉 카유보트, 〈비오는 날, 파리의 거리〉(1877년), 유화(브릿지먼 아트 라이브러리).

장〉(〈도판 7〉) 같은 부르주아적 진지함의 명작을 보면 알 수 있듯이 보들레르에게서처럼 모든 등장인물이 "모종의 장례식에 참석하고 있음"8을 느끼지 않는 것은 불가능하다. 진지한 것은 비극적인 것, 진실인 것

---

8 Charles Baudelaire, "The Heroism of Modern Life"(1846), in P. E. Charvet, ed., *Selected Writings on Art and Artists*, Cambridge 1972, p. 105. 『포르투나타와 하신타 *Fortunata y Jacinta*』(1887년)에서 갈도스는Perez Galdos도 동일한 진단을, 하지만 상이한 분위기 속에서 전달한다. "스페인 사회는 '진지하다'고, 즉 죽음을 애도하듯이 옷을 입기 시작했다고 공상하는 것에 의해 입발린 말을 하기 시작했다. 밝은색으로 가득했던 우리의 행복한 제국이 사라져가고 있다는 것이다. …… 우리는 북유럽의 영향하에 있으며, 저 빌어먹을 북유럽이 칙칙한 회색 하늘에서 떼어낸 회색을 우리에게 강요하고 있다는 것이다"(Harmondsworth 1986, p. 26).

과 동일한 것이 아닐 수 있지만 어둡고, 차갑고, 무감각하고, 말 없고, 무거운 어떤 것을 가리키는 것은 사실이다. 근로계급의 카니발 같은 시끌벅적함으로부터 되돌이킬 길 없이 떨어져 나온 셈이다. 진지하다는 것, 그것은 부르주아가 지배계급이 되는 도중에 있음을 의미한다.

2. 충전재

괴테의 『수업시대』, 2권 12장. 사랑스러운 젊은 여배우 필리네가 여관 앞 벤치에서 빌헬름과 시시덕거리고 있다. 그녀는 벌떡 일어나 여관을 향해 걸어가다가 뒤를 돌아 마지막으로 다시 한 번 그를 쳐다본다. 잠시 후 빌헬름은 그녀 뒤를 따라 들어간다. ― 하지만 여관 문턱에서 멜리나에게 붙잡힌다.

그는 극단 감독 멜리나에게 오래 전에 돈을 빌려주겠다는 약속을 한 바 있었다. 온통 필리네 생각뿐인 그는 바로 그날 저녁으로 돈을 주겠다고 장담하며 문턱 안으로 들어가기 시작하지만 다시 집 안으로 들어가는 것을 방해받는데, 이번에는 프리드리히에 의해 그렇게 된다. 프리드리히는 특유의 따뜻함으로 그를 맞이하더니 계단을 성큼성큼 뛰어올라...... 필리네 방으로 간다. 불안감과 불쾌감에 사로잡혀 자기 방으로 돌아간 빌헬름은 거기서 미뇽을 발견한다. 낙담한 그는 평온한 마음이 아니었으며, 퉁명스러웠다. 미뇽은 상처를 입었지만 그는 심지어 눈치조차 채지 못했다. 빌헬름은 다시 대문 있는 데로 나온다. 여관주인은

어떤 낯선 이와 이야기하는 중인데, 빌헬름을 곁눈질하고 있다. ······

헤겔의 세계의 산문. 거기서 개별적 인간은

개별성 속에서 자신을 보존하기 위해 자기를 누차 타인들의 목적에 수단으로 이용되게 하며 또 거꾸로 한정된 자신의 관심사를 만족시키려고 타인들을 낮춰 수단으로 이용한다.9

하지만 그것은 좌절의 씁쓸함(쾌락을 쫓던 빌헬름은 두 차례나 저지당한다)이 기묘하게도 **가능성**이라는 강력한 감각과 융합되어 있는 산문이다. 멜리나에 의해 갈취당하는 꿔준 돈이 이 소설의 연극 부분을 개시시킬 텐데, 거기서는 연극이라는 예술에 대한 기억할 만한 토론이 벌어진다. 빌헬름을 잃을지도 모른다는 두려움이 미뇽의 열정을 날카롭게 한다(그리고 몇 페이지 뒤에서 「그대는 그 나라를 아는가Kennst du das Land」라는 서정시에 영감을 불어넣는다). 여관 출입구의 낯선 이는 빌헬름의 성 방문을 준비하고 있는데, 성에서의 자르노와의 만남은 다시 〈탑회〉로 이어질 것이다. 그것 중 어떤 것도 실제로는 **일어나지** 않는다. 내가 묘사해온 충전재에서는. 단지 가능성일 뿐이다. 하지만 일상을 '다시 깨워' 살아 있으며 열려 있음을 느끼게 하기에는 충분하다. 그리고 비록 그것의 모든 약속이 지켜지지는 않을 테지만 (교양소설Bildungsroman은 또한 구조적으로 실망의 장르이기도 하다) 열려져 있다는 느낌은 결코 총체적으로 사라지지 않

---

9 헤겔, 두행숙 역, 『미학』, 1권, 263페이지.

을 것이다. 그것은 삶의 의미를 상상하는 새로운, 진정 **세속적인** 방식이다. 그것은 무수히 많은 하찮은 사건 사이에 흩어져 있으며, 위태위태하고, 세계의 무관심이나 시시한 이기주의와 뒤섞여 있다. 하지만 또한 항상 끈질기게 **거기** 존재한다. 그것은 괴테가 솔기 하나 보이지 않게 교양소설의 목적론적 측면(많은 의미가 있지만 돌연, 마지막에 드러난다)과 결코 화해시키지 않을 관점이다. 하지만 첫발은 떼어졌다.

괴테는 가능하리라는 느낌을 갖고 일상을 부활시킨다. 스코트는 『웨이벌리』(1814년)에서 과거의 일상의 의식(儀式)에 의지한다. 노래하고, 사냥하고, 식사하고, 건배하고, 춤추고 ……. 정적인 장면들로, 심지어 약간 지루하기까지 하다. 하지만 웨이벌리는 영국적이다. 그는 스코틀랜드적 관습이 무엇을 지시하는지를 모르며, 잘못 질문하며, 사람들을 오해하며, 모욕한다. ― 그리고 일상에서 늘 벌어지는 일은 작은 서사적 잔물결에 의해 환해진다. 『웨이벌리』가 『마이스터』만큼 충전재에 의해 지배된다는 말이 아니다. 분위기는 여전히 절반은 고딕적이다. 세계사가 가까이 있다. 사랑과 죽음의 이야기가 온갖 종류의 멜로드라마적 반향을 창조한다. 하지만 멜로드라마 내에서 스코트는 그럭저럭 서사의 **진행 속도를 늦추며**, 휴지의 순간을 크게 증대시킨다. 그리고 그것 내부에서 이어 그러한 분석적 스타일을 발전시킬 수 있는 '시간'을 버는데, 이번에 다시 그것은 새로운 유형의 묘사를 만들어낸다. 거기서 세계는 마치 "불편부당한 심판"[10]에 의해 관찰되는 듯하다. 형태상 계단 폭

---

10 Walter Scott, *The Heart of Mid-Lothian*, Harmondsworth 1994(1818), p. 9.

포를 이루어 충전재로부터 분석적 스타일로, 이어 기술로 떨어져 내리는 것은 문학의 진화에서 전형적으로 나타나는 현상이다. 새로운 기법은 구조의 다른 부분들과 상호작용하면서 전체적인 '도구의 물결'(산업혁명에 대해서는 그렇게 말해진다)을 촉진한다. 한 세대가 지나면 이 도구들이 풍경을 새롭게 디자인하게 된다.

발자크, 『잃어버린 환상』(1839년)의 2권. 뤼방프레Lucien de Rubempré가 (마침내!) 첫 번째 기사를 쓰고 있는데, 그것은 획기적인 '저널리즘의 혁명'을 이룰 것이다. 파리에 도착한 이래 기다려온 호기였다. 하지만 그럼 행복감으로 도취된 전환점 내부에도 눈에 띄지 않게 두 번째 전환점이 둥지를 틀고 있다. 기삿거리가 부족한 것이다. 즉각 기사 몇 개가 필요한데, 지면을 메꿀 수 있기만 하다면 주제가 무엇이든 결코 신경 쓸 필요가 없다. 그리고 뤼방프레의 친구 중 하나가, 억지로, 앉아서 쓴다. 그것이 충전재의 플라톤적 이념이다. 빈칸을 메우기 위해 쓰여진 단어들, 끝. 하지만 이 두 번째 기사는 일군의 등장인물을 모욕했는데, 그것은 일련의 긴 우여곡절의 연속 끝에 뤼방프레의 몰락을 명하게 된다. 그것이 발자크의 '나비효과'이다. 최초의 사건이 아무리 사소하더라도 대도시의 생태계는 연결망과 변수가 너무나 풍부해 전혀 어울리지 않게 결과를 확대시킨다. 어떤 줄거리의 시작과 끝 사이에는 항상 둘 사이에 끼어드는 어떤 것이 존재한다. 헤겔의 '세계의 산문'에서처럼 '자신의 관심사를 만족시키려고' 하고, 플롯을 전혀 예견할 수 없는 방향으로 굴절시키는 모종의 제3의 인물이 그것이다. 따라서 심지어 일상생활의 극히 평범한 순간조차도 소설 속의 한 장章처럼 된다(그리고 그것은 발자크에게서 항상 좋은 것은 아니다. ……).

교양소설 그리고 좌절과 가능성의 달콤씁쓸한 혼합물. 구애 이야기 그리고 매너가 서사의 대상이 되는 정도가 완화되는 것. 역사소설 그리고 과거의 뜻밖의 의례. 도시적 멀티플롯과 삶의 갑작스런 가속화. 그렇게 일상이 전반적으로 다시 깨어난다. 19세기 초에. 이어 한 세대 후, 조류가 바뀐다. 보바리 부부가 저녁 식사를 하는 페이지 — 이보다 더 완벽한 충전재를 상상할 수 있을까? — 를 가만히 살펴보던 아우어바흐는 이렇게 말한다.

이 장면에서 어떤 별스러운 일이 일어나는 것은 아니다. 앞에서도 아무 특별한 일도 일어나지 않았다. 그것은 부부가 끼니를 같이하는 반복적 사건 가운데 아무렇게나 골라잡은 한순간일 뿐이다. 부부는 싸우고 있는 것도 아니고, 눈에 띄는 불화가 있는 것도 아니다. …… 아무것도 일어나지 않는다. 그러나 아무것도 아닌 것이 무겁게 짓누르며 두려움을 가져오는 무엇인가로 바뀐다.11

억압적 일상. 엠마가 그저 그런 남자와 결혼해서? 그렇기도 하고 그렇지 않기도 하다. 그런 것은 샤를이 분명히 그녀 삶에서 부담이기 때문

11 아우어바흐, 김우창, 유종호 역, 『미메시스』, 민음사, 639~640페이지. 앞서 언급한 1937년의 에세이 「일상의 진지한 모방에 관해」는 플로베르의 이 소설에 대한 논의로 시작된다. 오늘날 『미메시스』를 열었을 때 처음 만나게 되는 텍스트는 『오뒷세이아』와 『성경』이다. 하지만 구상의 측면에서 볼 때 이 책은 '진지한 일상'이라는 생각을 저자에게 최초로 제공한 『보바리 부인』의 충전재들로 시작된다.

이다. 그리고 그렇지 않은 것은, 심지어 그로부터 가장 멀리 떨어져 있을 때조차 — 루돌프, 그리고 이어 레옹과 두 번의 불륜을 저지를 때조차도 — 엠마는 정확히 '결혼생활의 동일한 진부함', 중요한 일은 아무 것도 일어나지 않을 때의 '규칙적으로 되풀이되는 시간'을 발견하기 때문이다. 그렇게 '모험'이 평범함 속으로 붕괴되는 것은 간통을 다룬 또 다른 소설을 배경으로 보면 심지어 한층 더 명백하다. 1858년에 나온 페이도Ernest-Aimé Feydeau의 『파니』가 그것으로, 당시 종종 『보바리 부인』[1857년]과 짝지어졌지만 실제로는 정반대 극을 이룬다. 『파니』에서는 황홀경과 절망, 수치스러운 의혹과 천상의 축복 사이에서 지속적으로 동요하는데, 이 모든 것이 무자비할 정도로 과장된 방식으로 전달된다. 『보바리 부인』의 학구적 중립성과는 멀리 떨어진 세계들이다. 『보바리 부인』의 문장은 무겁고, 어색하며(문장은 **사물**이다: 바르트), '어조는 잘 배합된 회색'을 띠며(페이터Pater), 영원히 미완성이다éternel imparfait(프루스트). 아래 이유에서 미완성imparfait[반과거]이다. 즉 어떤 놀라움도 약속하지 않는 시제, 반복의 시제, 일상성의 시제 그리고 배경. — 하지만 배경이 **전경 자체보다 점점 더 중요해진다**.12 몇 년 후, [1869년에 나온]『감

---

12 "플로베르의 소설들, 보다 일반적으로 리얼리즘과 자연주의 서사의 특징은 서사를 구성하는 절節들에서 반과거imparfait가 명확하게 우위를 이루는 데서 찾을 수 있다. …… 배경이 보다 중요해지며, 전경은 점점 덜 그렇게 된다." 바인리히Harald Weinrich는 그의 위대한 연구서 *Tempus*(1964, 2nd edn, Stuttgart 1971[1964], pp. 97-99)에서 이렇게 말한다. 거기서 한 발 더 나아가 배경에서는 전형적인, 따라서 또한 충전재에서도 전형적인 동사의 시제들(프랑스어로는 '단절의 반과거imparfait de rupture', 영어로는 ing로 끝나는 시제들)은 1850년경에 확산되기 시작한다고 덧붙인다(앞의 책, 141~142페이지). 3,500권에 달하는 〈문학 랩〉의 (영어) 소설을 얼핏 일별해본 결과 또한 그의 가설을 지지해준다. 19세기 초에 매 1만 단어 당 6회 사용되는 과거진행형past progressive은 1860년이 되면 약

정교육』에서는 심지어 1848년이라는 경이로운 해$^{\text{annus mirablis}}$조차 보편적 무력감을 깨뜨릴 수 없을 것이다. 이 소설에서 진정 잊지 못할 것은 '전대미문'의 혁명이 아니라 광천수가 얼마나 빨리 동나고, 낡아빠진 고래의 진부한 일들이, 시시한 이기주의와 아무런 힘도 없는 막연한 백일몽 …… 등이 얼마나 빨리 돌아오는가이다.

배경이 전경을 정복한다. 다음 장은 영국에서, 지방의 작은 소도시에서 전개되는데, 이곳은 제2열역학법칙에 의해 지배되는 것 같다. 아낌없는 열의가 감지할 수 없는 가운데 식어가는 것은 — 엘리엇은 이렇게 쓴다 — 사람들이 "이윽고 평범한 보통 사람이 되어 도매금으로 넘어가도록 이끈다."13 이 페이지에서 그녀는 충전재들에 의해 완전히 망가진 삶의 이야기를 쓴다는 환상적 생각을 제공한 한 젊은 의사에 대해 반추해보는 중이다.

> 환경의 자질구레한 유혹에 기쁨도 없이 끌려 들어가는 자신의 미래를 보는 듯한 느낌이 들었다. 그런 경로를 거치는 파멸은, 흥하느냐, 망하느냐의 단판 승부보다도 훨씬 더 흔한 예이다.14

슬픔. 리드게이트는 심지어 영혼조차 팔지 않는다. 그는 자기 삶을 규정하는데도15 심지어 사건**으로** 인식조차 하지 못하는 종잡을 수 없는 복잡

11회, 1880년이 되면 16회 출현 빈도로 증가한다.
13 조지 엘리엇, 이가형 역, 『미들마치』, 주영사, 250페이지.
14 앞의 책, 1322페이지.

2 진지한 세기 145

한 소소한 사건들 속에서 그것을 잃어버린다. 그는 비범한 젊은이였다. 도시에 도착했을 때는. 몇 년 후 그 또한 '평범한 보통 사람이 되어 도매금으로 넘어간다.' 놀라운 어떤 일도 일어나지 않았다. ― 아우어바흐라면 그렇게 말할 것이다. 하지만 온갖 일이 일어났다.

마지막으로, 20세기라는 새로운 세기의 첫해에 토마스 만의 『붓덴부르크 가 형제들』에서 부르주아적 삶의 증류가 이루어진다. 톰의 아이러니하고 거만한 몸짓, 뤼벡 시민들의 신중한 언행, 토니의 순진한 흥분, 하노의 힘든 가사. …… 모든 페이지에서 라이트모티브 기법에 따라 돌아가면서 만의 충전재는 심지어 서사적 기능의 최후의 흔적마저 잃어버리고, 그저 **스타일**이 된다. 여기서는 모든 것이 몰락하고 죽는다. 바그너에게서처럼. 하지만 라이트모티브의 말들은 남아 뤼벡과 그곳 사람들을 완전히 망각 불가능하게 만든다. '심지어 극히 소박한 사건에조차 존경심 가득한 중요성이 부여되는' 붓덴부르크 가문의 책과 꼭 마찬가지로 말이다. 앞의 말이 저 심오한 진지함을, 즉 부르주아적 세기가 자기의 일상적 존재를 바라볼 때의 저 진지함을 훌륭하게 종합하고 있다. ― 그리고 그것은 몇 가지를 좀 더 자세히 성찰해볼 것을 암시한다.

---

15 "중재자와 중개자 ― 텍스트가 매체라고 부르는 것('비우호적인', '시시한', '휩쓸린', '어둑하고 막힌 것') ― 는 그것에게 할당되는 심심풀이용 또는 단순한 촉매적 기능을 벗어나며, 그것이 도달하도록 되어 있는 결말로부터 실제로는 방향을 돌린다"(D. A. Miller, *Narrative and Its Discontents*, Princeton 1981, p. 142).

3. 합리화

얼마나 급속한 이행인가. 1800년경, 충전재는 여전히 희귀했다. 1백 년 후에는 도처에 존재한다(공쿠르 형제, 졸라, 폰타네, 모파상, 기싱, 제임스, 프루스트 ……). 당신은 『미들마치』를 읽고 있다고 생각했지만 전혀 그렇지 않다. 방대한 충전재의 모음을 읽고 있었다. — 그것이 결국 이 세기 전체의 유일한 서사적 발명품이었다. 그리고 만약 그처럼 그다지 대단하지 않은 도구가 너무나 광범위하고 급속하게 확산되었다면 부르주아적 유럽에는 그것의 출현을 열렬히 기다리던 무엇인가가 존재하고 있었음에 틀림없다. 하지만 무엇이? '이『붓덴부르크가 형제들』은 이상한 책이군요'라고 한때 한 독자가 토마스 만에게 편지를 보낸 적이 있었다. 일어나는 일이 거의 없어 지루해야만 하는데 그렇지 않다는 것이었다. 이상**하다**. 어떻게 모든 것이 흥미롭게 될 수 있었을까?

대답을 찾으려면 모종의 방식으로 '역설계 reverse engineering' 해야 한다. 해법이 주어져 있어 '역'인데, 우리는 그것으로부터 문제로 되돌아간다. 우리는 충전재가 **어떻**게 만들어졌는지는 안다. 이제 **왜** 그런 식으로 만들어졌는지를 이해해야 한다. 그리고 이 과정에서 지평이 바뀐다. 충전재가 '어떻게' 만들어졌는지를 회화, 소설 그리고 서사이론에서 찾을 수 있다면 그것의 '왜'는 문학과 예술 바깥에 존재한다. 부르주아의 사생활의 영역 속에. 다시 한 번 오늘날에도 우리가 여전히 거주 중인 사적 영역이 최초로 형태를 찾은 네덜란드의 황금기부터 다시 한 번 시작해보자. 당시에는 집이 — 이 말을 다시 한 번 사용하자면 — 점점 더 편안해지고 — 문은 창문과 마찬가지로 늘어났으며, 다름 아니라 일상생활에서 하나하나 특수화되면서 방마다 기능을 달리하게 되었다. '거living'실loom 또는 '응접drawing'실loom(이것은 버크 설명대로 실제로는 with-drawing room이었다. 주인은 하인으로부터 풀려나와 '여가free time' 라는 색다른 경험을 즐겼다).16 베르메르의 방, 그리고 소설의 방. 괴테, 오스틴, 발자크, 엘리엇, 만 ……. 보호되지만 열린 공간으로, 날이 새로 바뀔 때마다 새로운 이야기를 생성할 준비가 되어 있다.

하지만 이야기는 사생활의 점증하는 **규칙성**에 의해 교차된다. 베르메르의 형상들은 깨끗하고, 깔끔하게 차려입고 있다. 벽과 마루와 창문은 닦아 놓았다. 글을 읽고 쓰는 법을, 지도 독해법을, 류트와 버지널[16~17세기경에 쓰인 일종의 건반이 있는 현악기로 직사각형의 다리가 없는 하프시코드] 연주법을 배웠다. 많은 여가를 갖고 **있지만 너무 냉정하게 이용하는 바람에 항상 노동하고 있는 것** 같다. 청년 루카치는 '삶이 체계적·규칙적으로 반복되는 것 …… 등을 통해 지배된다'고 「부르주아적 삶의 방식[시민성]과 예술을 위한 예술」에서 쓰면서 이렇게 말한다.

의무처럼 거듭 되풀이되는 어떤 것, 좋고 싫은 것과 관계없이 반드시 행해

---

16 여가free time는 '부르주아 문화의 가치와 관행에 완전히 참여하기 위한 핵심적 전제조건'이라고 코카는 베르메르의 세계를 묘사할 수도 있을 페이지에서 쓴다. "분명히 최저임금을 넘는 안정적 수입을 필요로 하며, …… 아이들뿐만 아니라 아내와 어머니도 어느 정도는 노동의 필요로부터 놓여나야 한다. …… 문화 활동과 레저를 위한 충분한 **공간**(기능적으로 전문화된 주택이나 아파트의 방)과 **시간**도 필요하다"("The European Pattern and the German Case", in Jürgen Kocka and Allan Mitchell, eds, *Bourgeois Society in Nineteenth-Century Europe*, Oxford 1993[1988], p. 7).

져야만 하는 것 등을 통해 지배됨을 의미한다. 이를 다른 말로 바꾸어 말하면, 기분이 질서에, 순간적인 것이 지속적인 것에, 인기를 자양분으로 하는 천재성이 노동에 의해 지배된다.17

기분이 질서에 의해 지배된다Die Herrschung der Ordnung über die Stimmung. 베버적 그림자들. 방법을 "일상생활의 있는 그대로의 자연적 성격"18에 도입한 것은 코카가 말하는 '규칙적 노동과 합리적 생활양식을 향한 경향' 그리고 — 식사, 사무실에서의 스케줄, 피아노 레슨, 출퇴근 등 — 규칙적으로 반복되는 활동의 '감추어진 리듬'(제루바벨Eviatar Zerubavel)이었다. 그것들은 '좋고', '건강한' 이익이다. — 소소하지만 규칙적이며, 세목에 부지런히 주의하는 것에 의해 얻어진다. — 빅토리아조 영국에 대한 무어의 묘사에 따르면 그렇다.19 19세기 통계학의 '우연 길들이기'(해킹Ian Hacking) 또는 '정상화[평균화]'와 '표준화' ······ 같은 단어(그리고 행동)의 억누를 수 없는 유포.20

왜 충전재였을까? 19세기에. **부르주아적 삶의 새로운 규칙성과 양립 가능한 종류의 서사적 즐거움**을 제공했기 때문이다. 그것과 스토리텔링의 관계는 편안함이 육체적 쾌락과 맺는 관계와 동일했다. 삶의 향유는 조금씩

17 루카치, 반성완 역, 『영혼과 형식』, 심설당, 102페이지.
18 베버, 『프로테스탄티즘의 윤리』, 111페이지.
19 Barrington Moore, Jr, *Moral Aspects of Economic Growth*, Cornell 1998, p. 39.
20 *OED*에 따르면 '규칙적인, 늘 그렇듯이, 전형적인, 일상적인, 관습적인'이라는 의미의 'normal'은 18세기 말에 영어에 도입되며, 1840년경에 흔해진다. 'normalize'와 'standardize'는 좀 더 뒤에, 즉 19세기 하반기에 출현한다.

줄어들어 소설을 읽는 일상적 활동에 적응되었다. 배젓은 이렇게 쓴다. '인류의 지배적 부분의 지배적 심심풀이에서 실제로 큰 변화가 있었다.'

> 전에 그들은 신나는 활동이나 맥 빠진 휴식으로 시간을 보냈다. 봉건영주는 전쟁과 장기 그리고 — 앞의 두 가지 일 모두에 열심히 활기를 불어넣으며 — '추잡스런 휴식' 사이에 딱히 할 짓이 아무것도 없었다. — 현대적 삶은 신나는 일은 드물지만 조용한 행위에서는 쉴 틈이 없다.21

조용한 행위에서는 쉴 틈이 없다. 충전재는 그런 식으로 작동한다. 거기에는 디포의 미시-서사적 연속 속에서 발견할 수 있는 '연속(성)의 리듬'과의 심원한 유사성이 존재한다. 두 경우 모두 — 또는 더 낫게는 두 **스케일**에서. 즉 『크루소』에서는 문장 그리고 19세기 소설에서는 에피소드 — 작은 것[소소한 일]이 중요해진다[의미를 갖게 된다]significant. '작은 것'이기를 그치지 않은 채. 그것은 **서사**가 된다. **일상**이기를 그치지 않은 채. 충전재의 유포는 소설을 — 경제적 이해관계에 대한 허쉬먼의 위대한 모순어법을 반복하자면 — '조용한 정념[열정]' 또는 베버의 합리화의 한 측면으로 바꾸어놓는다. 이 과정은 경제와 행정에서 시작되지만 결국 여가, 사생활, 감정, (음악언어에 할애된 최후 저작인 『경제와 사회』의 마지막 책과 같은) 미학 영역으로 흘러 들어간다. 또는 마지막으로, 충전재는 **소설적 우주를 합리화해** 그것을 놀랄 것이 전혀 없으며, 모험은 점점 더 줄어들며, 기적은 전혀 찾아볼 수 없는 세계로 바꾼다. 충

---

21 Walter Bagehot, *The English Constitution*, Oxford 2001(1867), pp. 173-174.

전재가 부르주아의 위대한 발견인 것은 소설 속으로 교역, 산업 또는 다른 부르주아적 '현실'을 도입하기 때문이 아니라(그렇게 하지 않는다) 그것을 통해 합리화의 논리가 **소설의 리듬 자체 속으로 속속들이 스며들기 때문이다.** 그것의 영향이 정점에 이르렀을 때는 심지어 문화산업조차 그것의 주술에 걸린다. 홈즈의 안락의자의 '논리[추리].' 그것은 유혈이 낭자한 살인을 '연속강의'로 번역한다. 믿기 어려운 우주[세계]들은 '과학소설'S'F에 의해 세세하게 입법 대상이 된다. 『80일간의 세계일주』 같은 세계적 베스트셀러는 전 지구적인 시간 엄수에 바쳐진 작품으로, 주인공은 베네딕트회 수도사가 성무일과horarium에 따라 살듯이 기차 스케줄에 따라 산다.22

하지만 소설은 단지 이야기인 것만이 아니다. 사건과 행동[줄거리]은 중요하건 그렇지 않건 모두 단어에 의해 전달된다. 그것들은 언어가, 스타일이 된다. 그리고 여기서, 무슨 일이 벌어지고 있을까?

4. 산문 III: 현실원리

『미들마치』. 로마의 도로시아, 방안에서 울고 있다. 이 '불가해한 도시 로마' 앞에서 — 엘리엇이 쓰는 대로 하자면 — 무방비 상태로,

---

22 '시간 엄수punctuality'는 물론 부르주아에 전형적인 또 다른 열쇠말이다. 수 세기 동안 '정확성', '격식' 또는 '엄격함' 같은 개념을 가리켰던 이 말은 고정된 스케줄을 가진 공장과 철로가 사실들의 힘으로 새로운 의미를 강요한 19세기 동안 '정해진 시간의 엄격한 준수'를 가리키는 쪽으로 의미가 이동했다.

살아서 따듯한 피가 흘렀던 것 전부가 경건으로부터 단절된, 미신의 깊은 타락에 빠진 듯한 이 지저분한 현재의 한복판에 폐허와 바실리카 그리고 궁전과 거대한 조각상이 놓여 있었다. 퇴색했으나 여전히 강렬한 거인적 생명이 벽화나 천장화 속에서 응시하거나 서로 뒤얽혀 있었다. 긴 열을 짓고 늘어선 흰 대리석상의 눈은 지금은 없는 세계의 단조로운 빛을 간직하고 있는 것처럼 보였다. 망각과 타락의 숨결의 징후와 뒤죽박죽된, 관능적인 동시에 정신적이기도 한 야심에 찬 이상의 이 거대한 폐허는 처음에는 엄청난 충격을 주었으나, 이윽고 그처럼 강한 인상은, 감정의 흐름을 막는 혼란한 사상을 포식했을 때 생기는 고통을 맛보게 했다.[23]

87개의 다음절어가 전부 합쳐져 단 한 문장으로 된 하나의 거대한 주어를 형성하고 있다. 그리고 '그녀의'라는 지소사가 그것의 유일한 목적어[대상]이다. 로마와 도로시아 간의 불균형이 이보다 더 잘 표현될 수 없을 것이다. — 그리고 실제로 엘리엇의 산문 스타일에 너무나 전형적인 엄밀함 없이는 표현조차 될 수 없을 것이다. 폐허와 바실리카들은 '지저분한' 현재 속에 '놓여 있는데', 거기서는 살아 있는(더 좋게는, '살아서 따뜻한 피가 흘렀던') 전부가 '깊은' 타락 — 거기서 '미신'은 '존경으로부터 단절되어 있었다' — 에 '빠져' 있다(아니다, '빠진 듯하다'). 각각의 용어가 관찰되고, 가늠되고, 양화되고, 개선된다. '나는 이전에는 사물들 이름을 알았으면 하고 그렇게 많이 갈망한 적이 결코 없었다.'

[23] 『미들마치』, 331~332페이지.

엘리엇은 1856년의 일프러콤 일기에서 이렇게 쓰고 있다.

> 이 욕망은 지금 내 마음속에서 지속적으로 증가하고 있는 경향, 즉 모든 모호성과 불명확성을 피해 명석판명하고 생생한 생각의 햇빛 속으로 도피하려는 경향의 일부이다.24

모호성과 불명확성을 피한다. 그것이 '진지한'의 두 번째 의미론적 층이다. '강력하게 대상에 적용되는 것.' 『리트레 사전』의 표현이다(그리고 베르메르의 푸른 옷을 입은 여인을 생각해보라. 무엇인가에 골몰한 얼굴 표정을 그린 젊은 앤 에번스Mary Ann Evans의 얼굴과 함께 말이다). 슐레겔은 『아테나움』에서 이렇게 쓰고 있다.

> 진정성[진지함]은 농락될 수 없으며, 기만될 수 없다. 그것은 지치지 않고 자기 목표에 완전히 도달할 때까지 노력한다.25

그것이 [전문]직업 윤리에서 말하는 책임감의 의미이다. 언어 전문가인 엘리엇의 화자처럼 수행해야 할 과제에 헌신하는 전문가의 소명이 그것이다. 그리고 그것은 — 나중에 베버가 설명하게 되듯이 — 단지 **외적** 의무만이 아니다. 근대적 학자 — 그리고 예술가 — 의 소명은 전문화 과정과 어찌나 '내밀하게' 뒤엉켜 있는지 "바로 그러한 판독을 올바르게

---

24 George Eliot, "Ilfracombe, Recollections, June, 1856", in *George Eliot's Life: As Related in Her Letters*, New York 1903, p. 291.
25 슐레겔Friedrich Schlegel, 이병창 역, 『미학 철학 종교 단편』, 먼빛으로, 250페이지.

하는 것에 자기 영혼의 운명이 달려 있다"[26]고 확신하게 될 정도이다. 자기 영혼의 운명이라! 그리고, 불가피하게, '적절한 말 mot juste'이라는 말과 함께 플로베르의 스타일에 대한 티보데의 냉정한 평가를 떠올리게 된다.

자유로운, 비범한 재주가 아니라 다소 늦게 습득한 훈련의 산물이다.[27]

(그리고 플로베르도 그것을 알았다. 그는 1856년 10월 5일에 책으로 출판된 『보바리 부인』을 보고 부이예 Louis Bouilhet에게 이렇게 썼다. "이 책은 천재성보다는 훨씬 더 많은 인내를 보여줍니다. 노동 말입니다. 재능보다는").

재능보다 노동이라. 그것은 19세기 소설이다. 소설만 그런 것이 아니다. '그런데 착상이라고 하는 것도 따지고 보면'이라고 만의 『파우스트 박사』에서 악마는 말한다.

3박자냐 4박자냐 하는 문제 아니야? 그 이상 아무것도 아니지. 나머지는 어떻게 정교하게 다듬고 빚느냐 하는 문제일 뿐이지. 그렇지 않은가? 좋아, 문헌을 제대로 꿰고 있는 전문가라면 그런 착상은 전혀 새로운 게 아니고 림스키코르샤코프 혹은 브람스의 작품이 보여주는 변화에서 발상의 전환을 알아차릴 수 있지. 어떻게 된 거냐고? 착상이 바뀐 것뿐이야. 그런데 착상의 변화도 또 하나의 새로운 착상이라고 할 수 있을까? 베토벤의 작곡

---

26 베버, 『직업으로서의 학문』, 20페이지.
27 Albert Thibaudet, *Gustave Flaubert*, Paris 1935(1922), p. 204.

노트를 보게나! 하늘이 내린 착상이라 할 만한 주제는 하나도 없어. 베토벤은 기존의 모델을 변형해 '최고의 것^{Meilleur}'이라고 했을 뿐이야.'[28]

최고의 것. 엘리엇은 틀림없이 종종 자신에게 이 단어를 속삭였을 것이다. 그리고 그녀의 위대한 소설에 들어 있는 앞의 페이지를 다시 읽고 이렇게 궁금해할 수 있을 것이다. 즉 정말 그럴 만한 가치가 있었을까?

…… 이윽고 그처럼 강한 인상은, 감정의 흐름을 막는 혼란한 사상을 포식했을 때 생기는 고통을 맛보게 했다.

엄밀함의 미로 속에서 길을 잃지 않고 과연 누가 위의 문장들을 정말 따라갈 수 있을까? — **이해할** 수 있을까? 디포를 기억하라. 거기서 산문의 '정확성 및 명확성'과 관련된 문제는 국지적 '정확^{precision}'의 증가와 함께 페이지의 전반적 의미가 불투명해지는 것이었다. 명료한 많은 세목이 합쳐져 전체를 모호하게 만들어버리는 것이었다. 여기서 문제가 발본화된다. 즉 엘리엇의 분석적 소명은 너무나 강해 **세목 자체**가 이해에 저항하기 시작한다. 하지만 그녀는 계속 부사, 분사, 종속절, 한정사를 추가한다. 왜? 무엇이 정확을 의미보다 훨씬 더 중요한 것으로 만들었을까?

---

28 토마스 만, 임홍배, 박병덕 역, 『파우스트 박사』 1권, 민음사, 461페이지.

『수업시대』 1권의 유명한 페이지에서는 '복식부기는 상인에게 얼마나 이익을 주는가'라는 문장을 읽을 수 있다.

> 그것은 인간 정신이 고안해낸 가장 아름다운 발명품 중 하나지. 그리고 훌륭한 살림꾼이라면 누구나 그것을 자신의 살림살이에 끌어 써야 할 걸세. …… 질서를 지키고 정확을 기해야 저축하고 싶고 돈 벌 마음도 더욱더 생기는 법이야. 살림을 잘못하는 사람은 자기의 재정 형편이 불명확한 상태에 있어 아주 편안한 기분이 되고, 자기가 빚지고 있는 금액을 합산해보고 싶어 하지 않지. 그와 반대로 훌륭한 살림꾼에겐 매일 커져가는 행복의 총액을 뽑아보는 것보다 더 기분 좋은 일은 없지. 심지어 갑자기 성가신 사고를 당하더라도 지나치게 놀라는 법이 없어, 이미 벌어놓은 이득 중에서 어느 것을 갖고 이 불의의 손실을 보충해야 할지 금방 판단을 내릴 수 있거든.[29]

가장 아름다운 발명품 중 하나. …… 경제적 이유에서. 분명히 그것만으로도 충분하지만 또한 아마 심지어 그보다 더하게는 윤리적 이유에서 말이다. 복식부기의 정확함이 사실을 직시하도록 강요하기 때문이다. 모든 사실을. 그리고 실제로 **특히** 불쾌한 사실을 포함해 말이다.[30] 그 결

---

[29] 『수업시대』, 60페이지.
[30] 19세기 부르주아의 저 거울상인 보바리가 결코 배우지 않은 것이 바로 그것이다. 최후의 파멸 직전에 "이따금 …… 다시 계산해보있는데, 그러노라면 이내 셈이 복잡해져 그대로 모두 포기해버린 채, 이제는 더 이상 그 문제에 대해 생각조차 하지 않았다"(김기봉 역, 『마담 보바리』, 학원사, 284페이지). 그녀를 변호하기 위해 아래 사실을 기억해야 할 것이다. 즉 19세기 금융의 신화가 되기 직전에 로트쉴트 형제들은 본인들의 회계의 혼란에 대해 광적인

과거 많은 사람이 과학의 도덕적 교훈으로 간주했던 것이다. 테일러 말을 빌리자면 "보다 성숙하고, 보다 용감하며, 아무것도 덧붙이지 않은 있는 그대로의 현실을 더 기꺼이 직면하려는 어떤 것"31이 그것이다. 대스턴은 그에 대해 이렇게 덧붙인다. '단호한 자기부정'의 성숙성, "사변speculation의 분쇄, 기만적 환상의 의도적 파괴."32 현실원리이다. 다비도프와 홀은 이렇게 말한다. 즉 중간계급은 삶의 모든 측면에서 점점 더 시장에 의존함에 따라 수입을 통제할 방법을 배워야 했으며, 도움을 얻기 위해 출판산업이 제공하는 '회계장부'에 의존했는데, 그것은 결국 그들의 나머지 존재에 자국을 남기게 되었다. 1818~1848년에 가계부 바로 옆에 "가족과 사회적 삶 — 아이들 질병과 예방접종 — 의 일종의 손익의 원장, 즉 보내고 받은 선물과 편지, 집에서 보낸 저녁, …… 방문과 내방객"33을 기록한 영Mary Young에게서처럼 말이다.

편지를 주고받으며 — '하느님 맙소사, 그처럼 중요한 거래가 정확하게 이루어져야 하다니!' — 본인들이 백만장자인지 파산자인지를 궁금해했다. [이 가문의 시조인] 암셀Mayer Amschel Rothschild은 '우리는 술주정뱅이처럼 살고 있다'고 우울하게 결론을 내리고 있다. Niall Ferguson, *The House of Rothschild: Money's Prophets 1798-1848*, Harmondsworth 1999, pp. 102-103을 보라.
31 Charles Taylor, *A Secular Age*, Cambridge, MA, 2007, p. 365.
32 Lorraine Daston, "The Moral Economy of Science", *Osiris*, 1995, p. 21. 대스턴의 '자기부정'은 복식부기의 역사적 발전 속에 말 그대로 기입되어 있다. 분개기입journal entry — 여기서 거래와 관련된 개인은 여전히 살과 피를 가진 인간으로 현존한다 — 과 매우 흡사한 최초의 표기법부터 구체성의 모든 표시를 점차 지워버리며, 결국 모든 것을 일련의 추상적 양으로 환원시켜버리는 데 이르는 역사가 그것이다.
33 Leonore Davidoff and Catherine Hall, *Family Fortunes: Men and Women of the English Middle Class, 1780-1850*, London 1987, p. 384.

진지함의 세 번째 얼굴. 삶의 진지한 영위ernste Lebensführung가 그것으로, 만에게서는 그것이 부르주아적 실존의 초석이다. 진지함은 윤리적 중대성을 넘어, 전문가의 전문직업적 정신집중을 넘어 여기서 일종의 승화된 상업적 정직성 — 붓덴부르크 가의 책의 '사실'에 대한 거의 종교적 존경 — 으로 출현해 삶 전체로 연장된다. 신뢰 가능성, 방법, 정확성, '질서정연과 명료성order and clarity', **리얼리즘**이다. 실제로 현실원리라는 의미에서. 현실과의 대결이 필연성[필요] — 현실은 항상 그렇다 — 으로부터 하나의 '원리'가 되는 곳에서 말이다. 하나의 가치이다. 즉각적 욕망을 억누르는 것은 단지 억제[억압]에 그치는 것이 아니다. 그것은 교양[문화]culture이다『크루소』의 한 장면이, 욕망(볼드체)과 곤란함(밑줄)과 해법(이탤릭체)이 전형적으로 교대하는 가운데 한 가지 생각을 떠올리게 해줄 것이다.

첫 번째로 나갔을 때는 **이 섬에 염소들이 있다는 것을 발견했는데, 그것은 나한테는 매우 만족할 일**이었으나, 여기에 나로서는 불행한 문제가 하나 따라붙었으니, 그것은 이놈들이 몹시 낯을 가리고 매우 민첩하고 지극히 발이 빨라 이놈들을 잡는 것보다 이 세상에서 더 어려운 일은 없을 정도였다는 것인데, 하지만 *나는 그렇다고 그냥 포기하지는 않았으며 곧 그렇게 되었으니, 내가 녀석들이 다니는 길을 발견해 낸 후 다음과 같이 매복하고 기다렸던 것이다.* 녀석들은 내가 계곡 쪽에 있는 것을 보면 자기들은 위쪽 바위 위에 있다가도 겁에 질려 화들짝 달아나지만, 그 녀석들이 계곡 쪽에서 풀을 뜯어 먹고 있을 때는 내가 바위 위에 올라가 있으면 전혀 나를 개의치 않음을 관찰해서 알아냈고, 따라서 이 녀석들은 시각 구조상 시선이

늘 아래쪽으로만 향하도록 되어 있어서 자기들 위쪽에 있는 물체는 바로 알아보지 못한다는 결론을 내렸고, …… 이 짐승들을 쏘아서 제일 처음으로 잡은 것은 암염소로 조그만 새끼염소한테 젖을 먹이고 있던 중에 죽였으니 마음이 못내 아프긴 했으나, 어미가 쓰러지자 새끼는 내가 옆으로 가서 어미를 집어 들 때까지도 꼼짝않고 서 있었고, 뿐만 아니라 내가 그걸 어깨에 얹고 돌아가자 내 거처까지 나를 따라오는 것이었으니, 그래서 나는 어미를 내려놓고 새끼를 팔에 안은 후 담장 안으로 갖고 들어가 이걸 가축으로 키워볼까 생각했지만 주는 음식을 먹지 않으니 *할 수 없이 그것도 죽여서 잡아먹을 수밖에 없었는데*34

12행에 '하지만'이 7번이나 나온다. 『양 세계 평론Revue des deux mondes』은 1858년에 「영국적 삶과 미국적 삶 속의 진지함과 공상적 성격에 대해Du sérieux et du romanesque dans la vie anglaise et americaine」라는 시의적절한 제목의 기사에서 '의지; 끈질기고 완고한 불굴의 의지가 영국 최고의 특질이다'라고 쓰고 있다. 그리고 역접逆接 절로 가득 찬 — 하지만 그것이 크루소가 목적을 달성하는 것을 막지는 못한다 — 위의 페이지가 이 점을 풍부하게 증명해준다. 베버는 타키투스의 금언으로 합리화 과정을 요약하기를 좋아했는데, 그의 금언에서처럼 모든 것이 어떤 노여움과 정념도 없이sine ira et studio [주관적으로가 아니라 객관적으로] 검토된다. 각각의 문제는 별개의 요소(염소가 시선을 두는 방향, 지형 전체 속에서의 크루소의 위치)로 더 작게 나누어지며, 수단과 목적의 방법론적 조정에 의

---

34 『크루소』, 90~91페이지.

해 해결된다. 분석적 산문은 실용적 기원을 드러내는데, 그것은 베이컨의 자연(오직 관찰되는 것에 의해서만 정복될 수 있다)과 베버의 관료제 간의 중간에 있다. 거기서는 '사랑, 증오 그리고 계산을 피하는 모든 순수한 인격적, 비합리적, 정서적 요소는 배제된다.' 플로베르이다. 이 작가에게서는 베버적 관료의 '"객관적" 비인격성' — "그는 보다 완벽할수록 그만큼 더 '비인간화된다'"35 — 이 평생의 목표였다.

보다 완벽할수록 그만큼 더 비인간화된다. 이 개념을 추구하는 데는 일종의 금욕적 영웅주의가 존재한다. — 분석적 큐비즘, 뮤지크 셀리엘르serial music 또는 바우하우스가 20세기 초에 그렇게 하듯이 말이다. 하지만 엘리트로 이루어진 아방가르드적 실험실에서 비인간화된 인격성을 목표로 하는 것 — 그것은 배타적인 파우스트적 보상을 갖고 있다 — 그리고 그것을 앞의 문헌이 하는 대로 일반적인 사회적 운명으로 제시하는 것은 완전히 다른 일이다. 앞의 문헌의 경우 '사변의 분쇄'라는 현실원리는 고통스런 상실을 환기시킬 가능성이 크며, 어떤 보상도 기대할 수 없다. 그것이 부르주아 '리얼리즘'의 역설이다. 즉 미학적 성취가 보다 근본적이고 명석할수록 그것이 묘사하는 세계는 그만큼 더 살 수 없는 것이 된다. 그것이 정말 폭넓은 사회적 헤게모니를 위한 토대가 될 수 있을까?

---

35 Max Weber, *Economy and Society*, New York 1968(1922), vol. III, p. 975.

5. 기술記述, 보수주의, 레알폴리틱

'객관적' 비인격성. 거기서 19세기 소설들의 분석적 스타일이 훌륭하게 종합되고 있다. 객관적이라는 말은 재현의 필터가, 물론, 마술적으로 투명해진다는 의미가 아니다. 작가의 주관성이 배경을 향해 밀려 나기 때문이다. 객관성이 증가하는데, **주관성이 감소하기 때문이다**. 대스턴과 갤리슨은 『객관성』에서 "객관성은 자아의 어떤 측면의 억압"36이라고 쓰며, 야우스는 이렇게 말한다.

> 19세기에 역사학이 번창하게 되는데, 그것은 ······ 역사가 자기 이야기를 할 수 있도록 하기 위해 역사가는 자기를 지워야 한다는 원리를 따랐다. 이 방법의 시학은 당대에 절정에 이른 문학 즉 역사소설의 그것과 다르지 않다. ······ 스코트 소설과 관련해 1920년대의 티에리Augustin Thierry, 바란테Amable Guillaume Prosper Brugière, baron de Barante 그리고 다른 역사가에게 그토록 깊은 인상을 준 것은, 역사소설의 화자가 완전히 배경 속에 머무는 사실이었다.37

배경 속의 화자. 1800년의 엣지워스의 (의사疑似-)역사소설 『랙크렌트 성』을 예로 들어보자. 그의 작품은 스코트에 의해 1829년의 『총서문 General Preface』에서 본인의 연작소설의 모델로 인정된 바 있었다. 『랙크

---

36 Lorraine Daston and Peter Galison, *Objectivity*, New York 2007, p. 36.
37 Hans Robert Jauss, "History of Art and Pragmatic History", in *Toward an Aesthetic of Reception*, Minneapolis, MN, 1982, p. 55.

렌트 성』은 아일랜드의 한 늙은 막일꾼 쿼크Thady Quirk에 의해 이야기되는데, 그는 엣지워스가 과거와 현재 그리고 대부분 영국인인 이 작가의 청중의 '여기' 그리고 아일랜드 이야기의 '저기' 사이에 다리를 놓는 것을 허용해준다. 다소 천박한데다 얼마간 표리부동하며 항상 예민하며 활기찬 화자가 이 소설에 많은 맛을 마련해준다. 하지만 분명히 '소설 자체에 고유한 이야기를 들려주는 것'을 허용하는 것에 의해서는 아니다. 아래 그의 소설에 들어 있는 한 가지 묘사가 있는데, 그것 다음에 인용된 묘사는 『케닐워스Kenilworth』(1821년)의 것으로, 거기서는 앞 소설과 동일한 중심 주제(유대인 악한. 이 형상이 불러 일으키도록 된 모든 자동적 클리셰를 구비하고 있다)가 스타일적 차이를 위해 주제적 기원을 배제하고 있다.

나는 신부를 처음 보았다. 왜냐하면 마차 문이 열리고 막 그녀가 발판에 발을 올려놓았을 때 그녀를 비추도록 불꽃을 그녀 얼굴 가득히 들었기 때문이다. 그러자 그녀는 눈을 감았지만 나는 그녀의 나머지 모습을 완전히 보았으며, 큰 충격을 받았다. 빛에 비친 그녀 모습은 검둥이나 진배없었으며, 불구인 것 같았다.38

점성술사는 작은 남자로, 제법 나이를 먹어 보였다. 수염은 길고 희었으며, 검정색 더블릿[14~17세기에 남성이 입던 짧고 꼭 끼는 상의]을 넘어 실크 거들 아래까지 덮여 있었기 때문이다. 머리칼도 마찬가지로 덕망 있는 연

---

38 Maria Edgeworth, *Castle Rackrent*(1800), in *Tales and Novels*, New York 1967(1893), vol. IV, p. 13.

배의 색깔이었다. 하지만 그의 눈썹은 날카롭고 뚫어보는 듯한 검은 눈처럼 까맸으며, 사람들은 그것을 피했다. 그리고 그처럼 별난 모습은 이 늙은이의 인상에 거칠고 독특한 외형을 부여했다. 그의 뺨은 여전히 생기 있고, 불그스름했으며, 우리가 앞서 언급한 두 눈은, 날카로움에서 그리고 심지어 표현의 사나움에서 쥐의 그것을 닮았다.[39]

『랙크렌트 성』에서 화자는 물리적으로 앞의 장면에 개입하며(처음 보았다. …… 불꽃을 들었다. …… 완전히 보았다) 자기 감정을 사건에 투사한다(**감동이나 잔배없었으며, 큰 충격을 받았다**). 통과점은 새로운 인물 자체를 소개하는 것보다는 주관적 반응을 전달하는 것에 놓인다. 스코트에게서는 반대로 해당 장면은 대부분 물리적 세목에 의해 객관화된다[대상화된다]. 수염은 정서적으로는 중립적 형용사에 의해 특정화된다. 즉 길이는 통상 입는 의복에 기대 재어지는데, 옷 색깔과 재질에 대해서도 들려준다. 여기저기서 정서적 불꽃이 아직 깜빡거린다(거친 외형. …… 쥐의 그것을 닮은 두 눈). 하지만 『케닐워스』에서 — 그리고 비록 스코트의 이 점성술사는 엣지워스의 신부보다 엄청 더 불길하지만 — 결정적인 점은 인물의 **분석적 제시**이다. 정서적 평가가 아니라. 강렬함이 아니라 정확함이다. 따라서 — 야우스가 옳았다 — 스코트에게서 역사가는 자기를 지우며, 역사는 자기 자신의 이야기를 한다(그렇게 보인다). 하지만 '이야기'라고 말하는 것은 여기서 완전히 옳지는 않은데, 왜냐하면 분석적·비인격적 스타일은 본래적 의미의 서사보다는 스코트의

---

39 Walter Scott, *Kenilworth*, Harmondsworth 1999(1821), p. 185.

기술記述에서 훨씬 더 전형적으로 나타나기 때문이다. 그리고 이 사실은 또 다른 질문을 제기한다. 무엇이 기술을 그토록 흥미롭게 만들었을까? 19세기 청중에게. 충전재가 이미 소설의 리듬을 감속시키고 있었다. **또 다른** 감속이 실제로 필요했을까?

그에 대한 대답은 스코트에게서보다 훨씬 더 발자크에게서 발견될 수 있을 것이다. 아우어바흐는 이렇게 쓴다. 즉 마담 보케르에게서는 '몸과 복장, 신체적·물리적 특징과 정신적 의미, 그런 것들 사이에 아무런 괴리도 없다.' 보다 일반적으로 발자크는

> 그의 이야기의 인간들을 정확하게 규정된 역사적·사회적 배경 속에 정립할 뿐만 아니라 이 연계 관계를 필연적인 것으로 파악한다. 그에게 모든 환경은 정신적·물리적 분위기가 되어 풍경과 주거, 가구, 연장, 의복, 체격, 성격, 생활 주변, 생각, 활동, 운명에 삼투해 들어간다. ······40

인간과 사물의 연관 관계가 '필연적인 것'으로 파악된다. 발자크의 기술의 논리는 당대에 가장 강력했던 정치이데올로기의 그것과 동일하다. 보수주의가 그것이다. 만하임은, 뮐러Adam Müller는 '사물을 인간 신체의 사지의 연장으로 간주했다'고 썼는데, 그것은 『고리오 영감』에 대한 아우어바흐의 말처럼 들린다. '인격과 사물의 융합.' "소유주와 재산 간의 확실한, 생명력 넘치는 상호 관계."41 그리고 앞의 '융합'은 보수주의

---

40 아우어바흐, 『미메시스』, 618페이지와 620페이지.
41 Karl Mannheim, *Conservatism: A Contribution to the Sociology of Knowledge*,

의 저 또 다른 초석으로부터 유래하는데, 현재가 과거에 철저하게 종속되는 것이 그것이다. "보수주의자는 [현재를] 그저 **과거에 의해 도달된 최후 단계**로 간주할 뿐"42이라고 만하임은 쓴다. 거의 동일한 말을 사용해 아우어바흐는 이렇게 말한다.

> 발자크는 현재를 …… **역사에서 결과해 나오는** 과정의 어떤 것으로 간주한다. 인물이나 분위기 구성은 당대에 속하는 것이면서도 항상 **역사적 사건과 세력에서 나오는 것**으로 그려져 있다.43

정치철학과 문학적 재현에서 현재는 똑같이 역사의 퇴적물이 된다. 반면 과거는 단지 사라지고 마는 것이 되는 대신 가시적이고, 견고하고, **구체적인** 어떤 것으로 바뀐다. — 보수주의 사상 그리고 '리얼리즘'의 수사학의 또 다른 열쇠말을 인용하자면 말이다.

19세기의 기술은 분석적, 비인격적, 아마 심지어 — 스코트가 한때 한 말을 빌리자면 — 불편부당한 것이 되었다. 하지만 보수주의와의 병

New York 1986(1925), pp. 89-90.
42 앞의 책, 97페이지.
43 아우어바흐, 『미메시스』, 629페이지. 인물이 역사에서 결과해 나오는 것의 예시로 『잃어버린 환상』에 들어 있는 아래 초상을 보라. "제롬 니콜라 세샤르는 **30년 전부터** 저 유명한 경찰대 삼각모를 쓰고 있었다. 이 모자는 **지금도 어떤 지방에서는** 관청의 포고 고수가 머리에 **쓰고 있다**. 조끼와 바지는 초록빛 벨벳으로 만든 것이었다. 그리고 **낡은** 갈색 프록코트를 입었고, 얼룩덜룩한 면양말과 은 고리 달린 구두를 신고 있었다. **부르주아면서도 여전히 직공처럼 입고 있는** 그의 복장은 …… 그의 생활을 너무나 잘 나타냈기 때문에 이 영감은 태어날 때부터 온갖 옷을 다 입고 나온 것 같았다"(6페이지, 강조는 필자의 것이다).

행은 — 비록 이런저런 개별적 기술은 실제로 상대적으로 중립적인 것일 수도 있겠지만 — **하나의 형식으로서의** 기술은 전혀 중립적이지 않음을 암시한다. 그것의 결과가 현재를 과거 속에 너무나 깊숙이 기입하는 바람에 대안이 전혀 상상 불가능하게 되어버린 것이었다. 새로운 단어가 이 생각에 목소리를 부여했다. 레알폴리틱Realpolitik이 그것이다. 폰 로하우에 따르면 '확실하지 않은[명확하게 규정되지 않은]undefined 미래 내부에서는 작동하지 않으며, 현재 존재하는 것을 대면하는 정치'가 그것으로, 그는 1848년의 혁명들이 패배한 지 몇 년 후에(프랑스에서 예술적 '리얼리즘réalisme'이 등장한 때와 얼추 동시에) 이 신조어를 만들었다. '안정의 리얼리즘Realismus der Stabilität'이라고 익명의 한 자유주의적 관찰자는, 씁쓸하게, 덧붙였다. 안정과 기정사실fait accompli의 리얼리즘.44 물론 발자크가 여기서는 모든 것이라는 이야기가 아니다. 또한 그의 억누를 길 없는 서사적 흐름이 존재하는데, 그것은 "부르주아적 시대의 항구적 불안과 격동"45[403페이지]에 대해 말하는 「공산당선언」의 여러 구절을 상기시킨다. 하지만 마르크스의 발자크 옆에는 아우어바흐의 발자크가 존재하는데, 자본주의적 격동과 보수주의적 지속의 그처럼 기이한 혼합은 19세기 소설(그리고 문학 전체)에 대해 뭔가 중요한 것을 암시한다. 그것의 가장 깊숙한 소명은 **상이한 이데올로기 체계 간의 타협**을 망각하는 데

---

44 폰 로하우Ludwig August von Rochau와 레알폴리틱의 원리Grundsätze에 대해서는 Otto Brunner, Werner Conze and Reinhart Koselleck, eds, *Geschichtliche Grundbegriffe*, Stuttgart 1982, vol. IV, p. 359 이하를 보라. 다른 인용문(익명)은 Gerhard Plumpe, ed., *Theorie des bürgerlichen Realismus*, Stuttgart 1985, p. 45에서 찾아볼 수 있다.
45 나는 『인간희극Comédie Humaine』의 이 측면을 『세상의 이치』에서 자세히 논한 바 있다.

있다.46 우리의 경우 타협은 19세기 유럽의 두 가지 위대한 이데올로기를 문학 텍스트의 상이한 부분에 '부착'시키는 데 있었다. 자본주의적 합리화는 소설적 플롯을 충전재의 규칙적 템포를 갖고 재조직한 반면 정치적 보수주의는 그것의 기술적 [중간] 휴지부를 지시했는데, 독자(그리고 비평가)는 점점 더 거기서 이야기 전체의 의미를 찾았다.

부르주아적 실존과 보수주의적 신념. 괴테부터 오스틴, 스코트, 발자크, 플로베르, 만(새커리, 폰타네, 제임스 ······)에 이르는 리얼리즘 소설의 토대는 그와 같았다. 균형이라는 그처럼 작은 기적에 자유간접스타일이 최후의 가필을 가한다.

6. 산문 IV: '객관적인 것을 주관적인 것으로 전치시키기'

『로망스어문헌학보』, 1887년. 문헌학자 토블러는 프랑스어 문법에 관한 장문의 논문을 쓰던 도중, 지나가는 투로, 의문문 속에 반과거imparfait가 존재하는 것이 '간접화법indirect discourse과 직접화법의 독특한 혼합물'과 종종 연결된다고 지적한다.

그것은 **동사의 시제와 대명사**는 간접화법에서, **문장의 어조와 순서**는 직접화법에서 끌어온다.47

46 문학은 타협의 형성물이라는 생각에 대한 고전적 연구서로는 Francesco Orlando, *Toward a Freudian Theory of Literature*, Baltimore 1978(1973)을 보라.

이 혼합물Mischung은 아직 아무런 이름도 갖고 있지 않지만 결정적 직관이 이루어진 셈이다. 자유간접스타일이 두 형태의 화법 간의 만남의 장이 된다. 여기, 체계적 방식으로 이용하기 위한 최초의 소설 중 하나에서 따온 문장이 있다.

> 하녀가 머리를 말아주고 나간 다음 엠마는 자리에 앉아 생각에 잠겼고, 비참한 생각에 실컷 빠져들었다. 참으로 불쾌하기 짝이 없는 일이었다! 바랐던 모든 일이 그렇게 뒤집히다니! 모든 일이 그렇게나 달갑지 않게 전개되다니! 해리엇에게 엄청난 타격을 주게 되다니! 그것이 가장 나쁜 점이었다.48

엠마는 자리에 앉아 생각에 잠겼고, **비참한 생각에 실컷 빠져들었다. 참으로 불쾌하기 짝이 없는 일**이었다. 볼드체로 표시한 문장의 어조와 순서는 엠마의 직접화법을 상기시킨다. 엠마는 **자리에 앉아** 생각에 잠겼고, 비참한 생각에 실컷 빠져들었다. 참으로 불쾌하기 짝이 없는 일**이었다.** 이번에 시제들은, 그것들 쪽에서 보자면, 간접화법의 그것이다. 그리고 이상하게도 우리는 엠마에게 보다 가까이 다가간 것처럼 느끼는 동시에(화자의 목소리라는 필터가 사라지기 때문이다) 보다 멀어진 것처럼(서사의 시제들이 그녀를 **객관화하기**[대상화하기] 때문이다) 느끼며, 그리하여

---

47 Adolf Tobler, "Vermischte Beitrage zur franzosischen Grammatik", *Zeitschrift für romanische Philologie*, 1887, p. 437.
48 제인 오스틴, 이미애 역, 『엠마』 1, 열린책들, 185페이지.

어쨌든 그녀를 자신의 자아로부터 떼어놓게 된다. 여기 또 다른 실례가 있는데, 『오만과 편견』의 한순간을 보여주는 거기서는 다시와 엘리자베스의 결혼 가능성이 되돌이킬 길 없이 사라진 것처럼 보인다.

> 그녀는 이제 그가 성품에서나 재능에서나 자신에게 가장 잘 어울리는 남자임을 인정하기 시작했다. 그의 지력과 성품은 자신의 것과는 다르지만 자신의 온갖 바람을 충족시켰을 것이다. 두 사람 모두에게 도움이 될 것이 분명했을 결합이었다. 자신의 편하고 활기 있는 태도로 그의 마음은 부드러워질 것이고 태도는 개선될 것이며, 그의 판단력, 지식, 세상에 대한 식견으로 자신은 매우 소중한 이익을 얻게 될 것이었는데[427페이지]

그에 대한 촌평으로 자유간접스타일에 대한 발리의 유명한 논문을 설명하는 파스칼 말을 들어보자.

> 발리가 보기에 단순간접스타일은 보고되는 화자를 개인적으로 특징짓는 독특한 어법의 흔적을 제거하는 경향을 띤다. 반면 자유간접스타일은 그것의 몇몇 요소 — 등장인물의 문장 형식, 질문, 감탄사, 억양, 개인적 어휘 그리고 주관적 관점 — 를 보존한다.[49]

주관적 관점을 제거하는 대신 보존한다. 파스칼은 여기서 언어를 논하고 있지만 그의 말은 오히려 현대의 사회화 과정 — 거기서 개별적 에너

---

[49] Roy Pascal, *The Dual Voice: Free Indirect Speech and Its Functioning in the Nineteenth-century European Novel*, Manchester 1977, pp. 9-10.

지는 실제로 '보존되며', 사회적 관계의 안정성을 위협하지 않는 한 표현하는 것이 허용된다 — 을 기술하고 있다고 해도 좋을 것이다. 자유간접스타일의 두 명의 위대한 선구자 — 괴테와 오스틴 — 가, 위대한 교양소설Bildunsroman 작가가 나타난 데는 다 그만한 이유가 있었던 셈이다. 즉 이 새로운 언어적 도구는 동시에 초인격적인 개인만의 독특한 어법의 요소로 두 사람의 주인공을 '정상화'하면서 그들에게 일정량의 정서적 자유를 부여하기에 완벽하다. '그의 지력과 성품은 자신의 것과는 다르지만 자신의 온갖 바람을 충족시켰을 것이다.' …… 누가 말하는 걸까? 여기서는. 엘리자베스? 오스틴?50 아마 전자도 또 후자도 아닐 것이다. **제3의 목소리**, 둘 간의 중간이며 거의 중립적인 목소리가 그것이다. 달성된 사회계약의 약간 추상적이고, 철저하게 사회화된 목소리가 그것이다.51

---

50 밀러는 이렇게 쓴다. "자유간접스타일에서 (등장인물과 서사화narration라는) 두 개의 정반대 항은 말하자면 둘을 분리시키는 막대기(사선, 회초리)에 가능한 한 가까이 붙어 있다. 서사화는 등장인물의 심리적·언어적 현실에, 그것 속으로 붕괴되지 않고 할 수 있는 한 최대한 가까이 다가가며, 등장인물은 서사화의 권위를 얻지 않고 할 수 있는 한 최대한의 서사화 작업을 수행한다"(D. A. Miller, *Jane Austen, or The Secret of Style*, Princeton 2003, p. 59).

51 돌레젤Lubomir Dolezel은 이렇게 말한다. "근대적 픽션의 발달과 함께 [화자의 화법과 **등장인물의 화법**] 간의 관계는 극적 변화를 겪었다. 구조적 용어로 그러한 변화를 '중립화' 과정으로 묘사할 수 있을 것이다(*Narrative Modes in Czech Literature*, Toronto 1973, pp. 18-19). 그에 대해 뉴먼Anne Waldron Neumann은 이렇게 덧붙인다. 자유간접스타일에서 화자의 목소리와 등장인물의 목소리 간의 관계에서는 "'중립적인'이 '동정적인'보다 정확할 수 있을 것이다." 왜냐하면 그것은 화자의 승인을 포함하기로 되어 있는 것이 아니라 단지 두 목소리가 충돌하지 않음을 보여줄 뿐이기 때문이다"("Characterization and Comment in *Pride and Prejudice*: Free Indirect Discourse and 'Double-Voiced' Verbs of Speaking, Thinking, and Feeling", *Style*, Fall 1986, p. 390). '등장인물과 서사

중간이며 거의 중립적인 목소리. 거의. 왜냐하면 결국 앞의 구절의 요점은, 엘리자베스가 마침내 화자의 눈으로 자기 삶을 보는 것이기 때문이다. — '그녀는 이제 **이해하기 시작했다**.' 그녀는 외부로부터 자신을 관찰한다. 마치 자기가 제3의 인물인 듯(제3의 인물: 여기서 문법은 정말 메시지이다). 그리고 오스틴에게 동의한다. 관대한 기법이다, 자유간접스타일은. 하지만 그것은 개별성[개체성]이 아니라(어쨌든 1800년경에는 아니다) **사회화** 기법이다.52 엘리자베스의 주관성은 세계의 '객관적'(즉 사회적으로 수용된) 지성에 고개를 숙인다. "객관적인 것의 주관적인 것으로의 진정한 치환"53이라고 발리Charles Bally가 1세기 전에 기억하기 쉽게 표현한 대로 말이다.

우리는 자유간접스타일이 어떻게 시작되었는지를 살펴보아 왔다. 이제 완전히 성숙한 예를 살펴보자. 처음 간통 행위를 저지른 후 거울 앞에 앉은 보바리는

그러나 거울 속에 비친 자기 얼굴을 들여다보면서 놀랐다. 지금까지 그처럼 크고, 검고, 심오한 자기 눈을 본 적이 없었기 때문이다. 전신에 퍼져

화 간의 제3항'으로서의 자유간접스타일 그리고 오스틴의 스타일의 '중립적' 말투에 대해서는 Miller, *Jane Austen*, pp. 59-60, 100을 보라.
52 20세기에 사태는 변한다. *Graphs, Maps, Trees: Abstract Models for Literary History*, London 2005, pp. 81-91에 들어 있는 나의 스케치를 보라.
53 "Le style indirecte libre en francais Moderne", *Germanisch-Romanische Monatschrift*, 1912, p. 603.

있는 미묘한 무엇이 자기 모습을 일변시키고 있었다.

그녀는 자꾸만 되풀이해 보았다. '난 애인이 있어! 애인이!'라고, 마치 갑자기 닥쳐올 또 다른 사춘기를 꿈꾸는 듯이, 애인이 있다는 생각을 그지없이 즐거워하면서 되뇌었다. 마침내 그녀는 이제 조금 전까지도 실망을 느꼈던 행복에의 열정과 사랑의 기쁨을 소유하고 싶었다. 그녀는 모두가 정열, 황홀, 열광뿐일 신비로운 저 무엇 속으로 빠져들고 있었다. 푸릇하고 무한히 넓은 무엇이 그녀를 온통 둘러싸고 있었다. 절정에 달한 감정이 사념思念 속에서 반짝였다. 평범한 존재는 저 멀리 아주 낮은 곳, 산 틈바귀에서만 그림자에 가린 채 얼굴을 드러낼 뿐이었다.54

검사 피나르Ernest Pinard는 1857년 2월에 루앙 법원에서 한 진술에서 — '타락 자체보다 훨씬 더 위험하고, 훨씬 더 비도덕적인' — 이 구절을 위해 가장 비타협적인 말을 남겨 놓았다.55 그리고 그것은 말이 되는데, 앞의 문장들은 "재현된 인물에 대한 언제나 명백하고 보증된 도덕적 판단을 내리는 소설의 옛 관습"56과 직접적으로 상충되었기 때문이다. 피나르는 이어 계속 이렇게 말한다.

---

54 플로베르, 앞의 책, 164페이지.
55 "고로, 이 첫 번째 범죄 후에, 이 첫 번째 타락 후에 그녀는 간통을 미화하고, 간통의 노래를, 간통의 시를, 간통의 쾌락을 읊조리고 있습니다. 그리고 그것이, 신사 여러분, 제가 보기에는 타락 자체보다 훨씬 더 위험하고, 훨씬 더 비도덕적입니다!"(Gustave Flaubert, *Oeuvres*, ed. A. Thibaudet and R. Dumesnil, Paris 1951, vol. I, p. 623).
56 야우스Hans Robert Jauss, 장영태 역, 「문예학에 대한 도전으로서의 문학사」, 『도전으로서의 문학사』, 문학과 지성사, 215페이지.

이 소설 속에 이 여인을 비난할 수 있을 사람이 있을까요? 없습니다. 아무도 그렇게 할 수 없습니다. 이게 결론입니다. 이 책에는 그녀를 비난할 수 있는 단 한 명의 등장인물도 존재하지 않습니다. 만약 도덕적 등장인물을 하나 발견한다면 또는 심지어 단지 그것에 기반해 간통에 오명을 뒤집어씌울 수 있는 추상적 원리를, 단 한 가지라도 발견할 수 있다면 제가 틀렸습니다.

틀렸다고? 그렇지 않다. 1세기에 걸친 비평은 그를 완전히 정당화해왔다. 『보바리 부인』은 유럽 문학을 교육적 기능으로부터 떼어내고, 모든 면에서 현명한 화자를 많은 양의 자유간접스타일로 대체해온 저 느린 과정의 논리적 종점이다.[57] 하지만 역사적 궤적이 분명하더라도 그것의 의미는 그렇지 않으며, 해석들은 양립 불가능한 두 가지 입장 주위로 끌려갔다. 야우스(그리고 다른 사람들)가 보기에 자유간접스타일은 소설을 지배 문화와 대립시키는데, 왜냐하면

> 사람을 어리둥절하게 만드는 판결의 불확실성 속으로 독자를 몰아넣었으며, …… 미리 답이 결정되어 있던 공통의 도덕적 물음[간통에 대한 평가]을 다시 미해결 문제로 만들어버렸기 때문이다.[58]

---

[57] 아우어바흐는 『미메시스』에서 이렇게 말한다. "스탕달과 발자크에게서 우리는 작가가 인물과 사건에 대해 어떻게 생각하는가를 끊임없이 듣는다. …… 이 두 가지 면[자기 이야기에 계속 감정적, 풍자적, 역사적, 경제적 주석을 붙이는 것 그리고 작가가 인물과 자기를 일치시키는 것]은 플로베르 작품에서는 전혀 찾아볼 수 없다. 그가 그의 인물과 사건에 대해 어떤 견해를 갖고 있는가는 이야기되지 않은 채 남는다. …… 우리는 작가의 말을 듣지만 그는 의견을 표하는 것도 또 주석을 가하는 것도 아니다"(636페이지).

이 관점에서 피나르의 말은 재판의 내깃돈에 관해 맞았다. 즉 플로베르는 기성질서에 대한 위협이었다. 다행히 그가 패소하고 플로베르가 승소했다.

다른 입장이 상황을 반전시켰다. 자유간접스타일은 불안을 낳기는커녕 일종의 스타일적 판옵티콘이었는데, 거기서 화자의 '주인-목소리'는 그것이 "말하도록 만드는 다른 모든 목소리에게 자격을 부여하고, 취소하고, 보증하고, 포함하는 것"59에 의해 자기 권위를 산포한다. 이 두 번째 관점에서 볼 때 피나르와 플로베르는 각각 억압과 비판을 대표하지 않으며 오히려 사회통제의 낡아빠진 형태와 둔감한 형태를, 보다 유연한 형태와 보다 능률적인 형태를 대표한다. 재판이 둘을 대립시킨 것은 사실이지만 내심에서는 두 사람이 받아들였을 것보다 더 많이 서로를 닮았다. 결국 둘은 **동일한 것의 두 버전**이다.

대체로 나는 후자의 입장에 동의하는 경향이지만 한 가지 단서가 있다. 피나르 씨를 그토록 격노케 한 『보바리 부인』의 저 문장들. ⋯⋯ 그것들은 어디서 유래했을까? 엠마의 입술을 통해 말하는 화자의 말일까? 아니다. 그것들은 엠마가 소녀 적에 읽었으며, 결코 잊지 않은 감상

---

58 야우스, 장영태 역, 「문예학에 대한 도전으로서의 문학사」, 『도전으로서의 문학사』, 문학과 지성사, 215~216페이지(번역을 수정했다). 야우스의 명제는 (*Madame Bovary on Trial*, Ithaca, NY, 1982, p. 18에서 플로베르의 '이데올로기적 범죄'에 대해 열렬히 쓰고 있는) 라 카프라Dominick La Capra 그리고 보다 절제된 콘Dorrit Cohn(*The Distinction of Fiction*, Baltimore 1999, pp. 170ff)의 글 속에서 반향되고 있다.

59 D. A. Miller, *The Novel and the Police*, Berkeley, CA, 1988, p. 25.

소설들에서 유래한다(앞의 구절은 이렇게 계속된다. '그러자 그녀는 전에 읽었던 여러 책의 여주인공들이 생각났다'). 그것들은 진부한 문구, 집단적 신화이다. 그녀 안에 존재하는 **사회적인 것**의 기호들이다. 『오만과 편견』에서 우리가 너무나 자주 듣는 목소리는 아마 체결된 사회계약의 '제3의 목소리'일 것이라고, 나는 앞에서 쓴 바 있다. 플로베르에게서는 '아마'를 빼버릴 수 있을 텐데, 왜냐하면 이 과정이 이제 완전히 완성되기에 이르기 때문이다. 등장인물과 화자는 변별성을 잃어버리고, 부르주아적 독사doxa의 혼성적 담론에 의해 흡수된다. 감정적 어조, 어휘, 문장의 외형shape ─ 자유간접스타일의 객관적 측면으로부터 주관적 측면을 추출하기 위해 우리가 의존하는 모든 요소 ─ 은 기성관념idée reçue의 진정 '"객관적" 비인격성' 속에서 이제 혼합된다.

하지만 만약 그렇다면 텍스트의 '주인-목소리'에 대해 우려하는 것은 불필요해졌다. 엠마의 영혼의 통제 ─ 자격을 부여하고, 취소하고, 보증하고, 포함하는 것 ─ 는 화자가 아니라 독사doxa 수중에 들어간다. 완전히 동질화된 사회 ─ 플로베르에 따르면 부르주아적 프랑스는 그렇게 되었다 ─ 에서 자유간접스타일은 문학적 기법의 힘이 아니라 **무기력**을 드러낸다. 그것의 '객관적' 진지함은 그것을 마비시켜 저항을 상상 불가능하게 만든다. 일단 엔트로피적 표류가 시작되고, 화자의 목소리가 등장인물들의 목소리(그리고 그들을 통해 부르주아적 독사의 목소리)와 합쳐지면 돌아갈 방법이 없다. 사회화는 **너무** 성공적이었다. 사회적 우주의 많은 목소리로부터 오직 '평균적 지성 수준'만 남으며, "그것을 둘러싸고 부르주아의 개별적 지성들이 왔다 갔다 한다."60 그것이 『부바르와 페퀴셰』의 악몽이다. 즉 어리석음에 관한 소설을 어리석은 소설로부터 어떻게 구분할지를 더 이상 구분할지 모르는 것이다.

그것이 유럽 소설의 '진지한 세기'를 위한 적당히 씁쓸한 에필로그이다. 부단한 노동[작업]을 통해 부르주아적 산문을 미학적 객관성과 일관성이라는 전례 없는 수준으로 끌어올린 스타일이 그것이다. — 단지 그것의 대상을 어떻게 생각해야 할지를 더 이상 모른다는 사실을 발견하기 위해 말이다. 완벽한 노동[작업]이다. 아무런 존재이유 raison d'être도 없는. 거기서는 『프로테스탄티즘의 윤리』에서처럼 "단지 완벽한 '직무완수'라는 비합리적 감각만"[61]이 유일한 유형의 — 그리고 수수께끼 같은 — 결과이다. 그리하여 자본주의적 유럽의 중심으로부터 보다 따뜻하고, 단순하며, '너무나 인간적인' 스타일이 부르주아적 진지함에 대한 도전을 개시한다.

---

60 René Descharmes, *Autour de 'Bouvard et Pécuchet'*, Paris 1921, p. 65.
61 베버, 『프로테스탄티즘의 윤리』, 39페이지.

3
안개

The Bourgeois

1. 공공연하고 파렴치하며 직접적인

근대 부르주아계급은 ― 「공산당선언」의 저 유명한 찬사에 따르면 ―

이집트의 피라미드, 로마의 수로, 고딕식 성당과는 완전히 다른 기적을 성취했으며, …… 원정을 수행했다. 인구를 밀집시키고, 생산수단을 집중시키고, …… 땅 밑에서 솟아난 듯한 전 주민.[1]

피라미드, 수로, 성당, 수행했다, 밀집시켰다, 집중시켰다. …… 분명히 마르크스와 엥겔스에게 부르주아의 '혁명적 역할'은 이 계급이 **수행한**

---

[1] 마르크스·엥겔스, 「공산당선언」, 『칼 마르크스-프리드리히 엥겔스 저작 선집』 1권, 박종철출판사, 403~405페이지.

것에 있었다. 하지만 그들이 이 계급을 찬양하는 또 다른 이유가 있는데, 이번에는 앞서와 달리 보다 무형이다.

> 부르주아는 지배권을 얻은 곳에서는 모든 봉건적, 가부장제적, 목가적 관계를 파괴했다. 타고난 상전에게 사람을 묶어 놓고 있던 잡다한 색깔의 봉건적 끈을 무자비하게 끊어버렸으며, 사람과 사람 간의 노골적 이해관계, 냉혹한 '현금 계산' 이외에 아무런 끈도 남겨놓지 않았다. 신앙적 광신, 기사적 열광, 속물적 감상 등의 성스러운 외경을 이기적 타산이라는 차디찬 얼음물 속에 집어넣어 버렸다. …… 종교적, 정치적 환상에 의해 은폐되어 있던 착취를 공공연하고 파렴치하며 직접적이고 무미건조한 착취로 바꾸어 놓은 것이다.
> 　부르주아는 지금까지 존경받았던, 사람들이 외경을 갖고 바라보았던 모든 직업으로부터 신성한 후광을 벗겨버렸다. …… 가족 관계로부터 심금을 울리는 감상적 껍데기를 벗겨버리고, 그것을 순전한 금전 관계로 되돌려 놓았다. …… 굳고 녹슨 모든 관계는 오랫동안 신성시되어온 관념 및 견해와 함께 해체되고, 새롭게 형성된 모든 것은 정착되기도 전에 낡은 것이 되어 버린다. 모든 신분적인 것, 모든 정체적인 것은 증발되어 버리고, 모든 신성한 것은 모독당한다. 그리고 사람들은 마침내 자신의 생활상의 지위와 상호 연관을 냉혹한 눈으로 바라보지 않을 수 없게 된다.²

그처럼 열에 들뜬 듯한 구절 속에는 세 개의 변별적인 의미론적 장이

---

2 앞의 책, 402~403페이지.

서로 엮어 짜여 있다. 첫 번째 것은 부르주아가 등장하기 이전 시대, 즉 사회적 관계의 본성이 다양한 허상에 의해 은폐되어 있던 시대를 환기시킨다. '목가', '껍데기', '외경', '광신', '열광', '신성한 후광', '감상주의', '관념.' 하지만 일단 지배권을 얻으면 — 두 번째 구절 — 새로운 지배계급은 무자비하게 이 모든 그림자를 흩뜨린다. — '목가적 관계를 파괴했다.' '끊어버리고', '집어넣어 버리고', '벗겨 버리고', '되돌려놓으며', '해체시키고', '모독한다.' 그리하여 부르주아 시대에 너무나 전형적인 새로운 에피스테메는 — 마지막으로 — 이렇다. 즉 '노골적 이해관계', '냉혹한 계산', '냉혹한 눈', '자신의 생활상의 지위와 상호 연관을 바라보지 않을 수 없게 된다', '공공연하고 파렴치하며 직접적인 착취.' 부르주아계급은 일군의 상징적 망상 뒤로 지배를 감추는 대신 사회의 모두가 자기에 관한 진실을 바라보지 않을 수 없게 강요한다. 인류역사상 최초의 **리얼리즘적** 계급인 셈이다.

노골적 이해관계. 부르주아의 세기의 명작(〈도판 8〉)은 — 클라크에 따르면 —

> 여전히 협상에 열려 있는 제안, 장소, 지불, 특수한 권력, 지위의 …… 전체적 짜임새를 상상하도록 강요하는 방식으로 관람객을 바라보고 있다.[3]

협상이라. 완벽한 말이다. 비록 올랭피아는 누워 빈둥대며 아무것도 하지 않는 듯하지만 실제로는 **일하고** 있다. 머리를 들고, 버티기 너무 힘들

---

3 T. J. Clark, *The Painting of Modern Life: Paris in the Art of Manet and His Followers*, London 1984, p. 133.

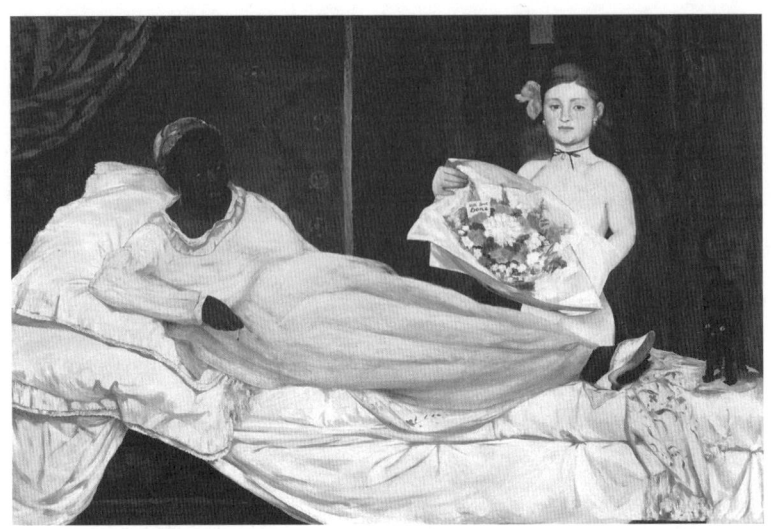

〈도판 8〉 마네, 〈올랭피아〉(1863년), 유화(브릿지먼 아트 라이브러리).

정도로 강렬한 시선으로 잠재적 고객 — 그림을 보는 사람 — 을 재보기 위해 몸을 돌리고 있다. 공공연하고 파렴치하며 직접적이다. 반대로 앵그르의 〈바다의 물거품에서 태어난 비너스$^{Vénus\ Anadyomene}$〉를 보라. 이 그림은 (다시 클라크를 인용하자면) '전혀 아무것도 보고 있지 않은 시선'을 갖고 있으며, 암묵적으로 "감출 것이 아무것도 없어 누드[화]는 아무것도 감추고 있지 않다"[4]는 것을 암시한다. 〈올랭피아〉가 가면을 벗기

---

4 [벨기에의 작가이자 저널리스트인] 르모니에Camille Lemonnier가 한 말로, 클라크, 앞의 책, 129페이지에서 재인용했다. 이 세기의 가장 유명한 에로틱한 조각인 〈그리스 노예〉에 대한 익명의 촌평도 동일한 생각을 표현하고 있다. "프랑스 예술과 그리스 예술 간의 차이는 간단히 이것인 것 같다. — 즉 프랑스인들은 마치 보여주기 위해 옷을 벗어버린 것처럼 여성을 그린다. 그리스인들은 옷이라는 것을 결코 알아본 적이 없는 여성을, 벌거벗었지만 창피해하지 않는 여성을 재현한다." Alison Smith, *The Victorian Nude: Sexuality, Morality and Art*, Manchester 1996, p. 84를 보라.

〈도판 9〉 앵그르의 〈바다의 물거품에서 태어난 비너스〉(1848년), 유화(브릿지먼 아트 라이브러리).

려고 하는 것이 바로 그런 그림의 '속물적 감상주의'이다. 분명히 마네의 형상은 손으로 성기를 가리고 있다. 정말 리얼리즘이다.

마네는 〈올랭피아〉를 1863년에 파리에서 그렸다. 7년 후 런던에서 밀레John Everett Millais가 자신만의 버전의 현대적 누드화를 전시했다. 〈방랑하는 기사〉가 그것이다(〈도판 10〉). 한 기사가 완전 무장한 채 벌거벗은 여자 옆에서 거대한 칼을 땅 쪽으로 비틀며 돌리고 있다. 도대체 무슨 장면인지를 알아내려면 얼마간 상상력이 필요하다. 기사의 면갑은 올려져 있지만 눈은 마치 무슨 생각에 빠져 있는 듯 여인으로부터 떠나가고 있다. 그리고 기묘한 방식으로, 큰 나무 뒤에 거의 몸을 감춘 채 끈을 자르고 있다.

여인 또한 이상하기는 마찬가지이다. 만약 앵그르의 비너스가 딱히 아무 곳도 보고 있지 않다면 밀레의 형상은 완전히 얼굴을 돌리고 있다. 또는 보다 정확하게는, 얼굴을 돌리도록 **만들어져** 있다. 원판에서는 매우 재치 있게 기사 본인을 향해 얼굴을 돌리고 있기 때문이다(〈도판 11〉). 하지만 평은 차가웠으며, 부도덕하다는 소문이 떠돌기 시작했으며, 그림은 팔리지 않았다. …… 그러자 밀레는 몸통을 도려내고, 새로 그렸다(그런 다음 원화의 머리를 빗기고, 눈길을 낮추고, 블라우스를 입혀 프로테스탄트 순교자로 그녀를 팔았다. 〈도판 12〉를 보라).

칼집에 넣지 않은 칼 — 그리고 면갑의 쇠 우리. 사방에서 모습이 보이는 여인의 머리칼5 — 과 외면하는 얼굴. 양가성[모호성]ambivalence. 밀레는 벌거벗은 여인을 그리길 원했다. 하지만 또한 그렇게 하려다 움

---

5 누드화에서 체모는 마치 성기 근처에 부재하는 것을 보충하기라도 하듯 보통 엄청 길다.

〈도판 10〉 밀레, 〈방랑하는 기사〉(1870년)(브릿지먼 아트 라이브러리).

〈도판 11〉〈솔웨이의 순교자〉 엑스레이.

〈도판 12〉〈솔웨이의 순교자〉.

찔한다. 그리하여 그녀가 벌거벗게 된 사연을 **서사화한다**. 즉 만약 여인이 옷을 입지 않았다면 그것은 공격당해, 저항하다가, 사로잡히는 ― 그리고 기사가 제때 도착하지 않았더라면 겁탈당한 후 목숨을 잃었을 것이다 ― 이야기의 와중에 있기 때문이다. 칼에 묻은 피, 오른쪽의 죽은 남자, 다른 곳으로 달아나고 있는 배경의 형상들은 모두 이 이야기의 일부이다(지나치게 친절한 밀레의 그림 설명이 말해주듯이 말이다. '방랑하는 기사단은 과부와 기사단을 보호하고 고통받는 소녀들을 구할 목적으로 설립되었다'). 그리고 사태를 그런 식으로 바라본 것은 그만이 아니었다. 빅토리아조의 다른 유명한 누드화 ― 원형에 해당되는 에티William Etty의 〈브리토마트〉부터 파워즈의 〈그리스 노예〉(1844년)와 랜드시어의 〈고디바 부인의 간구〉(1865년), 포인터의 〈안드로메다〉(1869년)에 이르는 ― 도 동일한 메시지를 전하고 있다. 벌거벗은 것은 강압의 결과라는 것이다. 야만인, 노상강도, 폭군이 여자에게 하는 짓이라는 것이다. 〈올랭피아〉에서 섹스는 주행성晝行性이며, 사업 같았다. 빅토리아조의 누드화에서는 파멸이다. 어둠이고, 신화고 죽음이다. 마네가 산문적으로 발가벗긴 것은 전설의 베일 아래 다시 한 번 가려진다.

그것이 빅토리아조의 수수께끼이다. 「공산당선언」의 앞의 구절들과 **반대로** 이 시대의 가장 산업화되고, 도시화된 '선진' 자본주의는 '광신'과 '감상(주의)'을 '일소하는' 대신 **복원시킨다**.

왜?

2. '장막 뒤에서'

왜 빅토리아주의**였을까**? 하지만 영국의 누드화는 그처럼 큰 질문을 다루기에는 너무나 하잘것없는 재주를 보여줄 뿐이다. 따라서

그러면 그, 그는

자연의 마지막 작품인 인간은, 그의 눈에는
그다지도 아름답고 웅장한 목적으로 보였고
겨울 하늘에 성가를 울려 퍼지게 했고
자신에게 무익한 기도의 성전을 지었고

진정 하느님은 사랑이시며, 사랑은
창조의 궁극적 법칙임을 믿었던 인간은 —
비록 포식으로 이빨과 발톱이 빨간 그대 자연은
그런 인간의 믿음에 날카로운 비명을 질렀지만 —

사랑하며, 헤아릴 수 없는 재난을 겪었고
진리와 정의를 위해 싸우던 인간은,
황폐한 흙이 되어 흩날려져 버릴 것인가?
아니면 철 언덕 속에 화석화되어 묻혀버릴 것인가?
테니슨, 『인 메모리엄』, 56곡[이세순 역, 한빛문화, 230페이지]

이빨과 발톱이 빨간 자연. 이 이미지는 너무나 장대해 종종 다윈이 영국시에 얼마나 큰 충격을 가했는지를 보여주는 표시로 간주되기도 하지만 물론 『인 메모리엄』(1850년)의 출간이 『종의 기원』보다 7년 앞선다. 하지만 이 이미지 자체만큼이나 매혹적인 것은 테니슨이 그것의 충격을 약화시키기 위해 고안해낸 문법적으로 경탄할 만한 것들이다. 이 이미지가 4행에 걸쳐 있으며(그는/ …… /흩날려져 버릴 것이다), 다시 6개의 상이한 관계절로 세분된(보였던 …… 울려 퍼지게 했고 …… 지었고) 질문 형태의 문장 내부에 양보를 나타내는, 삽입구적 방백(— 그대, 자연이여 ……)으로 끼워 넣어져 있다. 미노타우로스이다. 미궁에 갇힌. 시적 지성은 인류의 멸종을 본다. — 그리고 그것을 가늠조차 할 수 없는 언어적 미로 속에 묻어버린다. 밀레의 기사보다 훨씬 더, 훨씬 더 낫다. 통사론적 복잡성. 철갑을 두르고 고상한 체하는 대신 말이다. 하지만 밑바탕에 깔린 욕망은 동일하다. **부인하는 것**이다. 어쨌든 겉으로 드러난 진실을 받아들여, 괄호 안에 넣어보자.

…… 아니면 철 언덕 속에 화석화되어 묻혀버릴 것인가?

그 이상 아무것도 아니라고? 그러면 인간은 한낱 괴물,
한낱 환상, 한낱 불화. 자신들의 진흙탕물 속에서
서로를 찢어대던 원시의 용들의 소리가
그에게 어울리는 달콤한 음악이었으리.

오, 그러면, 이를 데 없이 하찮고 약해빠진 인생이여!
오, 위로와 축복을 주는 그대의 음성을!
어떤 희망의 응답이나 어떤 구제를 바라리?
저 장막 뒤에서, 저 죽음의 장막 뒤에서.

장막 뒤에서. 자연사[박물지] 책을 읽던 샤롯 브론테.

만약 그것이 진실이라면 아마 진실은 미스터리로 자기를 지키고, 장막으로 자기를 가릴 것이다.

아내에게 편지를 쓰던 킹슬리.

추측하지 마시오. 하지만 만약 그래야 한다면 너무 많이 추측하지 마시오. 주장을 논리적 결론까지 밀고 나가도록 주의하시오.6

한 세대 후에도 변한 것은 아무것도 없다. 『인형의 집』의 익명의 서평자는 이렇게 쓰고 있다.

입센은, 불행히도, 누구나 다 존재한다는 건 알지만 환한 대낮의 빛 속으로

---

6 브론테와 킹슬리의 말은 Houghton, *Victorian Frame of Mind*에서 재인용했는데, 이 책은 '불쾌한 것은 무엇이건 의도적으로 무시하고, 마치 존재하지 않는 척한' 빅토리아조의 전술에 대해 할 말이 매우 많을 것이다. Walter E. Houghton, *The Victorian Frame of Mind 1830-1870*, New Haven, CT, 1963, pp. 424, 128-129, 413을 보라.

끝어내 봐야 딱히 좋을 게 없는 악에 대해 논하고 있다.7

여기서 '불행히도'는 무엇일까? — 어떤 악이 **존재한다**는 사실일까 아니면 그것이 존재함을 우리가 **알도록** 만들어지는 사실일까? 거의 분명히 후자이다. 부인하는 것이다. 그리고, 다시 한 번, 그러한 망설임을 표현하는 것은 저 결벽증이 있는 저널리스트만이 아니다. 말로는 『암흑의 핵심』에서 이렇게 외친다.

> 내면의 진실은 감추어져 있는데, 그건 다행이지, 다행이야. [78페이지]

사르트르는 『이 땅의 저주받은 자들』에 대해 식민지가 대도시의 진리라고 쓴 바 있는데, 실제로 — 말로가 점점 더 콩고 깊숙이 여행해 들어가면서 — 커츠와 식민지회사의 진실은 (거의) 밝혀진다.

> 마치 베일이 찢어지면서 어떤 새로운 모습이 나타나는 것 같았어. 그 상앗빛 얼굴에서 나는 음침한 오만, 무자비한 권세, 겁먹은 공포, 그리고 치열하고 기약 없는 절망의 표정이 감도는 것을 보았거든.8

마치 베일이 찢어지듯. 그렇게 콘래드는 『암흑의 핵심』에서 보는 것의 어려움9을 어찌나 자주 중시하는지 그것은 반드시 대망의 현현이어야

---

7 『인형의 집』 서평, 무기명, 1889년 6월 15일자 *Between the Acts*에 발표되었다. 지금은 Michael Egan, ed., *Ibsen: The Critical Heritage*, London 1972, p. 106에 실려 있다.
8 콘래드, 『암흑의 핵심』, 157페이지.

할 정도이다. [하지만] 대신 그는 이렇게 한다. '나는 촛불을 끄고 선실에서 나왔어.' 놀랍다, 그렇게 어둠으로 돌아가다니. 그렇게 해서 들어올려진 베일은 "지금까지 본 적이 없고 앞으로도 다시는 보지 않게 되길 바랄 뿐"10이라고 말로는 결론짓는다.

9 가정법 형태의 '볼 수 있을 것이다could see' — 그것은 분명히 보지 못할 가능성을 포함한다. 특히 '암흑darkness'의 장소에서는 — 는 『암흑의 핵심』에서 30번도 더 등장하는데, 빈도수를 보면 『암흑의 핵심』보다 10배나 더 긴 장편인 『미들마치』 전체에서보다 훨씬 더 높다. 고심한 흔적이 뚜렷이 보이며 도처에서 모습을 드러내는 콘래드의 직유 — 얇게 비치는 빛나는 천 조각처럼 …… 암시들 사이를 헤매는 지루한 순례처럼 …… 느릿느릿 기어가는 딱정벌레처럼 …… 잘 닦아서 윤이 나는 거무스름한 석관처럼 — 는 이 노벨라의 기본적 불투명성을 한층 더 강화시킨다.

10 비록 단편에 가깝지만 『암흑의 핵심』은 수사학적 양립성ambivalence의 개론서이다. 가령 커츠의 '차마 입에 담을 수 없는 의식儀式'에 대한 언급(거기서는 형용사 자체가 무엇인가를 드러내는revelatory 동시에 입이 무겁다)은 다른 사람의 보고서journal에 대한 말로의 상세한 기술로부터 벗어난 객담 속에 전부 들어 있다. — "정말 마음이 내키지 않은 일이지만 내가 여러 경우에 듣게 된 바를 근거로 해서 추측하건대"[113페이지], 그리고 이야기를 가볍게 보이도록 하기 위한 두 개의 '그러나'에 의해 괄호 안에 넣어져 있다. '이빨과 발톱' 구절을 여담 속에 놓아두는 테니슨과 매우 흡사하게 말로의 객담은 정말로 (거의) 진실을 포함하지만 그것을 그것의 중요성을 경시하는 위치로 밀쳐버린다. 즉 어떤 것이 이야기의 옆 가지에서 언급되었을 때 거기에는 그것이 요점일 수 없다는 암시가 함축되어 있다. 콘래드의 몇몇 대단한 문장에서도 동일한 일이 일어난다. 강변에 있는 커츠의 집에 다가갈 때 말로는 이렇게 말한다. "나는 망원경을 통해 기둥을 하나씩 하나씩 조심스럽게 살펴보았고, 그 결과 처음에 내가 생각했던 것이 잘못된 것이었음을 알게 되었어. 그 덩어리들은 장식적인 것들이 아니라 상징적인 것들이었어. 그것들은 표현적인 것으로서 당혹감을 주었으며, 충격적인 것이라 마음을 산란케 하는가 하면, 생각을 키우는 먹이와 같았고 만약 그때 하늘에서 독수리가 그곳을 내려다보고 있었다면 독수리 먹이로도 될 수 있을 만한 것이었지. 그러나 어떤 경우든 그 기둥을 오르내릴 만큼 부지런한 개미들이라면 거기서 먹이를 구할 수가 있었을 것이네. 말뚝 위에 놓인 얼굴들이 집 쪽을 향하고 있지 않았던들 더 충격적인 인상을 주었을 거야"(130~131페이지). 장식적이다. …… 상징적이다. …… 표현적이다. 당혹감을 주다. …… 충격적이다. …… 마음을 산란케 하다 …… 생각을 키우는 먹이. …… 깊은 생각에 잠기게 하는 일곱 개의 사변으로, 그것의 유일한 요점은 진리의 발견을 지연시키는

분명히 부인은 영국의 전유물이 아니었다. 갈도스는 『페르펙타 양』에서 악의적으로 비꼬듯 "공중 눈에는 고약해 보일 수도 있을 것을 덮어 가릴 수 있는 언어와 행위의 이상한 베일을 고안한 이 친절한 세기의 달콤한 관용"11에 대해 말하는 반면 베르디의 대합창의 순간 중 하나는 매춘이 드러나는 것 — 말하자면 〈올랭피아〉의 순간 — 을 출연진 전원이 다시 한 번 은폐할 것을 열정적으로 요구하는 식으로 대응하도록 한다.12 하지만 이탈리아 오페라의 무시간적 무대나 갈도스의 '빌라호렌다'의 역행적 지방과 달리 19세기 중반의 영국 자본주의는 「선언」에서 예견된 부르주아 리얼리즘을 위한 조건을 마련해**주었다**. 그리고 실제로 테니슨은 자연의 이빨과 발톱이 피로 빨갛게 물든 것을 **보았고**, 콘래드는 제국주의의 쪼그라든 두개골을 보았다. 그들은 보았고, 촛불을 꺼버렸다.

데 있다. 즉 독수리가 나타난다면 즉각 부정적으로 가언적인 것('보고 있었다면')에 의해 현실적으로 존재할 수 없는 것으로 부정된다. 개미의 경우에도 마찬가지이다. 즉 '~만큼 부지런한'에 의해 제한된다. 말뚝 위에 놓인 얼굴들 둘레에는 많은 것이 언어적으로 덧대진다. — '얼굴들이 …… 향하고 있지 않았던들'이라는 마지막 손질에 이르기까지 내내. 마치 중요한 것은 말뚝 위에 꽂혀 있는 얼굴들의 존재가 아니라 그것들이 향하고 있는 방향이라도 되는 듯이. 결론을 말하자면, '그렇다'이다. 우리는 해골이 있다는 말을 듣기 때문이다. 하지만 우리는 그것**으로부터도 주의를 끝없이 다른 쪽으로 돌리는** 이야기만 듣는다.

11 Benito Pérez Galdós, *Doña Perfecta*, New York 1960(1876), p. 23.
12 〈라 트라비아타〉 2막에서 비올레타의 정체에 의문을 품게 된('이 여인을 아는가*Questa donna conoscete?*') 알프레도는 그녀 발치에 돈 자루를 던지며('그녀가 딴소리 못하게*A testimon vi chiamo*/여기 돈을 받아라*Che qui pagata io l'ho!*'), 그리하여 창녀가 이 '화류계 여자'의 진실임을 폭로한다. 하지만 그의 그런 행동은 사방에서 온통 사람들의 너무나 큰 분노를 불러일으키는 바람에 — '어디 있는가, 나의 아들은*Dov'è mio figlio?* 나는 더 이상 그를 보지 못하네*Io piu' nol vedo*'; '경멸할 만해*Di sprezzo degno se stesso rende*'; '알프레도, 알프레도, 이 마음을*Alfredo, Alfredo, di questo core*' — 이 장면의 결과는 진실을 한층 더 깊숙이 감출 뿐이다.

그렇게 자초한 눈감음이 빅토리아주의의 토대이다.

3. 고딕적인 것, 기왕의 것

19세기 중반에 — 누가 봐도 분명한 이유로 인해 — 영문학에 독특한 한 가지 문학 장르가 존재했다. 소위 '산업'소설 또는 '영국의 조건' 소설이 그것으로, '주인과 노동자' 간의 갈등을 전문으로 다루었다. 하지만 이 장르의 많은 작품은 또한 또 다른 유형의 갈등을 위한 여지를 찾아냈다. 이번에는 동일한 부르주아 가족의 상이한 세대 간 갈등이 그것이었다. 『어려운 시절Hard Times』(1854년)에서 실용주의자 그래드그라인드는 자식들이 서커스를 몰래 훔쳐보는 것을 발견하고는 배신감을 느낀다("시를 읽는 모습을 본 만큼이나 뜻밖의 일이군요"). 『북과 남』(1855년)에서 늙은 손턴 부인은 고전을 격렬하게 비난하는("고전은 시골이나 대학에서 한가하게 살아가는 사람들에게는 분명히 좋을 수 있겠지"[179페이지]) 반면 제분소 소유자인 그녀 아들은 먼저 고전을 공부하며, 그런 다음 고전교사의 딸과 결혼한다. 크레이크의 『존 핼리팩스, 신사John Halifax, Gentleman』(1856년)에서 젊은 산업가 핼리팩스는 기근이 만연했을 때 이익을 무시하길 거부한 멘토 플레처와 격렬하게 충돌한다. 세목은 변하지만 유형은 일관성을 유지한다. 즉 두 세대가 서로 맞붙는 경우 **더 늙을수록 젊은 세대보다 훨씬 더 부르주아적인 것으로 드러난다**. 즉 더 근엄하고, 편협하고, 이윤 추구적이다. 하지만 또한 독립적이고 단호하고 전산업 사회적 가치를 견디지 못한다. [19세기 초의 정치가인] 콥덴Richard Cobden

을 두고 말하듯이 '신사가 되기에는 너무 자부심이 강하다.' 여기서 독립성이 외로움으로 정정된다는 점만 빼고 말이다. 손턴 부인은 과부이며, 플레처와 그래드그라인드, (『돔비와 아들』[1848년]의) 돔비, (디즈레일리의 『코닝스비』[1844년]의) 밀뱅크도 마찬가지다. 모두 결코 치유되지 않고 이런저런 식으로 아이들의 삶을 괴롭히는 신체 훼손의 흔적을 지니고 있다. 『돔비와 아들』에서 꼬마 폴은 '생명력의 결핍'으로 죽는다. 플레처의 아들은 불구자로, 아버지의 무두질 공장을 증오하며 그의 유일한 행운은 '신사' 핼리팩스의 보호를 받게 되는 것뿐이다. 밀뱅크의 아들은 어린 코닝스비 경에 의해 모종의 죽음으로부터 구해지며, 그래드그라인드의 딸은 거의 간통을 피하지 못하며, 그의 아들은 도둑이, 그리고 실제로 살인자가 된다. 나는 고대 비극 말고는 그토록 매서운 저주가 연속적인 두 세대를 하나로 묶는 다른 어떤 장르도 생각할 수 없다. 그리고 플롯의 메시지도 명확하다. 부르주아 세대는 오직 **하나**뿐이었다는 것이다. ― 그리고 이제 자식들에 의해 더럽혀지거나 배신당한 채 사라지고 있다는 것이다. 이 세대의 '한때'는 끝났다.

자본주의가 승리하는 순간 부르주아는 사라진다. 그리고 그것은 단지 허구적인 사건의 급전coup de théâtre인 것만이 아니다. 〈브래드포드양모거래소〉에 대한 연구서에서 웹은 이렇게 쓰고 있다.

> 영국 건축이 산업자본주의에 결정적으로 의존하게 되는 1850년과 1870년대 초 사이의 기간 동안 지배적인 건축 양식이 고딕이었던 것은 문화사의 역설 중 하나이다.[13]

중세를 모방한 산업 건축. 정말 역설이다. 하지만 설명은 실제로는 간단하다. 브래드포드의 산업가들은 '사회적 열등감과 정치적 비정당성'을 느꼈는데, 그것을 고딕식 〈거래소〉가 '과거에 대한 귀족적 향수'로 위장해줄 수 있었다는 것이다. 비이너는 이렇게 덧붙인다.

> 1850년대에 중간계급이 고딕 양식을 수용한 것이 분수령을 표시했다. 산업혁명의 신문화가 최고조에 이르며, 새로운 사람들이 오래된 귀족계급의 문화적 헤게모니에 굴복하는 일이 시작되었다.14

마이어는 이렇게 결론을 내린다. 새로운 사람들은 '비록 경제 영역에서는 창조적 파괴에 헌신하고 있지만' 일단 문화 영역에 들어오면

> 전통 건축, 조각상, 회화의 열광적 옹호자가 되었으며, 본인들의 위업과 본인을 역사적 휘장으로 포장했다.15

역사적 휘장으로 포장된 근대화 중인 세계. 〈선거법개정법〉이 통과된 2년 후, 조바심이라도 난 듯 시대정신은 국회의사당을 전소시켰다.

---

13 Igor Webb, "The Bradford Wool Exchange: Industrial Capitalism and the Popularity of the Gothic", *Victorian Studies*, Autumn 1976, p. 45.
14 Martin J. Wiener, *English Culture and the Decline of the Industrial Spirit, 1850-1980*, Cambridge 1981, p. 64.
15 Arno Mayer, *The Persistence of the Old Regime: Europe to the Great War*, New York 1981, pp. 4, 191-192.

과거와의 명확한 단절을 요구하는 듯 말이다. 그리고 대신 고딕의 부활이 시작되었다. 전 세계에서 유일하게 산업적인 국가의 '가장 중요한 공공건물'은 성당과 성의 이종교배로 구상되었다.16 이 세기의 나머지 기간에도 그런 식으로 계속되었다. 250여 미터에 달하는 국회의사당의 파사드(내부는 굳이 언급할 필요가 없을 것이다) 다음으로 세인트 팬크라스 위를 맴도는 키치적인 환상의 나라(다시 한 번 클라크를 인용하자면 '플랑드르의 몇몇 시청사와 결합한 독일풍 성당의 서쪽 끝')가, 그리고 〈앨버트기념관〉의 50미터짜리 성합聖盒(제조와 엔지니어링을 나타내는 알레고리 군이 네 명의 추기경과 세 개의 신학적 미덕과 함께 천개天蓋를 나누어 쓰고 있다)이 등장했다. 터무니없다absurd.

터무니없다. 하지만 작은 탑과 닫집 달린 벽감의 시대는 또한 빅토리아적 안정의 절정기이기도 했다. 당시 용어를 빌리자면, 균형의 시대17였다. 그람시가 위대한 권력의 전형적 특징으로 간주한 내부의 평온tranquillità à interna이 정점에 도달한 때였다.18 시드와 볼프는 『자본의 문화』에서 이렇게 쓰고 있다.

> 앤더슨과 비이너 그리고 그 밖의 다른 사람들은 부르주아가 문화적·도덕적으로 몰락한 시점을 19세기 중반으로 본다.

16 Kenneth Clark, *The Gothic Revival: An Essay in the History of Taste*, Harmondsworth 1962(1928), p. 93.
17 W. L. Burn, *The Age of Equipoise: A Study of the Mid-Victorian Generation*, New York 1964.
18 Gramsci, *Quaderni del carcere*, vol. III, p. 1577.

두 사람은 이렇게 이견을 제기한다. 즉 하지만 그때는 또한

> 차티즘이 종언을 고하고 노동계급이 체제 내화된 때이기도 하다. …… 그러한 우연의 일치는, 19세기 중반에 그처럼 계급관계가 재조정된 데는 중간계급의 '신경'[19]의 상실 이상의 것이 연관되어 있음을 암시한다.

두 사람 말이 맞다. — 하지만 앤더슨과 비이너 또한 맞다. 즉 부르주아적 가치의 후퇴가 **있었다**, 19세기 중반에. 계급관계의 헤게모니적 재조정 **또한** 있었다. 두 가지는 구분되지만 완전히 양립 가능하다. 볼탄스키와 키아펠로는 뒤몽Louis Dumont의 통찰을 발전시켜 이렇게 쓴다.

> 정당화 요구에 직면해 자본주의는 정당성이 보장된 기왕의 것déjà-là을 동원해 …… 그것을 자본주의적 축적의 요구와 결합시킨다.[20]

두 사람은 여기서 빅토리아주의에 대해 이야기하는 것이 아니다. 하지만 똑같은 모습으로 묘사한다. 즉 19세기 중반에 자본주의는 너무 강력해져 이 체제와 직접 관련된 사람들의 배타적 관심사로 머물 수 없었다. **누가 봐도** 이치에 맞도록 만들어야 했는데, 이 측면에서 실제로 '정당

---

19 John Seed and Janet Wolff, "Introduction", in Janet Wolff and John Seed, eds, *The Culture of Capital: Art, Power, and the Nineteenth-Century Middle Class*, Manchester 1988, p. 5.
20 Luc Boltanski and Eve Chiappello, *The New Spirit of Capitalism*, London 2005(1999), p. 20.

화 요구에 직면했다.' 하지만 부르주아계급은 그것을 마련하기에는 문화적 무게가 거의 없었으며, 그리하여 대신 봉건적·기독교적인 기왕의 것déjà-là이 '동원되어' 상층계급과 상징체계를 공유하는 체제를 수립했는데, 그것이 그들의 권력에 도전하는 것을 훨씬 더 어렵게 만들었다. 그것이 빅토리아적 헤게모니의 비밀이다. 부르주아적 정체성이 약해질수록 사회적 통제는 더 강해졌다.

4. 신사

'역사적 휘장'으로 근대 자본주의를 가리는 기왕의 것으로서의 고딕적인 것. 건축에서는 이 말이 무슨 의미인지 분명하다. 즉 기차역을 짓고 그것을 수랑袖廊으로 덮는다. 그러면 문학에서는? 아마 그와 가장 가까운 근사치는 『과거와 현재』의 「산업 지도자들」에 관한 페이지에서 찾아볼 수 있을 것이다.

> 어떤 노동 세계도 — 전쟁하는 세계와 하등 다를 바 없이 — 고귀한 노동 기사단 없이는 앞서 나갈 수 없을 것이다. …… 다른 사람들이 하는 대로 용맹한 전투-무리와 노동-무리를 당신에게 충성을 다하는 사람들로 만들 필요가 있다. 엄격한 규율을 따르도록 해야 하며, 그렇게 될 것이다. 그리고 당신 휘하에서 이루어지는 정복의 정당한 몫은 체계적으로 보장되어야 하며, 그렇게 될 것이다. — 진정한 형제애와 자녀 됨의 정신에 따라, 즉 일시적인 하루 돈벌이를 위한 것과는 완전히 다르고 보다 깊은 연대감에 따라 행

동을 함께해야 한다.21

산업가인 것만으로는 영국 노동자의 동의를 확보해 '당신에게 충성을 다하도록 하기에는' 충분하지 않다. 전투-무리가 끼어들어야 하며, '정복의 몫', '기사단'도 마찬가지다. …… 새로운 사람들은 헤게모니를 확립하기 위해 투쟁하는 귀족계급에서 정당화를 위한 기왕의 것을 찾아야 한다. 하지만 무엇에 맞서 투쟁한단 말인가?

산업의 선장들이야말로 진정한 투사이다. 따라서 유일한 진정한 투사로 눈에 띈다. 카오스와 궁핍, 그리고 악마와 요툰Jötun에 맞선 투사다. 하느님도 아시다시피, 그러한 과제는 힘들 것이다. 하지만 고귀한 과제가 언제 쉬운 적이 있던가. …… 어렵다고? 그렇다, 어려울 것이다. 그대들은 산이 두려움에 떨다 산산조각 나게 만들고, 강철을 부드러운 퍼티처럼 그대들에게 나긋나긋하게 만들었다. 숲의 거인과 습지의 요툰은 황금빛 이삭 다발을 품고 있다. 바다 괴물 아에기르는 본인이 등을 쫙 펴 그대에게 이르는 매끈한 고속도로를 만든다. 그대는 불의 말과 바람의 말을 타고 달린다. 그대가 가장 강하다. 붉은 수염에 파란 태양-눈을 갖고 있으며, 가슴은 쾌활하고 강한 천둥-망치를 든 토르, 그와 그대가 이겼다. 그대가 가장 강하다. 그대 차가운 북구와 머나먼 동방의 아들들이여, ─ 바위투성이인 동방의 황야로부터 저 멀리 행진해 나가며, 회색 시간의 여명으로부터 이쪽으로 행진해오도다!22

---

21 Thomas Carlyle, *Past and Present*, Oxford 1960(1843), pp. 278-280.
22 앞의 책, 278페이지, 282~283페이지.

바다 괴물 아에기르? 황금빛 이삭 다발을 품고 있는 습지의 요툰? 이 저자가 바로 마르크스가 그로부터 '금전에 의한 결합'이라는 저 차가운 은유를 차용한 것과 동일한 저자란 말인가? 과거에 너무 많이 요구하면 일어날 것 같은 것의 징후 속에서 칼라일이 쓴 글과 가장 가까운 시대의 사람들 — 그의 글의 수신자는 새로운 지배계급이었다 — 은 상궤를 벗어난 고색창연한 자가 되는데, 거기서는 붉은 수염에 가슴이 들뜬 **토르가 산업의 지도자들을 인식 불가능하게 만든다**, 정당화하는 것 이상으로 말이다. 따라서 좋든 나쁘든 빅토리아조의 주류 문학에는 고딕의 부활 같은 것은 존재하지 않았다. 그리고 19세기 부르주아는 성변화transubstantiation라는 보다 완만한 변화를 겪었다. 즉 기사는 두말할 필요도 없고 선장이 아니라 단지 신사가 되었을 뿐이다.

1856년, 그러니까 산업소설의 인기가 정점에 달했을 때 출판된 크레이크의 베스트셀러 『존 핼리팩스, 신사』는 퀘이커교 무두장이이자 제분소 소유자인 플레처가 14살 된 핼리팩스에게 일자리를 마련해줌으로써 굶주림으로부터 구해주는 장면부터 시작된다. 후원자에게 항상 깊이 감사하는 핼리팩스는 1850년의 기근 동안 그의 집을 포위한 도시 노동자들과 그를 대신해 충돌한다. 그에게 많은 밀이 있음을 알았기 때문이다. 퀘이커교도인 그가 군인을 불러들이길 거부하는 바람에 핼리팩스가 끼어들어 군중에게 즉각 "신사의 집을 불태우는 것은 — 교수형감"[23]이라고 지적한다. 그런 다음 "그들에게 권총이 찰각하는 소리"[24]를 들려

---

23 Dinah Mulock Craik, *John Halifax, Gentleman*, Buffalo, NY, 2005(1843), p. 116.
24 앞의 책, 121페이지.

준다(뒤의 장면에서는 허공에 대고 쏜다25). 이 지점에서 핼리팩스는 여전히 단지 하나의 회계사에 불과하지만 이미 진정한 자본가처럼 말한다.

> 이건 **그의** 밀입니다. 당신들 게 아니고요. 자기 밀을 갖고 자기 좋을 대로 해서 뭐 안 될 일이라도 있습니까?26

끝.

몇십 년 전으로 시간을 거슬러 올라가 보자. 톰슨은 이렇게 쓴다. '18세기 군중의 행동'을 살펴보면 '기근이 발생하면 물가가 통제**되어야 한다는 것은** 군중 속의 남녀가 뼛속 깊이 느끼는 확신'이었을 뿐만 아니라 "공동체의 좀 더 많은 동의에 의해 지지받던 생각이었음"27이 분명하다. 하지만 『핼리팩스』에서 언급된 것을 포함해 이 세기의 최후의 봉기들은

> 우리를 상이한 역사적 영역으로 데려간다. 우리가 지금까지 검토해 오고 있는 형태의 행동은 특수한 집합의 사회적 관계, 가부장적 권위와 군중 간의 특수한 균형에 의존하고 있다. 이 균형은 두 가지 이유에서 전쟁에서는 제거되었다. 먼저 젠트리 계급의 격렬한 반자코뱅주의는 어떤 형태의 것이

---

25 앞의 책, 395페이지.
26 앞의 책, 118페이지.
27 E. P. Thompson, "The Moral Economy of the English Crowd in the Eighteenth Century", *Past and Present* 50(February 1971), pp. 78, 112.

든 민중의 자주적 행동에 대한 공포로 이어졌다. …… 두 번째로, 정치경제학의 새로운 이데올로기의 승리에 의해 중앙과 지방의 많은 관헌의 정신 속에서 탄압이 합법화되었다.28

정치경제학의 승리. 그것은 **그의** 밀이지 당신들 게 아니다. 하지만 핼리팩스는 비단 거기서만 그치지 않는다. 물리적 폭력을 가하겠다는 위협으로 사적 소유의 절대적 권리를 승인한 그는 이제 완전히 상이한 음역으로 나아간다. 봉기가 가라앉자 그는 굶주린 노동자들에게 플레처의 부엌을 개방한다(비록 맥주는 거부하지는 말이다). 나중에 그는 지주인 럭스모어 경에 의해 쫓겨난 직조공들을 보호해주며, 경기 후퇴에도 불구하고 계속 임금을 전액 지불한다(다시 한 번, 비록 "'기계를 타도하라'라는 저 오래된 불행한 고함은 즉각 '주인의 눈빛'에 부딪쳐야 했지만"29 말이다). 빵 폭동이 "아벨 플래처 만세! 퀘이커교도 만세!"30라고 딱딱 박자를 맞추어 외치는 패배한 노동자들과 함께 끝나야 한다는 것은 물론 터무니없는 소리이다. 하지만 그것은 완전히 말이 되는sensible 질문에 대한 과장된 대답이다. 즉 산업사회의 본성이 갈등에 있다고 할 때 노동자의 동의를 확보하기 위해 산업가들은 무엇을 **해야 하는가**?

핼리팩스의 대답은 명확하다.

---

28 앞의 책, 129페이지.
29 Craik, *John Halifax, Gentleman*, p. 338.
30 앞의 책, 122페이지.

만약 네가 플레처에게 가서 '주인님, 시대가 너무 어려워 임금으로는 먹고 살 수 없습니다'라고 말하면 그는 네가 훔치려고 했던 음식을 주셨을 것이다.31

빵 폭동 동안 그는 그렇게 말한다. 그리고 나중에 일자리가 없는 노동자 무리에게 이렇게 말한다.

우리 집에 와서 정직하게 한 끼 식사와 반 크라운을 청하는 게 어때?32

플레처에게 가라, 우리 집에 와라. 이 얼마나 감동적인 표현인가? 거지로서의 노동자. 심지어 일자리가 아니라 음식과 한 푼을 얻기 위해 대저택 문을 두드리는. 하지만 다름 아니라 바로 이 순간이 핼리팩스가 노동자들을 훨씬 더 철저하게 통제하고 있는 때 — 말하자면 보다 철저하게 '헤게모니를 행사 중인' 때 — 이기도 하다. 그는 핵심적인 순간에 이렇게 말한다.

내가 네게 먹을 것을 주었다고 가정해봐. 그러면 나중에 내 말을 들을까?33

그런 다음

---

31 앞의 책, 120~121페이지.
32 앞의 책, 395페이지.
33 앞의 책, 119페이지.

3 안개 205

미소를 지은 채 사방을 돌아보며 '그러면, 여러분, 충분히 드셨습니까?'라고 말했다. '예, 그렇습니다'라고 모두 외쳤다. 그리고 한 사람이 덧붙였다. '하느님 감사합니다!'[34]

산업가는 어떻게 노동자의 동의를 확보할 수 있을까? 이 소설의 대답은, 볼탄스키와 키아펠로의 '기왕의 것'과 일치해, 핼리팩스가 전자본주의적 가치를 받아들이는 것을 통해 노동자를 붙잡아둔다고 설명해준다. 특히 19세기 자본주의가 "새로 목숨을 임대해준 자본-노예 관계에 대한 가부장적 개념"[35]을 받아들이는 것을 통해서 말이다.

그것이 임금-노동 계약의 불평등에 대해 가장 손쉽게 이용할 수 있고, 융통성 있는 이데올로기적 지탱물이었다.

주인과 노예. 그리하여 한쪽으로 치우친 부르주아가 헤게모니적 신사로 변형되는 과정이 시작된다. 호의적으로 고분고분 구는 것을 대가로 노동자의 삶 전체를 돌보아주기로 약속하는 ― '그러면, 여러분, 충분히 드셨습니까?' ― 주인의 가부장주의. 하지만 차이가 존재한다. 톰슨의 '도덕적 경제'의 가부장주의와 말이다. 그것은 지배계급의 중요한 부분에 의해서도 공유되었으며, 종종 심지어 공공문서에도 살아남았다. 비록 쇠퇴하는 중이었지만 일종의 **공공정책**이었다. 대신 크레이크의 가부장주의는 순전히 **윤리적** 선택이었다(당대의 잡지들 도처에서 '선의'가 언급

---

34 앞의 책, 120페이지.
35 Wood, *The Pristine Culture of Capitalism*, pp. 138-139.

된 것이 그것을 입증해준다). 헬리팩스가 그렇게 행동하는 것은 신-사(gentleman)이기 때문이다. 기독교인이자 복음파이다. 크레이크 쪽에서는 중요한 선택이다. 하지만 또한 문제적 선택이기도 하다. 중요한 것은『헬리팩스』가 산업가의 형상 위에 뻔뻔하게 기독교 윤리를 겹쳐 놓으면서 빅토리아 문화의 모자이크 안으로 핵심적인 요소 — 이 장에서의 논의를 전개해 나가는 과정에서 다시 그것을 만나게 될 것이다 — 를 도입하기 때문이다. 하지만 감복할 만하게 행동할수록 헬리팩스는 또한 **그만큼 더 지배계급의 이례적 인물이 된다**. 실제로 상층계급의 다른 등장인물들과의 무수한 만남이 충분히 입증하듯이 말이다. 만약 윤리가 사회적 헤게모니의 일부여야 한다면 그처럼 티 하나 없이 깔끔한 주인공보다 더 유연한 해법을 찾아야 할 것이다. 그리하여『헬리팩스』와 같은 해에 또 다른 산업소설이 문제의 중심을 개별적 등장인물들의 도덕적 순수성으로부터 그들이 맺는 관계의 특수한 본성 쪽으로 옮겨 놓게 된다.

5. 열쇠말 V: '영향'

파킨슨은『맨체스터의 근로 빈민의 현재의 조건』에서 이렇게 쓴다.

세계의 도시 중 이곳보다 부자와 빈자 간의 거리가, 그리고 둘 간의 장벽이 도저히 넘을 수 없을 정도로 큰 곳은 없다. 상이한 계급 간의 분리, 그리고 그 결과 서로의 관습과 조건에 대한 무지가 유럽의 보다 오래된 민족들의 다른 어떤 나라 또는 우리 자신의 왕국의 농업 부분에서보다 이곳에서 훨씬 더 완벽하다. 주인인 방적업자와 그의 직공들 간의 개인적 의사소통은 …… 웰링턴 공과 그의 영지에 사는 극히 미천한 노동자 사이에서 이루어지는 것보다 훨씬 더 적다.36

개인적 의사소통. 『북과 남』의 여주인공 헤일Margaret Hale은 제분소 주인 손턴에게 이렇게 말한다.

가장 당당하고 독립적인 사람도 자기 성격, 자기 삶에 미치는 주변 사람들의 영향에 자기도 모르게 좌우됩니다.37

이 소설에 대한 연구에서 갤러거는 바로 이 대목을 잡아내 '영향'이 이 소설의 상징적 지렛대가 아닌가 하는 점을 곰곰이 살펴본 바 있다.38 흥미로운 단어이다, '영향'이라. 원래 점성술 ─ 인간사에 별이 미치는 힘을 가리키기 위해 사용되었다 ─ 에서 유래한 이 단어는 18세기 말에 '물질적 힘이나 상징적 권위를 이용하지 않고 지각 불가능한 또는 보이지 않는 수단으로 효과를 낳는 능력'(*OED*)이라는 보다 일반적인 의미를 얻게 되었다. 힘과 형식적 권위의 부재가 그것을 엄밀한 의미의 권력 ─ 이 두 가지 특성이 절대적으로 필요하다 ─ 과 구분해주며, 대신 그람시가 말하는 '헤게모니'와 일렬에 놓는다. 실로 '지각 불가능한 또는

---

36 Canon Parkinson, *On the Present Condition of the Labouring Poor in Manchester; with Hints for Improving it*, pp. 12-13.
37 개스켈, 『북과 남』, 193페이지.
38 Catherine Gallagher, *The Industrial Reformation of English Fiction: Social Discourse and Narrative Form 1832-1867*, Chicago 1988, p. 168.

보이지 않는 수단' — 『옥중수고』의 '헤게모니와 민주주의' 항목에서는 그것이 "분자적 이행"39임을 환기시킨다 — 이 결정적 역할을 하는 형태의 지배다.

헤게모니(의 한 측면)로서의 영향. 하지만 맨체스터 같은 곳에서 '지각 불가능한 수단'과 '분자적 이행'은 구체적으로 무엇을 의미할 수 있을까? 브릭스는 이렇게 쓴다. '마을이나 장이 서는 작은 읍에서 영향'은 '개인 간 접촉, 그리고 확고하게 자리 잡은 종교권력'에 의존할 수 있다. 하지만 도시가 성장함에 따라, 그리고 "중간계급과 노동계급의 분리가 점점 더 뚜렷해짐에 따라"40 마침내 그것의 효력도 약화된다. 맨체스터 같은 도시에는 '온갖 종류의 의견'을 '제조해낼'(브릭스의 은유) 수 있는 신문이 있었다. 하지만 개인 간 접촉의 힘에 비해 의견은 피상적이고 불안정한 것으로 머물 수밖에 없었다.41 따라서 '영향'을 위한 공간을 재창조하려는 시도 속에서 『북과 남』은 역사적 추세를 뒤집는다. 이 소설은 상이한 의견 — 산업과 농업, 고전 문화와 유용한 지식, 공장주와 노동자 — 이 전경화되며, 사회적 위기를 방지할 수 없음을 입증하는 일련의 에피소드와 함께 시작된다. 그런 다음 그렇지 않았더라면 얌전했을 한 등장인물이 이빨로 신문을 갈기갈기 물어뜯는 전혀 뜻밖의 장면42

---

39 Antonio Gramsci, *Prison Notebooks*, ed. Joseph A. Buttigieg, New York 2007, vol. III, p. 345.
40 Asa Briggs, *Victorian Cities*, Berkeley, CA, 1993(1968), pp. 63-65.
41 「신문의 자연사」에서 미국이 '마을 사람들의 국가'에서 도시 거주자들의 국가로 변형되는 과정을 기술하는 가운데 파크도 동일한 주장을 한다. "신문은, 마을이 소문과 개인 간 접촉을 매개로 자체를 위해 자연발생적으로 했던 것을 10만 명이 거주하는 공동체를 위해 할 수 없을 것이다." Robert E. Park, Ernest W. Burgess and Roderick D. McKenzie, *The City*, Chicago 1925, pp. 83-84.

이후, 산업 '문제'에 대한 유일하게 가능한 해법은 '개인 간 접촉'이라는 보다 오래된 전략으로 되돌아간다. 보다 정확히는, 3각 접촉이 그것이다. 산업가 손턴과 (이 소설의 중재자인 '문화 부르주아') 헤일 간의, 그리고 헤일과 (전임) 노조원인 히긴스 간의, 그리고 마지막으로 — 주인인 방적업자와 그의 직공들 간의 개인적 의사소통을 복원해 이루어지는 — 손턴과 히긴스 간의 3각 접촉 말이다. 소설 말미에서 손턴은 이렇게 선언한다.

> 그리고 거기서 그러한 교류가 발생했는데, 그것은 비록 향후 의견이나 행동에서 충돌이 발생할 경우 그것을 모두 막아주는 효과는 주지 못할지라도, 어쨌든 주인과 노동자가 서로에 대해 훨씬 더 큰 자비와 연민을 갖고 바라보고, 서로를 더욱 끈기 있고 친절하게 참아내도록 해줄 것이다.[43]

42 "자기 의지와는 상관없이 마치 딴 사람이 네 아빠 손을 움직이는 것 같이 그 신문을 읽으라고 주는데, 그 끔찍한 신문엔 우리 프레드릭이 '추악한 반역자', '비열하고 배은망덕한 군의 수치'라고 돼 있었어. 세상에! 온갖 나쁜 말은 죄다 썼더구나. 난 그걸 읽자마자 내 손으로 신문을 찢어버렸다. 오오! 아마 이빨로 그것을 갈기갈기 물어 뜯었지 싶다"(개스켈, 『북과 남』, 171페이지).

43 앞의 책, 672페이지. 의미론적으로 '영향influence'과 관련된 '교류intercourse'는 『북과 남』의 또 다른 핵심어 중 하나이며, 실제로 — 교류가 일어나는 사건의 절반이 이 소설의 마지막 5%에 몰리며 손턴과 노동자들의 개선된 관계에 집중되는 점에 비추어볼 때 — 종결의 핵심어로서 그러하다. 파킨슨은 또 나름대로 그가 펴낸 팸플릿 전체에 걸쳐 '영향'과 '교류'라는 말 모두를 사용하는데, 종종 이 소설에서 개스켈이 제시하는 정식화의 전조를 보여준다. "아래 것이 …… 어겨서는 안 되는 규칙RULE이 되도록 하자. 즉 주인이나 주인 본인과 동일한 교육을 받고 동일한 영향력을 가진 모종의 심복 하인은 고용한 일꾼과 **개인적으로** 잘 알고 지내야 한다고 말이다. …… 단지 개인적으로 잘 알게 되는 것만으로도 사람들이 서로를 향해 얼마나 많이 화해할 수 있는지는 놀랄만하다"[이 인용문은 『북과 남』에 들어있는 것으로 지시되어 있으나 실제로는 1843년에 발간된 *The Dublin University Magazine*

그의 대화 상대는 문제의 본질로 직진해 이렇게 묻는다.

손턴 씨는 그것이 파업의 재발을 막을 수도 있다고 생각하는 겁니까?

손턴은 이렇게 대답한다.

전혀 그렇지 않습니다. 제 최상의 기대는 여기까지입니다. 즉 그들은 파업을 지금까지처럼 쓰라리고 원한에 찬 증오의 근원으로 만들지 않을 수는 있을 겁니다. 좀 더 낙관적인 사람이라면 계층 간의 좀 더 친밀한 교류가 파업을 사라지게 할 수도 있다고 생각할는지도 모릅니다. 하지만 전 그리 낙관적인 사람이 아닙니다.44

쓰라리고 원한에 찬 증오의 근원으로 만들지는 않는다. …… 화자는 새로운 사태를 이렇게 묘사한다.

그리고 거기서 그러한 교류가 발생했는데, 비록 향후 의견이나 행동에서 충돌이 발생할 경우 그것을 모두 막아주는 효과는 주지 못할지라도, 어쨌든 주인과 노동자가 서로에 대해 훨씬 더 큰 자비와 연민을 갖고 바라보고, 서로를 더욱 끈기 있고 친절하게 참아내도록 해줄 것이다.45

22호에 실린 "The Factory system of England"라는 글 속에 들어 있다. — 역자].
44 앞의 책, 690페이지.
45 앞의 책, 672페이지.

비록 못할지라도 …… 어쨌든 …… 훨씬 더 큰 자비와 …… 더욱 끈기 있고 ……. [그래도] 쉽지는 않다. '영향'과 '교류'가 실제로 **하는 것**에 대해 분명히 그렇게 말한다. '주인과 노동자'는 여전히 주인과 노동자이며, 그들의 '향후의 충돌'은 완전히 가능한 것으로 남는다. 유일한 차이는 사회적 관계의 보다 가혹한 현실에 고결한 고색古色을 유포시키는 ― '어쨌든', '훨씬 더 많은 자비와', '더욱 끈기 있고 친절하게 참아내도록' 등의 ― 부사절뿐이다. 따라서 윌리엄스가 개스켈의 에필로그를 "우리가 지금 '산업에서의 인간적 관계의 개선'이라고 부르는 것"46으로 기각한 것은 정확했다. 하지만 만약 그것이 사실이라면 또한 그런 이데올로기적 해결책이 얼마나 **제대로** 먹히지 **않는지**를 지적할 만한 가치가 있을 것이다. 그토록 뒤틀어진 동사의 연속도 없을 것이다. 즉 서사의 과거시제('그리고 발생했는데') ― 부정적인 미래 조건절('비록 효과는 주지 못할지라도') ― 직설법과 가정법 사이에 중단된 과거('발생할 경우'), 그리고 또 다른 이중적으로 주저하는 조건법('**어쨌든** 해줄 것이다'). 우리는 이 소설의 이데올로기적 '요점'에 이른 셈이다. 그리고 문장은 현실의 분위기와 단순한 가능성의 분위기 사이에서 마음을 정하지 못하고 있다. 영향의 힘을 언급하는 또 다른 구절을 하나 더 보자면

> 일단 인간 대 인간으로, 그의 주위에 있는 대중과 개인적으로, (주목하라) 사장과 고용인이라는 역을 떠나 마주하게 되자, 그들 개개인은 제일 먼저

---

46 Raymond Williams, *Culture & Society*, p. 92.

'우리 모두 인간의 심장을 갖고 있다'는 걸 인식하기 시작했다.47

여기서, 가능하다면, 언어는 심지어 한층 더 배배 꼬인다. 먼저 삼인칭 단수로 말문을 연다('그의 주위에 있는 대중'). 그런 다음 분명히 2인칭 명령법으로 전환된다('주목하라'). 그런 다음 — 어색하게 — 독자에게 말을 걸며, 그런 다음 삼인칭 복수로 이어진다('그들 개개인은'). 그리고 워즈워스의 외로운 시골 거지를 산업적 영국의 집단성('우리 모두')으로 변형시키는 종결로 이어진다. 말들은 개스켈의 정치(학)와 협력하기를 완강하게 거부한다. 이전 문장이 현실적인 것과 가능한 것 사이에서 선택할 수 없다면 이 문장은 심지어 어떤 것이 **주어**가 되어야 할지도 결정할 수 없다. — 어조는, 변덕스럽게, 보고와 명령과 감상성 사이를 옮겨 다니면서.

'현실의 모순에 대한 상상적 해법'이 이데올로기에 대한 알튀세르 Louis Althisser의 유명한 공식이다. 하지만 그처럼 왠지 불편하고 불협화음을 보이는 시대는 해법과는 정반대 쪽에 있다. 하지만 『북과 남』은 아마 틀림없이 산업소설 중 가장 지적이며, 영향이 정말 이 소설의 무게 중심일 것이다. 따라서 이 소설이 '영향'에 지적 의미를 부여하는 데 실패하고 마는 것은 — 그람시의 또 다른 표현을 차용하자면48 — '지적·도덕적 헤게모니'가 어떻게 새로운 산업사회에서 구체적으로 존재해야 하는가를 상상하기가 얼마나 어려운가를 알려주는 징후이다. 다음 절에서는

47 개스켈, 『북과 남』, 670페이지.
48 Gramsci, *Quaderni*, 2010-2011.

분석의 척도를 줄여 정말 '분자적' 수준에서 그것을 보급하는 '보이지 않는 수단'을 찾아볼 것이다.

6. 산문 V: 빅토리아적 형용사

실천적 삶에 병적일 정도로 민감한 책치고 스마일스의 베스트셀러 『자조론』(1859년)은 기이하게 형용사에 집착하고 있다. 「서문」에서는 아래 내용을 읽을 수 있다. 실패가

> **새로** 진력을 다하도록 자극하고, 자기가 가진 **최고의** 힘을 환기시키는 등 …… 참된 일꾼에게 가장 좋은 수양이 된다.[49]

마치 즉각 수식어구를 덧붙이지 않고는 명사를 생각할 수 없는 듯하다. 끈질기게 목적을 추구하는 것, 단호하게 일을 밀고 나가는 것, 변함없는 성실성, 신뢰할 수 있는 명성, 부지런한 손, 정력적인 일꾼, 강하고 실천력 있는 사람, 불굴의 인내력, 씩씩한 영국식 훈련, 점잖은 강요…….

처음에 나는 그것이 단지 스마일스의 강박증일 뿐이라고 생각했다. 그런 다음 내가 읽은 모든 빅토리아조 텍스트 속에 들어 있는 형용사군을 살펴보기 시작했다. 나는 이 시대의 스타일적 비밀을 우연히 발견했

---

49 새뮤얼 스마일스Samuel Smiles, 김유신 역. 『자조론*Self-Help*』, 21세기북스, 9페이지 (번역을 대부분 수정했다).

던 것일까? 〈스탠퍼드 문학 랩〉에 저장된 3,500권의 소설을 대상으로 문법을 구문에 따라 분석하는 프로그램을 돌려보니 아니라고 판정을 내렸다. 즉 빅토리아인들은 다른 19세기 작가들만큼이나 많은 형용사를 사용했다. 빈도는 100년 동안 계속 5.7%~6.3%에 이르는 협대역 안팎을 오르내렸다(비록 스마일스는 이보다 더 높어 7%가 넘지만 말이다). 하지만 만약 양적 가설이 분명하게 반증되었다면 뭔가 다른 것이 의미론 수준에서 출현하고 있었을 것이다. 스마일스의 산문 내부에서는 클러스터 cluster가 형성되고 있었다. 가령 '고생을 무릅쓰고 개인적으로 응용해보기', '정력적 일꾼', '활기찬 노력'은 고된 육체노동의 장을 환기시켰다. 고생을 무릅쓴, 정력적인, 활기찬. 그런 다음 이 스펙트럼의 정반대 쪽에서는 '**용감한** 정신', '**곧은** 인격', '**씩씩한** 영국식 훈련', 그리고 '점잖은 강요' 같은 표현 속에서 윤리적 장이 구체화된다. 하지만 『자조론』에 독특한 풍미를 부여하는 유형의 형용사는 대략 위의 두 가지 사이의 어딘가에 위치한다. '불굴의 결심', '끈질기게 목적을 추구하는 것', '지속적 노동', '근면 성실한 응용', '불굴의 인내심', '근면한 손', '강한 실천적 인간' …… 이 형용사들은 무엇을 가리킬까? 노동, 아니면 에토스? 아마 동시에 둘 다일 것이다. 육체적인 것과 도덕적인 것 간에는 아무런 실제적 차이도 존재하지 않는 듯이 말이다. 그리고 실제로 이 대규모 중간 군을 오랫동안 충분히 응시하고 나면 이전의 구분은 흐려지기 시작한다. '끈질긴 개인적 응용'은 실천적 특징이었는가? — 아니면 도덕적 특징? 그리고 '씩씩한' 영국식 훈련은 탁월한 실천적 결과를 가져오지 않았는가?

『자조론』의 형용사들과 관련해 무슨 일이 일어나고 있었던 걸까? 1세기 전으로 거슬러 올라가 『크루소』에 나오는 '강한strong'을 검토해 보자. 이 소설에는 '강한 관념'[270페이지], '강한 충동'[325페이지] 등과 같은 일군의 표현이 존재하지만 이 말은 '뗏목raft', '물살current', '말뚝stakes', '담장fence', '가지limbs', '둑dam', '담장pale', '줄기stalk', '광주리baskets', '차단해 놓은 곳enclosure' 또는 '[신발] 두 짝fellow' 등 완전히 구체적인 실체와 거의 언제나 결부되어 있다. 150년 후 『북과 남』 ─ 남성들과 기계들의 소설로, 여기서는 분명히 물리적 힘이 문제시된다 ─ 은 이 추세를 뒤집는다. 두서너 개의 '강인하고 다부진 체구'[120페이지] 또는 '강한 두 팔' 그리고 수많은 '강력한 의지', 강력한 바람, 강력한 유혹, 강력한 자부심, 강력한 노력, 강력한 반대, 강력한 느낌, 강력한 정동, 강력한 진실, 강력한 말 또는 강력한 지적 취향이 등장한다. 『자조론』에서 '강한'은 의지와 가장 빈번하게 결합되며, 발명 능력, 애국심, 본능, 성향, 영혼, 결심, 상식, 기질, 관용 정신이 뒤를 잇는다. 『교양과 무질서』는 강력한 영감, 강력한 개인주의, 강력한 믿음, 강력한 귀족적 자질, 강력한 지혜, 강력한 취향을 추가한다. 또 다른 형용사로는 '무거운heavy'이 있다. 『크루소』에서 '무거운 마음' 등 소수의 사례를 별도로 하면 무거운 것은 통, 나무, 상품, 물건, 숫돌, 가지, 절굿공이, 보트, 곰 등이다. 『헬리팩스』에서 우리는 무거운 표정, 무거운 고민, 무거운 한숨, 무거운 부담, 무거운 분위기, 무거운 소식, 무거운 불행 등을 발견할 수 있다. ─ 그중 많은 것이 여러 번 나타난다. 『북과 남』에서는 무거운 압력, 무거운 고통, 무거운 눈물의 습기, 무거운 삶, 무거운 무아지경, 그리고 무거운 고통의 맥박 등을 발견할 수 있다. 『우리 공동의 친구Our

Mutual Friend』에서는 무겁게 눈살 찌푸리기, 무거운 두 눈, 이해할 수 없는 모호한 어떤 것, 무거운 한숨, 무거운 비난, 무거운 실망, 무거운 투덜거림, 무거운 내성 등을 찾아볼 수 있다. 마지막으로 '어두운dark'을 살펴보자. 『크루소』에서 그것은 빛의 부재를 가리키는데, 그것이 다이다. 『북과 남』에서는 어두운, 희미한 표정, 마음의 어두운 곳, 마음의 어둡고 성스러운 심처, 얼굴에 낀 어두운 구름, 어두운 분노, 어두운 시간, 현재의 성쇠의 어두운 망網을 볼 수 있다. 『우리 공동의 친구』에서는 어두운 심처에서 이루어지는 비열한 음모 꾸미기, 어두운 주목, 어두운 잠, 어두운 찡그림, 어두운 주인, 현재 세계의 어두운 대기실, 어두운 미소, 어두운 사업, 어두운 표현, 어두운 의심의 구름, 어두운 영혼, 어두운 표정, 어두운 동기, 어두운 얼굴, 어두운 거래, 이야기의 어두운 측면 등을 찾아볼 수 있다. 『미들마치』에서는 어두운 시대, 어두운 시기, 병리학의 어두운 영역, 어두운 침묵, 어두운 때, 홍조의 어두운 비상, 그리고 언어적 기억의 어두운 벽장 등을 찾아볼 수 있다.

(hard, fresh, sharp, weak, dry …… 등) 다른 사례도 얼마든지 쉽게 추가해볼 수 있을 것이다. 하지만 요지는 분명하다. 물리적 특징을 가리키는 데 사용되던 많은 형용사군이 빅토리아조에 정서적, 윤리적, 지적, 또는 심지어 형이상학적 사태를 가리키기 위해 널리 쓰이기 시작한다는 것이다.50 이 과정에서 형용사는 은유적인 것이 되었으며, 따라서 이 문

---

50 오직 (여기서는 불가능한) 영어 형용사에 대한 대규모 연구만이 의미론의 그러한 변동의 정확한 정도와 연대기를 확정할 수 있을 것이다. 내가 말할 수 있는 것이라고는, 지금까지 나는 양 또는 질에서 빅토리아조의 경우에 필적하는 어떤 것도 마주친 적이 없다는 것이

채文彩에 전형적인 정서적 느낌을 획득하게 되었다. '강한'과 '어두운'은 '담장'과 '동굴'에 적용되면 든든함과 빛의 부재를 가리키지만 '의지'와 '눈살 찌푸리기'에 적용되면 그것이 수식하는 명사에 대한 — 절반은 윤리적이며 절반은 감정적인 — 긍정적 또는 부정적 판결을 표현하게 된다. 의미가 변한 것이다. 따라서, 보다 중요하게는, **성질**nature을 갖고 있다. 더 이상 헤겔의 산문의 "문자적 정확성, 틀림없는 명확성, 그리고 확실한 이해 가능성"[51]에 기여하는 것이 아니라 축소된 가치판단을 전달하는 것이 중요하다.[52] 기술記述이 아니라 평가가 중요하다.

따라서 가치판단이 문제이다. 하지만 매우 특수한 종류의. 호이저Ryan Heuser와 롱 르-칵Long Le-Khac은 최근의 한 연구에서 '추상적 가치',

---

전부이다.
51 헤겔, 『미학 강의』 3권, 632페이지.
52 스마일스가 형용사의 서술적 용법보다 한정적 용법을 선호하는 것은 그와 같은 변형의 일부이다. 볼린저의 지적대로 두 가지 선택 모두 마찬가지로 가능한 경우 한정적 위치는 영구적이고 본질적인 특징을 가리키는 경향이 있는 반면('이것은 항해 가능한 강이다') 서술적 용법은 이행적 상황을 기술한다('이 강은 오늘날 항해 가능하다'). 볼린저는 이 구분에 기반해 계속 동작주를 나타내는 명사(가수, 노동자, 거짓말쟁이, 패배자 등)와 함께 수많은 형용사가 서술적 위치(투시는 깨끗했다. 타이피스트는 가난했다)에서 '문자적' 의미를 그리고 한정적 위치에서 은유적-가치평가적 의미(깨끗한 투사, 가난한 타이피스트)를 가진다고 지적한다. 이 연구 결과는 비록 나의 연구 결과와 동일하지도 또 빅토리아조에 국한된 것도 아니지만 추가 연구를 위한 흥미로운 가능성을 제시하기에 충분할 정도로 흡사하다. Dwight Bolinger, 'Adjectives in English: Attribution and Predication', *Lingua*, 1967, pp. 3-4, 28-29를 보라. 슈피처는 "The 'Récit de Théramène' in Racine's Phèdre"(1948)에서, 지나가는 김에, "관련 문법 형식 앞에 위치한 형용사는 물리적 사실을 묘사하는 것이 아니라 유혈사태로부터 도덕적 함의를 끌어낸다"고 이미 지적한 바 있다. Leo Spitzer, *Essays on Seventeenth-Century French Literature*, ed. David Bellos, Cambridge 2009, p. 232를 보라.

'사회적 제약', '도덕적 평가', 그리고 '감정'의 의미론적 장의 빈도가 19세기 영국 소설에서 어떻게 감소하는지를 상세히 도표화한 바 있다.[53] 두 사람이 연구 결과를 처음 발표했을 때 나는 회의적이었다. 감정과 도덕적 평가가 빅토리아 시대에 점점 **덜** 빈번해졌다고? 불가능하다. 하지만 두 사람의 증거는 흠잡을 데 없었다. 그러다가 두 사람의 또 다른 연구 결과가 수수께끼를 설명해주었다. 빈도가 증가 중이던 다른 의미론적 장 중 이 세기 내내 사용 빈도가 거의 3배 증가했다가 내가 묘사해오고 있는 (그리고 'sharp'의 연결어들에 관해 연구한 미발표된 도표로 또한 날카로운 눈매, 날카로운 목소리, 날카로운 시선, 예리한 고통 등 동일한 은유적 연관성을 드러낸) 군 내부에서 거의 예외 없이 감소한 일군의 형용사 ― hard, rough, flat, round, clear, sharp ― 가 있었다.

두 사람의 연구는 가치판단이 19세기 픽션에서는 한 가지 이상의 형식을 취했음을 시사한다. 판단이 완전히 가시적이고, 어휘가 ('수치심', '미덕', '원칙', '젠틀한', '도덕적', '쓸모없는' 등) 드러내놓고 가치판단적인 첫 번째 유형은 의문의 여지없이 19세기가 경과하면서 감소했다. 하지만 그러는 사이 '빅토리아적 형용사'가 등장하면서 두 번째 유형의 판단이 가능해졌다. 그것이 더 구석구석 스며들어 있었을(말 그대로 형용사는 어디서나 찾아볼 수 있기 때문이다) 뿐만 아니라 훨씬 더 **간접적**이었다. ― 형용사는 전혀 '판단하지' ― 그것은 명백하며, 화법적인 발화 행위이다 ― 않으며 주어진 특징을 **대상 자체에 속하는 것으로** 상정할

---

53 'Quantitative History of 2,958 Nineteenth-Century British Novels: The Semantic Cohort Method'― *Literary Lab Pamphlet* 4, available at litlab.stanford.edu.

뿐이다. 그리고 물론 판단이 사실적 진술과 정서적 반응이 상호 분리 불가능해지는 경향이 있는 은유 형태를 띨 때 형용사는 **이중적으로** 간접적이다.

빅토리아적 형용사에 의해 표현되는 유형의 '판단'에 대해 명확하게 하기 위해 최선을 다해 보자. 개스켈이 『북과 남』에서 '늘 근엄해 보이던 그녀의 표정은 **알 수 없는**dark 분노로 **깊어졌다**'[254페이지]라고 쓸 때 또는 스마일스가 『자조론』에서 웰링턴의 '**튼튼한**strong 상식'에 대해 말할 때 텍스트는 어떤 판단을 표현하지만 **그에 대해서는 어떤 현실적 평가**judge**도 찾아볼 수 없다**. 세계는 마치 온전히 혼자서 세계의 의미를 선언하고 있는 듯하다. 그런 다음에 문제의 판단을 전달하는 단어들 — 우리의 경우 '깊어졌다', '알 수 없는', '튼튼한' — 은 제한된 가치평가적 취지import를 소유한다. 이 단어들은 손턴 부인의 표정과 웰링턴의 상식에 대해 각각 부정적 견해와 긍정적 견해를 가리키지만 '수치'와 '미덕'은 두말할 것도 없이 '쓸모없는', '도덕적' 같은 용어의 힘보다 훨씬 더 아래 머물러 있다. 빅토리아적 형용사는 알게 모르게 쌓이며, 그러다 결국 도대체 어떤 명확한 정초적 진술도 발견할 수 없는 '심성'을 나타내기에 이르도록 소소한, 젠체하지 않는 방식으로 무엇인가를 슬쩍슬쩍 건드리는 방식으로 작용한다. — 얼마나 빈번하게 쓰이냐에 따라 얼마든지 그럴 수 있다. 그리고 이 심성의 전형적 특징은 도덕적 가치가 **그 자체로** 전경화되는 것(19세기 초의 판단에서는 그러했다)이 아니라 각종 감정과 분리 불가능하게 뒤섞여 있는 사실에 있다. 『북과 남』에서 손턴 부인을 묘사하는 저 '알 수 없는dark'을 보자. 이 말 속에는 원칙 위반,

개인적 뻣뻣함, 얼마간의 추악함, 또한 갑작스런 폭발의 위험 등에 대한 느낌이 존재한다. (손턴 부인의 정서적 상태를 묘사하는) '객관적' 측면과 (화자의 느낌을 보고하는) '주관적' 측면이 존재한다. 하지만 그처럼 다양한 요소의 위계는 미규정된 채이며, 객관적인 것과 주관적인 것 간의 경계 또한 마찬가지이다. 빅토리아적 형용사의 실제적 '의미'를 구성하는 것이 이 윤리적·정서적 혼합물이다.

빅토리아적 형용사: 윤리적 명료성은 덜하지만 정서적 힘은 더 크다. 정확성은 덜하지만 의미는 더 많다. 니체는 『도덕의 계보』에서 이렇게 말한다.

> 현대의 영혼이나 현대 서적들의 가장 고유한 특징은 …… 인간이나 사물에 관한 모든 판단을 차츰차츰 끈적거리게 만든 수치스러울 정도로 **도덕화된** 말투이다.[54]

'끈적거리게'라 …… 너무 심한 말일 수도 있을 것이다, 아마. 하지만 그가 말하는 '도덕화된 말투'는 틀림없이 빅토리아주의의 진실이다. '도덕**화된**'이다, '도덕적'이기보다. 중요한 것은 윤리적 코드(복음주의 기독교, 앙시앵레짐의 상상계, 노동 윤리의 탁월한 혼합)의 **내용**이라기보다는 그것의 전례 없는 **편재**이다. 빅토리아적 우주에서는 존재하는 모든 것이 **모종의** 도덕적 의의significance를 갖고 있던 사실이 그것이다. 별거 아닐

---

[54] 니체, 김정현 역, 『선악의 저편, 도덕의 계보』, 책세상, 507페이지.

수도 있다, 아마. 하지만 빠진 경우는 결코 없었다. 빅토리아적 형용사를 그토록 이 문화 전체를 모범적으로 예시하는 것으로 만든 것이 바로 그렇게 사태에 대한 가치판단을 [빅토리아적 형용사라는] 외피로 덮어버린 것이었다.

그리고 또한 그것을 근대적 산문의 역사의 주요한 전환점을 모범적으로 예시하는 것으로도 만들었다. 지금까지 일련의 크고 작은 선택 — 비가역성의 문법, 알레고리적 의미부여significance의 거부, 정확성에 대한 '장황한' 탐색, 현실원리에 따른 사변의 '분쇄', 세목에 대한 분석적 존중, 자유간접스타일의 엄격한 객관성 — 을 통해 부르주아적 산문은 베버적 탈주술화라는 일반적 방향으로 움직여왔다. 정확성, 다양성, 일관성에서 이루어진 깜짝 놀랄 만한 진전. 하지만 이 진전은 더 이상 "세계의 **의미**에 대해 뭔가를 실로 조금이라도 가르쳐 줄 수 없게"[55] 되었다. 좋다. 빅토리아적 형용사는 **모두 의미에 관한 것이다**. 빅토리아인들의 세계에서 존재하는 모든 것은, 앞서 막 쓴 대로, 일정한 도덕적 의의를 갖고 있는데, 나는 앞에서 '모종의'와 '도덕적'을 주로 생각하고 있었다. 하지만 강조점은 쉽게 옮겨질 수 있을 것이다. 즉 빅토리아적 형용사에서 존재하는 모든 것은 모종의 도덕적 **의의**를 갖고 있었다. 우리는 '존재하는 것'에 대해 좀 더 흐릿한 생각을 갖게 될 수도 있을 것이다. — 하지만 그것을 마주치는 것이 **어떤 느낌일지**는 분명히 안다. 세계의 재주술화가 시작된 셈이다. 가장 '분자적인' 수준에서.

55 베버, 전성우 역, 『직업으로서의 학문』, 나남, 36페이지.

나는 「진지한 세기」에서 무엇이 의미보다 정확성을 더 중요하게 만들었는지를 질문했다. 여기서 우리는 질문을 뒤집어야 한다. 즉 무엇이 의미를 정확성보다 더 중요하게 만들었을까? 그리고 일단 그런 일이 일어나면 무슨 일이 일어날까?

7. 열쇠말 VI: 'Earnest'

빅토리아적 가치의 눈에 띄지 않는 운반수단으로서의 형용사. 하지만 그중 전혀 '눈에 띄지 않는'이 아닌 것이 하나 있었다. 『에딘버러 리뷰』는 1858년에 [영국의 작은 도시] 럭비Rugby를 배경으로 한 소설 『톰 브라운의 학창 시절Tom Brown's Schooldays』(1859년)을 서평한 「아널드 박사와 그의 찬미자들에게」에서 '우리는 전에 쓰던 진지한serious이라는 단어를 earnest로 대체해야 한다'고 쓰고 있다. '대체'는 실제로 일어난 일에 비해서는 너무 강한 단어였다. 하지만 의문의 여지없이 두 용어 간의 거리는 이 세기의 중심 부분에서는 극적으로 줄어들었다.56 분명히 빅토리아인들은, 본인들은 중요한 것으로 간주했지만 'serious'는 결여했

---

56 〈구글 북스 코퍼스〉에서 보다 가까워져 10만 자당 각각 5회와 4회씩 나타나는 1840년까지 'serious'는 'earnest'보다 거의 2배 빈도로 등장한다. 1870년 이후, 길들이 다시 분기한다(결국 20세기 들어 'serious'가 'earnest'의 10배 빈도로 출현할 때까지 그렇게 된다). 〈초드윅 힐리 DB〉에 들어 있는 250편의 소설에서 1820~1845년 사이에 이 격차는 전적으로 사라지는데, 그보다 규모가 큰 〈문학 랩 코퍼스〉에 대해서도 (비록 약 1세대 뒤인 1840~1860년에 대해서지만) 동일하게 이야기할 수 있다.

던 어떤 것을 'earnest'에서 발견했다. 하지만 그것은 무엇이었을까? 칼라일은 『영웅숭배론』에서 이렇게 쓴다. 모하메드는

> 진실되지$^{in\ earnest}$ **않을 수 없는** 사람, 성실하라^{sincere}는 명령을 자연에게서 직접 받은 사람 …… 이다.57

성실성^{sincerity}. 그것이 열쇠이다. 물론 'serious'가 비-성실성을 내포한다는 말이 아니다. 하지만 그것이 사람의 행위의 **현실적 결과** — 슐레겔의 '명확하게 규정된 목표를 지칠 줄 모르고 추구한다' — 에 초점을 맞추는 것은 성실성을 그와 관련된 쟁점에서 전적으로 벗어나도록 만든다. 다른 한편 'earnest'의 경우 행위의 객관적 결과는 그것을 할 때의 정신보다 덜 중요하다. 그리고 — 만약 진지함^{seriousness}이 실제로 행위-지향적이고 일시적인 것이라면 — 'earnest'는 보다 항구적인 특징을 가리키기 때문에 '행위'는 아주 정확한 말은 아니다. 어떤 사람이 누구**인가**는, 주어진 순간에 어떤 사람이 우연히 하고 있는 것이 아니다. 칼라일의 모하메드는 항상 '진실되었다.'

거의 동의어인 두 용어. 그중 하나는 다른 하나가 결여한 도덕적 요소를 소유한다. 어쩔 수 없이 동일한 협소한 의미론적 공간을 공유할 수밖에 없는 'earnest'와 'serious'는 둘 간의 차이를 증폭시켜, 내가 아는 한, 오직 영어에서만 존재하는58 대립을 확립했다. 그리고 그 결과 'se-

---

57 칼라일, 박상익 역, 『영웅숭배론』, 한길사, 104페이지.
58 두 용어가 대체로 동일한 빈도로 출현하는 『존 핼리팩스, 신사』가 이 두 용어가 의미론

rious'는 중립성을 잃고 "나쁜 것"59이 되었다. 하지만 만약 'serious'라는 말이 일종의 언어적 연옥으로 추방될 수 있다면 현대적 삶의 객관적 '진지함' — 건실함, 사실 존중, 전문직업주의, 명료성, 시간 엄수 — 은 물론 여전히 까다로울 것이며, 'earnest'가 작은 의미론적 기적을 실현하는 것은 여기서이다. 즉 대체로 '진지하게'라는 부사절 속에 부르주아적 존재의 기본적 음조성을 **보존하는** 한편 그것에 **감상적·윤리적 의의**significance**를 부여하는** 가운데. 그것은 다른 빅토리아적 형용사들의 의미론적 중층결정과 동일하다. — 하지만 현대 사회의 핵심적 측면에 적용되

적으로 어떻게 양극화되는지에 대한 좋은 사례를 제공한다. 'earnest/earnestness/earnestly' 클러스트는 윤리, 감정, 진실성 그리고 열정[정념]을 결합하고 있다("그녀의 진심 어린earnest 친절함, 그녀의 적극적 선의는 사태의 진실뿐만 아니라 올바른 이치에 한 번 휙 눈길을 줌으로써 여인들의 마음을 감동시켰다. ……"[307페이지]. "그는 또한 단순한 사업 이외의 다른 보다 지고한 관심사 …… 공장의 아이들과 …… 노예제도폐지에도 열심이고 진심이었다earnest ……"[470페이지]). 반면 'serious/seriousness/seriously' 군은 고통, 분노, 위험과 결부되었다. 화자는 이렇게 쓴다. "나는 존과 아내가 진지한, 심지어 고통스런 대화를 나누고 있는 것을 발견했다." 두 사람이 방문객 중 하나가 간통녀일지도 모를 가능성을 곰곰이 따져보고 있었기 때문이다(281페이지). 나중에, 핼리팩스의 아들이 이전에 자코뱅 당원이던 사람의 딸과 사랑에 빠지자 "핼리팩스 씨는 심각한serious 언짢은 일을 당하면 그의 목소리가 빠지는 저 특유의 저음으로 말하면서 사내 녀석 어깨에 무거운 팔을 올려 놓았다. …… 겁에 질린 어머니가 두 사람 사이로 서둘러 달려왔다"(401페이지 이하). 『북과 남』에서도 동일하다. 'earnest'는 순정하고 열렬한 감정('움푹 들어간, 맑은 두 눈의 진지한earnest 눈빛'[127페이지]. '열렬하면서도earnest 다정한 태도.'[225페이지], '다정하고 열렬한earnest 눈빛'[493페이지]을 나타내는 반면 달갑지 않고 깜짝 놀래키는 모든 것은 serious이다. 불안, 실수, 짜증, 걱정, 무거운 짐, 질병, 책망, 상처 …….
59 'serious'가 부정적인 것과 연관되는 것은 오늘날까지 미국 영어에서 지속되고 있다. 최근에 'serious'는 [2002년에 있은] '부시의 연두교서'에서는 테러 위협 그리고 미국의 석유 중독이라는 '심각한serious 문제'와 관련해 사용되었다. '오바마의 연두교서'에서는 '이 심각한 시대'의 위협들 그리고 '심각한 문제인 은행'과 결부되었다.

었다. 'earnest'가 빅토리아조 영국의 암구호shibboleth[특정 계급이나 집단, 시대의 발음, 말투, 행동, 복장]가 된 것은 놀랄 만한 일이 아니다.

빅토리아조 영국이라. …… 대체로 이 개념은 주요한 두 단계를 거쳤는데, 각각 약 반세기 동안 지속되었다. 첫 번째 시기는 주로 — 다시 한 번 니체의 멋진 욕설을 인용하자면 — 빅토리아인들의 '도덕적 기만에서 습관이 되어버린 순진함'과 관련되어 있었다. 두 번째 시기는 빅토리아조 사회의 권력구조와 관련되어 있었다. 마커스Steven Marcus의 두 저서가 두 가지 해석 틀의 길잡이 역할을 해줄 수 있을 것이다. 1966년에 출간된 『다른 빅토리아인들Other Victorians』은 빅토리아적 위선에 대한 결론 격의 눈부신 기소장을 제출하고 있다. 1974년에 출간된 『엥겔스, 맨체스터, 그리고 노동계급Engels, Manchester, and the Working Class』은 새로운 패러다임의 개시를 알리는데, 거기서 빅토리아주의라는 범주는 자명성을 잃고, '빅토리아적' — 그것은 『빅토리아조의 명사들』부터 『빅토리아적 정신 틀』, 『빅토리아조 도시들』, 『빅토리아인들』, 실로 『다른 빅토리아인들』에 이르기까지 19세기 초에는 너무 현저했었다 — 이라는 용어 자체가 책의 제목에서 하나하나 '계급', '폴리스', '신체 정치학', '산업개혁', '정치사' 또는 '신체의 경제'로 대체되었다. 빅토리아주의는 완전히 사라지지 않았지만 개념적 가치는 분명히 잃어버렸으며, 단지 19세기 중반의 자본주의 또는 보다 일반적으로 권력을 가리키는 연대기적 딱지로서만 살아남았다.

빅토리아주의에 대해 말하는 것이 자본주의에 대해 말하지 **않기 위**

한 한 가지 방법일 수 있는 한 지난 40년간의 연구는 내게 말이 된다. 하지만, 분명히, 이 개념은 여전히 권력에 대한 비판적 분석에 제공할 것이 많다는 것이 이 장의 요지이다. 하지만 먼저 빅토리아주의를 영국사의 경로로부터 '끌어내' 19세기의 부르주아 유럽의 비교적 맥락 속에 놓아야 한다. 그것은 게이가 『부르주아적 경험』에서 하는 대로 이 개념을 다른 나라로 '수출'하는 것을 포함하지 않는데, 그것은 결국 빅토리아적이던 유럽은 반쪽에 불과했다는 모호한 결과로 이어질 것이다. 내게 빅토리아주의는 틀림없이 영국적 특징으로 남는다. 하지만 **유럽 공통의 문제 틀에 대한 특별히 영국적인 대답**이라는 의미에서. 민족적 특수성은 보존되지만 단지 역사적 모체의 하나의 가능한 결과로서만 그렇다. 그리고 빅토리아주의는 빅토리아조 전공자들Victorianists에게만큼이나 비교 연구자를 위한 주제가 되고 있다.

물론 위와 같은 유별남은 19세기 자본주의 내부에서의 출중함으로, 그것이 빅토리아주의를 현대사에서의 문화적 헤게모니의 첫 번째 사례로 만들었다. 헤벨Friedrich Hebbel의 위대한 비극에서 마리암네는 이렇게 말한다.

> 사람에겐 누구나 운명을 조종하는 이로부터
> 운명의 주도권을 넘겨받는 순간이 오지요.
> 단지 그 순간을 알지 못한다는 것이
> ……
> 안타까울 뿐이지요.[『헤롯과 마리암네』, 김영목 역, 246페이지]

부르주아에게 그처럼 핵심적인 때는 19세기 중반의 영국에서 나타났다. 그리고 그때 한 선택들이 근대(성)에 대한 '리얼리즘적'(마르크스) 또는 '탈주술화된'(베버) 재현을 훼손하는 데서 독특한 비중을 갖게 되었다. 이 장에서 논의된 스타일적 도구들을 생각해보라. 성적 욕망에 서사적으로 '동기를 부여하기', 불편한 진실을 통사론적으로 괄호 안에 넣기, 현재의 권세를 고대의 권리로 미화하기, 사회적 관계를 윤리적으로 윤색하기, 형용사로 현실 위에 은유적 베일을 두르는 것. 근대세계를 '유의미하게'(또는 필요한 경우에는 의미 없는 것이 아니게) 만드는 너무나 많은 방식. 의미, 그것이 정확성보다 점점 더 중요해진다. — **훨씬** 더 중요해진다. 초기 부르주아가, 대략적으로 말해, 지식의 인간ª man of knowledge이었다면 부인과 감상주의의 빅토리아적 혼합은 그를 지식을 두려워하고 증오하는 사람으로 변형시켰다. 이제 우리가 만나야 하는 것은 바로 이 피조물이다.

8. '누가 지식을 사랑치 않으리?'

『톰 브라운의 학창 시절』. 『에딘버러 리뷰』가 'earnest'에 대해 숙고하기 위해 고른 소설. 아들 톰이 럭비를 향해 떠나려고 하자 대지주 브라운은 '훌륭한 학자가 되라고 학교에 보낸다는 걸 …… 말해야 할까?'라고 자문한다. 이어 '글쎄, 하지만 그것을 위해 보내는 것은 아니지'라고 말을 정정한다. '그리스어 불변화사 또는 디감마'가 중요한 게

아니지. 오히려

> 녀석이 그저 용감하고 유익하고 정직한 영국인이자 신사 그리고 기독교인이 되면 그뿐이지. 그게 내가 원하는 전부지 뭐.60

용감하고, 진실되고, 신사에 기독교인이다. 그것이 럭비로 보내는 이유다. 그리고 이 학교의 (소설이 아니라 실제의) 교장도 동의한다. 그는 자기 권위를 위임하기를 좋아한 고참 졸업반 학생들에게 이렇게 말한다.

> 우리가 여기서 추구해야 하는 것은 먼저 종교적·도덕적 원칙이다. 두 번째로는 신사다운 행동, 세 번째는 지적 능력이다.

세 번째로 지적 능력이다. 브라운은 보다 덜 조심스러운 순간, 이렇게 덧붙인다.

> 내 아이의 정신에서는 자연과학이 중요한 것이 되기보다는 우리 아이가 태양이 지구 주위를 돈다고 생각하는 쪽이 오히려 더 나을 수도 있을 것이다.61

---

60 Thomas Hughes, *Tom Brown's Schooldays*, Oxford 1997(1857), pp. 73-74.
61 [학교 교장인] 아널드Thomas Arnold의 말은 Lytton Strachey, *Eminent Victorians*, Oxford 2003(1918), pp. 149, 153에서 재인용했다. 브릭스Asa Briggs는 또 다른 기억할 만한 언명을 인용한다. "단순한 지적 예리함은, 너무 많은 경우에 그렇듯, 포괄적이고 위대하고 좋은 모든 것을 박탈당하면 극히 무능한 저능보다 더 반항적으로 되는데, 내게는 그것이 메피스토펠레스의 정신처럼 보인다." *Victorian People: A Reassessment of Persons*

태양이 지구 주위를 돈다. 학생 톰은 그것보다는 상식이 있다. 하지만 이 소설의 끝에서 럭비에서 무엇을 '가져가고' 싶느냐는 질문을 받자 그는 아무 생각도 없음을 깨닫는다. 그런 다음 이런 생각이 떠오른다.

'크리켓과 축구 그리고 다른 모든 시합에서는 A1이 되고 싶고, …… 박사님을 즐겁게 해드리고 싶어요. 그리고 딱 옥스퍼드가 익히도록 하는 만큼만 각각 그리스어와 라틴어를 가져가고 싶어요.'62

<u>스포츠</u>, 그런 다음 박사님의 인정, 마지막으로 하지만 그렇다고 그만큼 덜 중요하지 않은 것이, '딱' 또 다른 형식적인 교육 주기를 위해 필요한 '만큼의' 공부이다. 따라서 적어도 한 가지에 대해서는 대지주, 박사, 소년이 완전히 동의한다. 즉 지식은 교육적 위계의 **맨 맨바닥**에 있다. 그것이 빅토리아조의 반지성주의의 최초의 가닥으로, 구엘리트의 전투적인 기독교적 세계관에 뿌리박고 있던 그것은 19세기 중반에 이 태도의 가장 명망 있는 학파들(후일에는 대영제국의 경력들)에 의해 새롭게 활력을 얻었다. 하지만 그러한 방향으로 나아가도록 압력을 행사한 것은 그러한 힘뿐만이 아니었다. 칼라일은 『과거와 현재』에서 이렇게 쓴다.

그처럼 낯가죽이 두껍고, 겉으로는 우둔해 보이고, 아마 샐쭉해 있으며, 거의 어리석다고까지 해야 할 실천의 인간이 약간 가볍지만 노련한 이론의 인

and Themes, rev. edn, Chicago 1975(1955), p. 144.
62 Thomas Hughes, *Tom Brown's Schooldays*, p. 313.

간과 맞붙어 싸우는 것을 …… 보는 것을 사람들은 얼마나 좋아하는가?[63]

그리고 아니나 다를까, 거의 어리석다고까지 해야 할 실천의 인간이 노련한 경쟁자를 망신시키는 데는 그리 오랜 시간이 걸리지 않는다.[64] 스마일스는 「응용과 인내」라는 제목의 장에서 "천재는 필요 없을지도 모른다"[65]고 말한다. '학교와 아카데미, 그리고 대학'의 경우에도 또한 천재는 과대평가되었다. "우리 가정에서, 거리에서, 계산대 뒤에서, 작업장에서, 베틀에서, 쟁기질을 하면서, 회계실과 공장에서 매일 하는 생활-교육"[66]이 훨씬 더 낫다.

작업장과 베틀. 학교와 아카데미 대신. 호튼은 이렇게 지적한다. '산업혁명은 과학 이론에 빚진 것이 거의 없으며', 그 결과

> 초기 기술의 성공 자체는 과학 연구를 격려하는 대신 사업적 정신에 고유한 반지성주의의 올바름을 확인해주었다.[67]

반지성주의는 사업가의 '반유대주의'라고, 빅토리아조 영국부터 전후

---

63 Carlyle, *Past and Present*, p. 164.
64 칼라일은 다른 부분에서 이렇게 덧붙인다. "세계의 모든 민족 중 영국인이 연설에서는 가장 어리석고, 행동에서는 가장 현명하다. …… 만약 우리가 조바심을 내며 '어리석음'이라고 부르는 느려터짐이 불안정적인 것에 대한 안정적 균형을 이루도록 하기 위해 치르는 대가라면 조금 느린 것을 아까워해야 할까?"(pp. 165-168).
65 Smiles, *Self-Help*, p. 90.
66 앞의 책, 20~21페이지.
67 Walter E. Houghton, *Victorian Frame of Mind*, pp. 113-114.

미국에 이르기까지 이 사조의 궤적을 추적한 호프스태터는 맞장구친다.68 하지만 그것은 대지주 브라운의 쾌활한 야만주의가 더 이상 아니다. 그는 그래도 그리스어 불변화사나 디감마를 문제 삼는다. 산업사회에는 지식이 **필요하다**. **하지만 오직 유용한 한에서만** 진정 필요하다. 다시 한 번 저 단어이다. 〈유용한 지식 확산협회〉부터 『북과 남』에 나오는 산업가들의 말("교육 수준으로 볼 때 누구든 읽고 쓸 줄만 안다면 당시 정말 필요했던 것[유용한 것]밖에 몰랐던 저와 똑같습니다")69, 뉴먼의 **대학의 이념**("정신적 문화는 결단코 **유용하다**")70, 스코트에 대한 배저호트의 교활한 가필 ― "이보다 더 유용한 지성을 가졌던 사람은 아무도 없다"71 ― 과 그 밖의 다른 무수한 다른 언급에까지 이르는 빅토리아주의의 전투 구호이다. '유용한'은 지식을 그림자처럼 따르며, 그것을 도구로 바꾸어 버린다. 지식은 더 이상 자체가 목적이 아니며, 앞의 형용사의 지도하에 사전에 규정된 기능 그리고 시선이 제한된 지평선을 향해 씩씩하게 나간다. 유용한 지식 또는 자유 없는 지식.

그렇게 된다. 빅토리아적 스펙트럼의 '산문적'이고 대중적인 끝에서는. 이제 다시 테니슨을 보자.

누가 지식을 사랑치 않으리? 누가 지식의 미를

---

68 Richard Hofstadter, *Anti-Intellectualism in American Life*, New York 1963, p. 4.
69 개스켈, 『북과 남』, 134페이지.
70 Newman, *Idea of a University*, p. 166.
71 Walter Bagehot, "The Waverley Novels"(1858), in *Literary Studies*, London 1891, vol. II, p. 172.

비난하리? 지식이 인간과 어울려

번성하게 하라! 누가 지식의 기둥을

고정시키리! 지식의 일이 떨치게 하라.72

누가 지식을 사랑치 않으리? 물론이다. 하지만 —

그러나 지식의 이마엔 한 줄기 불이 앉아 있어,

지식은 대담한 표정을 짓고서,

미래의 가능성 속으로 뛰어든다.

모든 것을 소망에 걸고서.

아직은 반밖에 자라지 못한 허영성 강한 어린이 —

지식은 죽음의 공포와 겨룰 수가 없다.

지식은 무언가, 사랑과 믿음에서 잘려 나왔으되,

다만 악마들의 뇌리에서 나온

어떤 거친 팰러스인가? 힘을 얻으려는

지식의 전진적인 투쟁의 모든 장애물을

파열시키는 무서운 열기. 제 위치를 알게 하라.

72 테니슨, 『인 메모리엄』, 114곡/410~412페이지[팰러스는 그리스 신화에 따르면 제우스의 머리에서 나온 지혜Wisdom의 여신이다. 하지만 오늘날에는 다만 다만 지식Knowledge의 여신으로 악마의 머리에서 나오기라도 하듯 거칠기만 하다는 뜻이다. — 이세순의 주].

지식은 두 번째이지, 첫 번째가 아니다.73

대문자로 시작되는 지식. 하지만 만약 '사랑과 믿음'에서 잘려내 지면 — 만약 '위대하고 좋은 것'을 박탈당하면(아마 교장 아널드라면 이렇게 말할 것이다) — '뇌리'('악마들의'. 아널드의 '메피스토펠레스의 정신')는 '허영성 강한' 것과 장단을 맞추도록 만들어지는 반면 지식은 '반밖에 자라지 못하고', '거칠어진다.' 그리고 구句 걸치기가 오히려 드문 시에서 그것이 세 차례나 연속해서 출현하는 것74은 통사론을 파악하는 것을 너무나 방해해 '제 위치를 알게 하라'는 상층계급의 조소가 운율론적으로 안도의 한숨을 나타낼 정도이다. 그런 다음, 물론, '지식은 두 번째이지, 첫 번째가 아니'라는 말이 이어진다. 작은 차이라고? "진리를 첫 번째 자리에 놓느냐 아니면 두 번째 자리에 놓느냐가 세상의 모든 차이를 만든다"가 몰리John Morley의 『타협론On Compromise』(1874년)의 제사로 인용된 모토이다. 첫 번째 자리는 자율성을, 두 번째 자리는 예속을 의미한다.

모든 것이 헛되지 않게 하려면,

---

73 같은 곳.
74 '악마들의 뇌리에서 나온From the brain/Of Demons.' '모든 장애물을 파열시키는to burst/All barriers.' '힘을 얻으려는 지식의 전진적인 투쟁onward race/For power.' '누가 지식을 사랑치 않으리Who loves not Knowledge' '비난하리rail/Against', '인간과 어울려 mix/With men', 그리고 '지식의 기능을 고정시키리fix/Her pillars' 같은 말 직후에 세 개의 구句 걸치기[시의 구문이 다음 행으로 계속 이어지는 것]와 함께 운율적·통사론적 불안정이 드러나고 있다.

보다 높은 손길이 지식을 유순케 하고,
보다 나이 어린 아이와도 같이, 지혜와
나란히 움직이는 지식의 발길을 이끌어야 한다.

지식은 세속적인 인간의 마음이지만
지혜는 하늘나라의 영혼이기에.75

보다 높은 손길. 빈곤한 지식. '유용하도록' 강요되지 않는 경우 좋은 것이 되어야 한다. 그것의 유일한 위안. 즉 미는 사정이 훨씬 더 나쁘다. 『인 메모리암』의 2만 단어 중 '미'는 딱 2번 나온다. 한번은 막 위에서 본 구절에서. 거기서 그것은 지식의 속성으로서('누가 지식의 미를/비난하리?') 자체가 하늘나라의 지혜를 위해 이용된다. 그리고 다른 하나가 나오는 구절은 이렇다.

내 가냘픈 목숨이 분명히 이렇게 가르쳐 준다.
삶이 영구히 목숨을 부지하리라고.
그렇지 않으면 땅덩이는 속속들이 어둠이고
있는 것이라곤 먼지와 재뿐이라고.

이 초록빛 우주도, 이 불꽃의 태양도,
한낱 환상적인 미일 뿐, 이를테면

---

75 테니슨, 같은 곳.

일말의 양심이나 목표도 없이 시를 지을 때
어느 미치광이 시인의 마음속에 숨어든 것처럼.76

환상적인 미. 하지만 테니슨에게서 이 형용사는 오늘날의 도취적 수식어가 아니다. 그것은 『천로역정』에서의 무지의 '환상적 믿음' 같은 것이다. 그것은 망상적이고, 덧없고, 위험함을 의미한다. '일말의 양심도 없이' 시를 짓는 (114곡의 '거친 팰러스' 같은) '어느 미치광이 시인' 속에 '숨어든' — 숨어들었다! — 어떤 것을 말이다. 그런 시인이 이어지는 행의 주인공이 되어야 하는데, 테니슨은, 본인 아들에 따르면, '"예술을 위한 예술"의 애원'에 의해 그것을 쓸 영감을 얻었다고 한다.

예술을 위한 예술! 지옥의 가장 진정한 주인 만세!
도덕적 의지의 주인, 천재 만세!
'잘 그려진 모든 그림 중 가장 불결한 것이
잘못 그려진 보다 순수한 그림보다 더 훌륭하다.'77

1850년대. 『악의 꽃』과 『보바리 부인』이, 텍스트가 "좋지 않은 측면에도 불구하고 뿐만 아니라 또한 오히려 **바로 그러한 측면에서** 아름다울 수 있는"78 저 자율적인 문학적 장의 출현을 선언하던 때. 따라서,

---

76 앞의 책, 34곡/174페이지.
77 Hallam Tennyson, *Alfred Lord Tennyson: A Memoir by his Son*, New York 1897, p. 92.
78 베버, 『직업으로서의 학문』, 47페이지.

정말 그렇다, 잘 그려진 모든 그림 중 가장 불결한 것이 잘못 그려진 보다 순수한 그림보다 더 훌륭**하다**. 〈올랭피아〉와 〈방랑하는 기사〉. 우리는 그곳으로 다시 돌아간다. 그리고 베버는 계속해서 예술에 타당한 것은 과학에도 타당하다고 말한다. 학문에서

> 어떤 것은 그것이 아름답지도 않고 신성하지도 않으며 또 선하지 않음에도 불구하고 또 바로 그렇기 때문에 참된 것일 수 있다.79

비록 아름답지**도 또** 신성하지**도 또** 선하지도 **않지만** 참되다. 부르주아 문화의 새로움을 규정하고 『직업으로서의 학문』을 이 문화의 위대한 선언문으로 만드는 것은 다른 어떠한 특수한 내용보다 더 **지적 영역들의** 그처럼 철저한 **분리**이다. 학문과 예술은 '유용하지도' 또 '똘똘하지도wise' 않아야 한다. 오직 내적 논리만 따라야 한다. 자율성을. 하지만 자율성이라, 앞의 빅토리아적 선언문은 다름 아니라 바로 그것에 반대하기 위해 쓰여졌던 것이다.

9. 산문 VI: 안개

아널드는 『교양과 무질서』(1869년)의 2장을 "지금까지 나는 완성perfection의 성격으로 주로 아름다움美에 …… 대해 주장해온 셈이다"80

---

79 같은 곳.
80 아널드, 윤지관 역, 『교양과 무질서』, 한길사, 89페이지.

라는 말로 연다. 그랬다고? 사실이다. 아름다움은 단 12페이지에서 17차례나 나온다. 하지만 그렇다고 해도, 다시 한 번, '완성'은 이미 105차례나 나오며 교양^{culture}은 152차례나 나온다. 보다 중요하게, 아널드의 '아름다움'은 단순히 아름다움인 것이 허용된 적이 결코 없었다. 그것은 언급될 때마다 항상 윤리적 보어를 동반했다. '**성스러운** 아름다움', '**지혜와 아름다움**', '인간 본성의 아름다움과 **가치**', '미의 이념과 **모든 측면에서 완벽한 인간 본성의 이념**'(두 번 나온다), '미와 **조화 그리고 완전한 인간적 완성의 이념**'(이것 또한 두 번 나온다). 여기에 미와 단맛에 대한 7번의 가벼운 변주를 더해야 할 것이다.

아름다움 — 도덕화된.『인 메모리암』. 하지만 그것이 다가 아니다. '지금까지 나는 완성의 성격으로 주로 아름다움 또는 단맛에 대해 주장해온 셈이다.' 아널드는 이렇게 계속한다. 아름다움, 말하자면 단맛. 단맛이라고? '완성의 성격으로서 주로 아름다움 또는 단맛에 대해.' 아름다움 또는 단맛. 단맛 또는 완성. 한 상자가 더 큰 상자 안에 꼭 끼게 들어가 있는 한 벌의 상자. 상자들 안에 — "단맛과 빛이 완성의 요건이 됨으로써 교양은 시와 흡사한 정신을 갖고 시와 동일한 법칙을 따른다"[81] — 또 다른 상자들. — "완성을 추구하는 또 다른 노력인 종교처럼."[82] 모든 상자의 상자에 이를 때까지 계속된다.

완성을 추구하는 또 다른 노력인 종교처럼 그것은 …… 단맛과 빛을 위해

---

[81] 앞의 책, 66~67페이지.
[82] 앞의 책, 85페이지.

일하는 사람은 이성과 신의 뜻을 퍼뜨리기 위해 일한다는 것을 증언하기 때문이다.83

안개

'어렴풋함mistiness은 지혜의 어머니이다'라고 몰리는 『타협론』(1874년)에서, 비꼬는 투로, 쓴다.84 그는 아마 아널드에 대해서는 생각하고 있지 않았던 것 같다. 하지만 그럴 수도 있었을 것이다. 아름다움, 단맛, 빛, 완성, 시, 종교, 이상, 신의 의지. …… 그것은 무엇일까? 아널드의 개념들은 너무 새로워 단지 간접적 근사치로서만 출현할 수 있을까? 그렇지 않다. 전혀 새롭지 않았다. 일정량의 모호성이 의미의 조건인 ― '아이', '엉덩이' 또는 '빨간' 같은 ― 유형의 개념도 아니었다.85 오히려 이 개념들의 다공성은 문화의 근본적이고 변별적인 **통일성**을 주장하기 위한 방법 중 하나였다. 아름다운 것은 **또한** 선하고 **또** 신성하고 **또** 참되어야 한다. 클라크는 이렇게 쓴다. 즉 고딕문화의 부활은 런던의 새로운 국회의사당에 대한 논의에서 '전문 기술적 용어는 배제하고', "단순한 인간적 가치가 그것을 대신하도록 하기 위한"86 결정과 함께 시작되었다. 단순한 인간적 가치. 아널드는 이렇게 쓴다. 즉 교양인은

---

83 같은 곳.
84 John Morley, *On Compromise*, Hesperides 2006, p. 39.
85 더밋은 이렇게 쓴다. "몇몇 개념은 원하더라도 보다 분명하게 할 수 없다는 의미가 아니라 보다 분명하게 하려면 전체 요지를 파괴해야 한다는 의미에서 근절할 수 없을 정도로 모호하다." Michael Dummett, 'Wang's Paradox', in Rosanna Keefe and Peter Smith, eds, *Vagueness: A Reader*, Cambridge, MA, 1966, p. 109.
86 Clark, *Gothic Revival*, p. 102.

거칠고 어색하고 난삽하고 추상적이고 전문적이고 부차적인 것을 걸러내려고 애쓰며, 지식을 인간화해 교양 있고 학식 있는 사람들의 동아리 바깥에서도 그것이 효력을 미치되 그러면서도 여전히 당대 최상의 지식과 사상이며, 따라서 단맛과 빛의 진정한 원천으로 남아 있도록 애쓰는 사람들이다.[87]

뉴먼의 『대학의 이념』[88]의 '자유교양교육을 받은 사람'의 '편안함과 우아함 그리고 다재다능함', '기계적' 정확성에 맞선 러스킨의 십자군운동, 또는 다시 한 번 "가장 변별적인 자질로서의 아널드의 참여적인 대화적 현존"[89]이 바로 그것이었다. 그리고 이 모든 것의 결과는 ……

그 결과는, 교양culture[문화]은 전문직업profession이 되어서는 **안 된다**는 것이다. 그것이 『문화와 무질서』의 모든 페이지에 속속들이 배어든 안개의 원천이다. 기계적 규정 — 전문직업인은 그렇게 할 수밖에 없을 것이다 — 에 머리 숙일 필요 없이 위대한 인간적 가치들 사이를 부유하는 호사가dilettante의 편안함과 우아함. 아널드의 모호함은, 따라서, 천하무적이라는 말이 아니다. 가령 그가 말하는 '교양culture'이 무슨 의미인지를 알려면 단지 그의 것으로 유명한 김빠진 공식들 — '세상에서 생각하고 말해진 최상의 것'[257페이지]: 이것이야말로 안개다 — 은 잊

---

87 아널드, 『교양과 무질서』, 85페이지.
88 Newman, *Idea of a University*, p. 166.
89 Stefan Collini, "Introduction" to *Culture and Anarchy*, Cambridge 2002, p. xi.

고 대신 용어색인을 살펴보기만 해도 충분하다. 그리고 교양과 무질서라는 대립 내부로부터 두 번째 대립이 구체화되는데, 거기서 교양은 국가라는 이념 주위로, 무질서는 노동계급 주위로 끌려간다.[90] 따라서, 그렇다, 우리는 안개를 제거하고 안에 감추어진 메시지를 해독할 수 있다. 하지만 만약 안개 **자체가** 메시지라면? 워먼 말을 들어보자.

> 분할되지 않은 (철저한) 포함이라는 극과 날카로운 (보수적) 배제라는 양극 사이에 '중간계급의 특수한 어법idiom'이 서 있었다. 아슬아슬한 줄타기를 할 수 있는 이 문화의 지지자들의 능력은 …… 사회적 의미작용signification 측면에서 **'중간계급' 언어가 내재적으로 모호했던** 사실에 입각했다. 이 문화의 대변인 중 이 용어를 규정하거나 지시대상을 명시하려고 선택한 사람은 거의 없었다.[91]

내재적으로 모호하다. 다른 곳에서 그는 중간계급이라는 범주는

---

90 아널드는 2절이 거의 끝나가는 지점에서 이렇게 쓴다. "교양은 국가 이념을 제시한다. 우리는 우리의 통상적 자아에서는 견고한 국가권력을 위한 토대를 발견하지 못하지만 교양은 우리의 최상의 자아를 그런 토대로 제시한다"(『문화와 무질서』, 115페이지). 그리고 「결론」에서는 이렇게 말한다. "따라서 우리 눈에는 누가 국가를 경영하더라도 국가의 틀과 외적 질서 자체가 신성하다. 그리고 교양은 우리에게 국가에 대한 큰 희망과 계획을 키우라고 가르치기 때문에 무질서의 가장 단호한 적이다"(234페이지). 무질서의 경우 이 용어가 인식 가능한 사회적 지시대상과 연결되는 경우 노동계급 출신의 '하이드 파크 난동자'(98페이지)와 관련된다. 아널드는 아래 사실을 받아들인다. 즉 특히 파렴치한 순간에는 "야민인과 속물만 있다면 자기들 내키는 대로 하기에 충분히 견딜만한 형편이지만convenient 우중도 자기 내키는 대로 하고 싶어하기에 불편해지고inconvenient 무질서가 생겨난다"(144~145페이지)(번역을 일부 바꾸었다).

91 Dror Wahrman, *Imagining the Middle Class*, pp. 55-56.

'사회구조와 관련해 내재적 모호성을 갖고 있었다'고 덧붙인다.

그리고 실로 이 모호성은 종종 사용자의 목적에 부합했다.92

완벽하다, 모호성의 수사학 그리고 영어라는 언어로부터 '부르주아'를 몰아낸 용어 간의 그러한 친화력은. 「서문」에서 쓴 대로 그와 같은 의미론적 선택은 상징적 위장 행위이다. 하지만 다시 한 번 그렇다면 이렇게 말할 수 있을 것이다. 즉 빅토리아주의는 하나의 긴 위장 이야기라고 고딕문화의 작은 탑부터 기독교적 신사에 이르기까지, 테니슨의 종속구문부터 콘래드의 객담, 칼라일의 선장, 누구나 무슨 말을 할 때 앞에 도덕화하는 형용사를 붙이는 관행, 열렬히 촉진된 정직함에 이르기까지 말이다. 모호성이 이 유령들이 대명천지에도 살아남을 수 있도록 해주었다. 산문의 '틀림없는 명확성'을 가라앉히기 위한 안개. 그리고 그와 함께 부르주아 문학은 대단한 지적 도박을 감행한다.93

92 앞의 책, 8, 16페이지.
93 루빈스타인W. D. Rubinstein — 전작인 *Men of Property*은 빅토리아조의 상층계급에 대한 기본 연구서로 남아 있다 — 은 *Capitalism, Culture and Decline in Britain 1750-1990*에서 정반대로 주장한다. "19세기 내내 영국의 교양계급의 산문과 화법은 명백히 훨씬 더 큰 명료성, 설득력, 의식성 쪽으로 진화해, 지금이라면 영국 최고의 산문 [그리고] 우리라면 합리성 그리고 근대성과 결부시킬 정확하고, 분명하게 규정된, 명확하게 서술된 스타일과 결부시킬 우아함과 정확성을 그것에 가져다주었다"(*Capitalism, Culture and Decline in Britain 1750-1990*, London/New York 1993, p. 87). 그가 예시로 제시하는 두 발췌문 — 하나는 오웰의 "Politics and the English Language"이고 다른 하나는 기이하지만 녹 Nock의 *Historic Railway Disasters*이다 — 은 정말 명확하고 설득이 있다. 하지만 그것들이 또한 영국 산문의 2세기를 대변할까? 한 명만 말하자면 아마 오웰은 동의하지 않았을 것이다. 루빈슈타인이 인용하는 에세이 자체가 '모호성과 단순한 무능의 혼합'을 '근대 영국

산문의 가장 뚜렷한 특징'으로 분명하게 적시하기 때문이다. "Politics and the English Language"(1946), in George Orwell, *Collected Essays, Journalism, and Letters*, ed. Sonia Orwell and Ian Angus, Harmondsworth 1972, vol. IV, pp. 158-159를 보라.

4

'민족적 기형들': 반주변부에서의 변형들

The Bourgeois

1. 발자크, 마샤두, 그리고 돈

『잃어버린 환상』의 주인공 뤼방프레는 파리에 도착한 직후 처녀작 원고를 서적상 도그로에게 넘겨준다. 마음에 들어 출판해주기를 바란다. 젊은 작가의 재주에 충격을 받은 도그로는 1천 프랑을 제시하기로 결정한다. 하지만 뤼방프레의 주소지에 도착하자마자 마음을 바꾼다. 그는 이렇게 중얼거린다.

이런 곳에 사는 젊은이라면 취향이 수수하고 공부나 일을 좋아하지. …… 8백 프랑만 주면 되겠는데.[1]

---

1 발자크, 이철 역, 『잃어버린 환상』, 서울대학교 출판부, 229페이지.

그는 하숙집 여주인에게서 뤼방프레가 지붕 바로 밑의 4층에 산다는 것을 알아낸다. 600프랑만 주어야겠다. 문에 노크하자 '더할 나위 없이 벌거숭이인 방'이 나타난다. 테이블 위에는 우유 한 사발과 2수짜리 막대빵이 하나 있을 뿐이다. 도그로는 이렇게 외친다.

선생, 루소가 바로 이렇게 살았지요. 이런 숙소에서 천재의 불꽃이 빛나고 좋은 작품이 나오지요.

그리고 400프랑을 제시한다.

반세기 후, 마샤두Joaquim Maria Machado de Assis의 『브라스 쿠바스Memorias Posthumas de Braz Cubas』(1881년)에서 그와 매우 흡사한 일이 일어난다. 코임브라에서 리스본으로 여행하던 중 브라스가 타고 가던 당나귀가 그를 안장에서 내동댕이친다. 그의 발이 등자에 끼고 당나귀가 내달리기 시작한다. '위험한 가운데 애써' 당나귀를 멈춘 당나귀 몰이꾼이 아니었으면 큰 낭패를 볼 수도 — '머리가 깨지고 과다출혈에 몸의 안쪽 어딘가가 고장 났을 것이다' — 있었다. 브라스는 순간적 충동에서 돈주머니에 들어 있던 금화 닷 닢 중 석 닢을 주기로 결심한다. 하지만 마음의 평정을 되찾기 위해 휴식을 취하던 중 '보상이 지나친 것은 아닌지, 금화 두 닢이면 충분한 것은 아닌지'를 생각하기 시작한다. 몇 분 후. '사실 한 닢만 줘도 기뻐 어쩔 줄 모를 것이다.' 결국 브라스는 당나귀 몰이꾼에게 은화 한 닢을 준다. 당나귀를 타고 떠나면서도 여전히 '약간 멋쩍은 모습'이다.

그에게 제대로 보상해준 것이었고, 어쩌면 너무 많이 보상해준 것일지도 모른다. 입고 있던 조끼 주머니에 손가락을 집어넣었다. 그러자 동화銅貨 몇 개가 만져졌다. 은화 한 닢 대신 그것을 주었어야 했는데.

결국 당나귀 몰이꾼이 나타난 것은, 그가 아무런 개인적 '공적'도 없이 그저 '신의 섭리를 이루게 하는 하나의 단순한 매개'라는 표시가 아니었을까? 브라스는 이렇게 결론을 내린다.

> 이런 생각으로 심란했다. 나는 나 자신을 돈을 잘 쓰는 난봉꾼이라고 불렀다. 그러다 보니 방탕한 과거의 연장선상에서 은화를 내던졌던 것이다(죄다 밝히지 못할 이유가 뭐람?). 난 후회가 되었다.[2]

어떤 사람의 노고에 대해 가능하면 어떻게 돈을 적게 줄 것인가에 관한 두 가지 에피소드. 하지만 둘의 논리는 이보다 더 다를 수 없을 것이다. 도그로 — 그는 문학적 등장인물로서는 최대한 '인격화된 자본'에 가까이 다가간다 — 의 경우 개인적 느낌은 결코 방정식에 들어가지 않는다. 그는 거리, 건물, 방을 관찰하며, 이어 뤼방프레의 시장 가격을 객관적으로 평가하는 쪽으로 나아간다. 만약 어떤 사람이 작고 어두컴컴한 다락방에서 빵과 우유를 먹고 산다면 그의 가치는 떨어진다. 반대로 브라스의 연속적 충동에서 객관적인 것은 아무것도 없으며, 단지 "부르

---

[2] 마샤두 디 아시스, 박원복 역, 『브라스 꾸바스의 사후 회고록』, 창작과 비평사, 80페이지, 84페이지, 85페이지.

주아적 현실이 개인의 자의성에 종속되는 것"3만 존재하는데, 슈바르츠는 그것을 마샤두 작품의 중심으로 짚어낸 바 있다.

도대체 어떤 목적의 연속성도 찾아볼 수 없는4 변덕의 승리.5

변덕capricho. capra[염소]라는 이탈리아어에서 유래한 말로, 녀석의 움직임은 예측 불가능하기로 유명하다. — 그리고 '애 같다'는 함의도 포함하는데, 이 말은 그것을 결코 완전히 잃어버린 적이 없다. 치기 어린 상태를 영원히 벗어나지 못하는 마샤두의 주인공들에게서 시시껄렁한 일은 어마어마해지고, 중요한 일은 아무것도 아닌 일로 축소된다. 『킨카스 보르바』(1891년)의 한 등장인물은 순간적 충동에서, 그저 시간을 때우려고 교수형장에 간다. 『돔 카스무로』(1899년)의 주인공 벤토는 한 친구 때문에 짜증이 나는데, 그가 백일몽을 즐기는 자신의 오후를 망쳐버렸기 때문이다. — 죽어서 말이다.

> 만약 만두카가 죽기 위해 몇 시간만 기다릴 수 있었더라면 내 영혼의 멜로디를 방해하기 위해 어떤 불협화음도 나올 필요가 없었을 것이다. 왜 정확히 반시간 전에 죽었을까? 죽는 데는 아무 때고 상관없는데 말이야.6

---

3 Roberto Schwarz, 'The Poor Old Woman and Her Portraitist, in *Misplaced Ideas*, London 1992, p. 94.
4 Roberto Schwarz, "Complex, Modern, National, and Negative", in *Misplaced Ideas*, p. 89.
5 Roberto Schwarz, *A Master on the Periphery of Capitalism*, Durham, NC, 2001(1990), p. 33.

아무것도 더 이상 올바른 척도를 갖지 않은 곳에서는 **당혹감**이라는 "어울리지 않는"(응가이)7 감정이 번창한다. 『브라스 쿠바스』의 31장에서 검정나비가 브라스 방에 들어와 그림 위에 내려앉는다.

나비는 부드러운 동작으로 날개를 움직이기 시작했다. 마치 나를 조롱하는 것 같은 기분이 들어 아주 언짢았다.8

몇 분이 더 지나자 브라스는 진짜 '신경이 곤두서는 것'을 느낀다. 그래서 수건을 움켜잡고는 나비를 후려친다. 죽이려고? 실제로는 그렇지 않다. ― 분명 그런 일이 벌어지려고 하기는 하지만 말이다. 수건으로 나비를 후려친다면 말이다. 하지만 브라스는 결과에 대해서는 생각하지 않는다. 그리고 그런 다음, 늘 그렇듯이, 나비는 죽지 않는다. 그리고 브라스는 자신이 저지른 일을 '후회하고' ― 마샤두의 등장인물들은 **항상** 후회한다 ― 자기-사면의 따뜻한 느낌을 탐닉할 여유를 가진다. 하지만 그렇지 않다. 나비는 죽는다. 두 번째 당혹감의 물결이 밀려들기 시작하며, 두 번째 사면이 이어진다.

난 마음이 언짢았고 불편했다. '왜 파란 나비가 아니었지?' 난 혼자 중얼거렸다. 그러한 생각 ― 나비가 창조된 이래 이제껏 있어 온 가장 심오한 생

---

6 J. M. Machado de Assis, *Dom Casmurro*, Oxford 1997, p. 152.
7 Sianne Ngai, *Ugly Feelings*, Cambridge, MA, 2005, p. 175.
8 마샤두, 『브라스 꾸바스의 사후 회고록』, 104페이지.

각 중 하나 — 이 내가 저지른 행동으로부터 나를 위로해주었고, 나를 나 자신과 다시 화해시켰다.9

「검정 나비」는 800단어 길이이다. 당나귀 몰이꾼이 나오는 장은 900단어이다. 『돔 카스무로』에서 만두카가 죽는 장은 700단어이다. 그것이 서사의 속도에 미치는 변덕의 영향이다. 슈바르츠 말을 반복하자면, '어떤 목적의 연속성도 없이' 말이다. 플롯은 아무런 연관성도 없는 일군의 짧은 장 — 『브라스』에서는 160개, 『돔 카스무로』에서는 148개, 『킨카스 보르바』에서는 201개에 달한다 — 로 나뉜다. 이 짧은 장들에서는 한두 페이지에서 주제가 환기되고, 전개되고, 과장되고, 중단된다. 에피소드가 끝나면서 변덕은 이제 막 일어난 일을 되돌아보며, 어깨를 으쓱한다. 그렇지 않을 수도 있었을 것이다. 그렇지 않았어야 **했는데** 말이다. 왜 파란 나비가 아니었을까? 왜 반시간 전에 죽는가? 부르주아적 현실원리에 대한 정면공격인데, 그것은 벤토 식의 경이로운 복식부기에서 정점에 달한다. 완벽하게 정확한 대차대조표로, 거기서 차변은 — 신이다.

나는 어릴 때부터 하늘에 부탁하는 것에 익숙해지게 되었는데, 만약 들어만 준다면 기도를 드리겠노라고 약속했다. 첫 번째 부탁을 말했으며, 다음 번 것들은 미루었다. 그리고 그것들이 쌓이면서 점차 잊혀졌다. 그런 식으로 20개, 30개, 40개에 이르렀다. 그것은 수백 개를 돌파하기에 이르렀으

---

9 앞의 책, 105페이지.

며, 이제는 1,000개다. …… 나는 미완의 약속으로 만재 상태다. 마지막 것은 200개의 주기도문과 200개의 〈아베 마리아〉였다. 만약 산타 테레사로 일일 여행을 가는 어느 날 오후 비가 오지 않는다면 말이다. 비는 오지 않았지만 나는 기도를 드리지 않았다.10

미완의 약속으로 만재 상태다. 맏이가 죽자 벤토 어머니는 — 만약 둘째 아들이 살아남는다면 — 사제로 삼겠다고 맹세한다. 사내아이가 태어나고 살아남는다. 이제 그녀는 "빚을 갚아야 한다."11 하지만 더 이상 그렇게 하고 싶지 않다. 많은 고심 끝에 가족의 한 친구가 완벽한 해결책을 찾아낸다. 즉 '신에게 사제를 바치기로 약속했기 때문에' 사제를 하나 바칠 **것이다**. 단지 벤토가 아니기만 하면 된다. 그는 이렇게 설명한다.

쉽게 고아 사내애를 하나 입양해 성직자로 임명받도록 할 수 있을 거야. 금융적 관점에서 볼 때 쉬운 문제야. …… 고아라면 큰 사치를 필요로 하지 않을 거야.12

갈도스의 비정한 고리대금업자 토르케마다는 아들의 임박한 죽음에 직면하자 보다 침울하게 — 그리고 그로테스크하게 — 책상에서 동전을 한 뭉치 움켜쥐고는 한밤중에 필사적으로 거지들을 찾아 밖으로 뛰쳐나간다. 나중에 본인의 죽음이 다가오자 그는 가족의 사제에게 씩씩하게

10 Machado de Assis, *Dom Casmurro*, p. 41.
11 앞의 책, 82페이지.
12 앞의 책, 171페이지.

이렇게 묻는다.

구원받으려면 무엇을 해야 합니까? 빨리 설명 좀 해보시오. 사업할 때 쓰는 가장 쉬운 용어로.13

고리대금업자와 고해신부 간에 긴 투쟁이 이어지며, 중세 기독교의 임종 장면이 반향되다가14 마침내 토르케마다가 숨을 헐떡이며 마지막으로 내뱉는 말 — 'conversion할게!' — 이 모든 사람을 의구심에 빠지게 한다. 즉 그는 자기 영혼을 생각하고 있었을까['개종할게!'] 아니면 국채를 전환해 얻을 수 있는 이익을 생각하고 있었을까?['환전하라고!']

종교의 계율. 돈이 부리는 술수와 뒤죽박죽 뒤섞여 있다. 우리는 현대세계체제의 주변부 쪽으로 이동 중이다. 그리고 오래된 형이상학과 새로운 금전에 의한 결합 간의 그처럼 기이한 포옹은, 다시 한 번 슈바르츠의 용어를 빌리자면, '자본의 그로테스크하고 파국적인 행진'에 의해 생겨난 "민족적 기형"15의 징표이다. 물론 마드리드와 시칠리아의 자그마한 마을에서 나온 이야기, 폴란드나 러시아에서 나온 이야기 사이에는 차이가 존재할 것이다. 하지만 자본주의와 앙시앵레짐이 궁지에 몰린 채 공존하는 것 그리고 후자의 — 적어도 일시적 — 승리는 위의

13 Benito Perez Galdos, *Torquemada*, New York 1986(1889-1896), p. 534.
14 Jacques LeGoff, *Your Money or Your Life: Economy and Religion in the Middle Ages*, New York 1990(1986), 여기저기를 보라.
15 Roberto Schwarz, "Who Can Tell Me That This Character Is Not Brazil?", in *Misplaced Ideas*, p. 103.

모든 이야기에 공통된 것으로, 그것들 사이에 강력한 가족 유사성을 창조한다. 이 장은 부르주아의 패배의 연대기이다.

2. 열쇠말 VII: '로바'

베르가는 『말라볼리아가 사람들*I Malavoglia*』(1881년)의 「서문」에서 다음 소설의 주인공은 '부르주아 유형tipo borghese'이 되리라고 쓴다. 새로운 사회적 범주이다, 당시의 시칠리아에서는. 그리고 실제로 소설의 초기에 파티에서 처음으로 도시의 구엘리트들과 섞이게 된 『마스트로-돈 제수알도』(1889년)의 주인공은 정말 새로운 인간종에 속한 것 같다. 질투심에 불타는 데다 고약 덩어리인 지역의 명사들이 그를 둘러싸고는 마치 관심이라도 있는 듯 멀쩡한 거짓말을 해가며 그의 최초의 대규모 융자에 대해 캐묻는다. 그러자 그는 'tranquillamente', 즉 '조용히, 차분히' 대답한다. "밤에 한숨도 못 잤습니다, 그때는."16 못 잤다. 격한 감정을 불러일으킬 만도 하다. 하지만 제수알도는 끄떡없이 평정을 유지한다. 다른 사람들은 서로 어울리며, 소소한 탐욕, 은밀한 성적 욕망 또는 순전한 육체적 굶주림의 먹이가 된다. 제수알도는 "두 손으로 턱을 괸 채 한마디도 하지 않고 항상 진지하다."17 몇 장 뒤에서, 즉 도시 공유지의 연중 경매에서 동일한 일이 일어난다.

---

16 나는 1923년의 로런스D. H. Lawrence의 번역본, *Mastro-Don Gesualdo*(Westport, 1976, p. 54)를 이용했는데, 가능한 한 수정은 최소로 그쳤다.
17 앞의 책, 63페이지.

'1기니 15 나왔습니다! …… 일차, 더 없습니까? …… 이차, 더 없습니까? …….' '2기니!'라고 돈 제수알도가 응찰했다. 누구도 넘어설 수 없는 숫자였다.18

명사들은 악을 쓰고, 과장된 행동을 해 보이며, 위협하고, 저주를 퍼붓는다. 제수알도는 꼼짝 않고 앉아 있다. 침묵한 채, 공손하게 그리고

조용히 무릎 위에 놓인 작은 공책에 계속 총액을 합산하면서. 그런 다음 머리를 들고 조용한 목소리로 대꾸했다. ……19

시칠리아의 부르주아. 코카는 이렇게 쓴다.

후발 국가들의 경우 전산업주의 시기로부터 산업화 시기로의 발전의 연속성은 [선발 국가들보다] 적으며, 초기의 기업가는 초기에 산업화된 국가에서보다 신참homines novi 되는 경향이 훨씬 더 크다.20

18 앞의 책, 165페이지.
19 같은 곳. 베르가는 이 부르주아 주인공에 딱 맞을 목소리를 찾기 위해 최종고까지 개고를 거듭했다. 가령 마지막에서 두 번째 판의 제수알도는 "미래의 마지막 투자에 대해 질문받자 온몸에 금이 점점이 박힌 농부의 모든 심술사나움을 보여주며, 실실 웃으며 대답했는데, 반짝반짝 빛나는 날카로운 이빨이 드러났다"(*Mastro-Don Gesualdo*, 1888 version, Turin 1993, p. 503). 1년 후 최종판에서 이 모든 것은 사라지며 제수알도는 간단히 이렇게 대답하고 만다. '우리는 모두 각자 할 수 있는 것만 한다. ……'
20 Jürgen Kocka, "Entrepreneurship in a Latecomer Country", in *Industrial Culture and Bourgeois Society*, p. 71.

그렇다. 제수알도는 영국 문학에서는 상상 불가능한 정도로 신참이다. 영국 문학의 경우 가령 디킨스의 바운더비가 그렇다고 주장하지만 그렇지 않으며 또는 크레이크의 헬리팩스는 가난하지만 '신사의 아들'이다. 하지만 곤란한 점은 이렇다. 즉 어떤 신참新參도 말 그대로 '새로울' 수 없다. 구세계가 그에게 저항하며 온갖 종류의 방식으로 그의 계획을 왜곡하는데, 제수알도의 경우 압력은 책의 제목 자체에 기입된다. 'Mastro-Don Gesualdo.' '마스트로.' 아마 19세기의 시칠리아에서라면 소규모 장인 — 또는 심지어 육체노동자(석공인 제수알도가 처음에 그랬듯이 말이다) — 이 그렇게 불렸을 것이다. 하지만 마스트로-**돈**don이다. '돈'은 통상 구지배계급을 위해 사용되던 경칭(대략 'sir[선생님]'에 해당된다)이었다. 베르가는 불어 번역자에게 이렇게 쓰고 있다.

> 주인공을 위해 *mastro-don*이라는 호칭을 따로 남겨놓아야 합니다. 이 말 속에 졸부가 된 노동자에게 품은 대중의 악의가 압축되어 있기 때문입니다.[21]

졸부가 된 일꾼[노동자]*Operario arricchito*. 베르가 본인은 일꾼[노동자]을 제수알도의 실체로, 그의 부를 우연적 술부로 상정한다. 그리고 실제로 비록 제수알도는 처음에는 '일꾼'이었다가 그런 처지를 넘어 자수성가하지만 반인반마 같은 앞의 별명이 끝까지 그의 뇌리를 떠나지 않는다.

---

21 Giovanni Verga, *Lettere al suo traduttore*, ed. F. Chiappelli, Firenze 1954, p. 139.

상황이 변할 것처럼 보이는 때도 있지만[22] 'mastro'에서 'don'으로의 전환은 결코 결정적이지 않으며, 특히 제수알도의 부가 원망의 대상이 될 때마다 즉각, 또는 그가 죽으려고 할 때는 잔혹하게 취소된다. 그는 마치 최초의 패거리를 실제로는 결코 떠나지 못하는 것 같다. 도시의 명사들은 그에게 직접 이야기할 때는 조심스럽게 '돈 제수알도'라고 말하지만 소리가 들리지 않게 되자마자 경멸하듯이 'mastro-don'으로 되돌아간다.[23]

마스트로, 그리고 돈. 앙시앵레짐 시기의 두 호칭. 그런데 부르주아라? 소설의 초기에 제수알도는 착유기를 제대로 맞추어 놓았는지를 확인하러 간다. 비가 오고 있으며, 노동자들은 쉼터에서 동전 먹기 놀이를 하는 중이다. 한바탕 욕설을 퍼부은 후 — "잘들 하는군! …… 정말 맘에 딱 들어! …… 니들 맘대로 놀아! …… 어디 계속해보시지, 네놈들 임금은 똑같단 말이지!"[24] — 제수알도는 다른 사람들 사이에 앉는다. 위로 들어올려야 하는 맷돌 아래의 극히 위험한 곳이었다.

---

[22] 가령 처음의 파티에서 한 하인이 'mastro-don Gesualdo님'이라며 그의 도착을 알리자 여주인이 즉각 끼어든다. "망나니 같은 놈! Don Gesualdo Motta님이라고, 이 바보야!"(36페이지). [성이 아니라] 이름을 사용하는 것 — 노동자, 농민, 하인에게 말할 때는 보통 그렇게 했다 — 이 'mastro-don Gesualdo'를 'don Gesualdo Motta'로 변형시키는 것을 한층 더 의미심장하게 만든다.

[23] 화자 또한 소설 내내 'mastro-don'을 사용한다. 비록 베르가가 지속적으로 자유간접스타일에 의지하는 것이 '화자' — 이 이야기 속의 등장인물들의 목소리와는 구분된다 — 라는 생각을 오히려 의심스러운 것으로 만들지만 말이다.

[24] Verga, *Mastro-Don Gesualdo*, p. 69.

가로장 줘봐! 난 겁먹지 않았어! …… 우리가 낄낄대고 서 있는 동안 시간은 날아가고 있다고! 하지만 임금은 똑같단 말이지, 어 …… 내가 네놈들에게 준 돈을 훔치기라도 한 듯 말이야! …… 들어 올려! 그쪽 위에서! 내 걱정은 하지 마, 내 피부도 제법 까칠해졌지! 준비! …… 들어 올려! …… 예수님, 도와주세요! …… 마리아님, 찬양받으소서! …… 좀 더 …… 오, 마리아노! 성인들이고 악마들이고 모두 나를 죽이려 드는구만! 들어 올려! …… 마리아님, 찬양받으소서! …… 너희들이 먹고살려면! 먹고살려면! …… 들어 올려! 거기, 이 바보들아 뭐하는 거야? …… 들어 올리란 말야! …… 다 돼 간다! …… 다 됐다! 다시 한 번! …… 이쪽에! 그렇게 한다고 교황이 죽어 누가 죽어! …… 하고 싶어 …… 그럼 지금 해! 지금! 늑대를 숲에서 …… 다시 …… 들어 올려! …… 늑대를 숲에서 쫓아내려면![25]

그처럼 숨이 다 넘어갈 듯한 외침의 놀라운 텍스처 속에서 노동자 중의 하나로('다 돼 간다!', '다 됐다!'), 또는 같은 종교를 믿는('예수님, 도와주세요!', '마리아님, 찬양받으소서!') 또는 속담을 공유하는('늑대를 숲에서 쫓아내려면') 기층민에게 호소하는 제수알도가 앞에서 입도 뻥끗할 수 없으며, 폭언을 일삼는 주인('마리아노', '성인들이고 악마들이고 모두 나를 죽이려 드는구만!', '이 바보들아 뭐하는 거야?')과 교대한다. '부르주아 유형tipo borghese'의 세 번째 범주tertium — 진지하고 과묵하며 무감각하고 조용한 — 는 보다 오래된 두 범주로 분해되었다. 그는 조용히 딴

---

25 앞의 책, 71페이지.

데 정신이 팔려있다가 비합리적 충동에 의해 풍비박산 난다. "당신은 떼돈을 벌었지만 영혼은 악마에게 던져버렸지!"26라고 동료로 수사신부인 루피가 외친다. 그리고 그가 옳았다. 제수알도가 맷돌 아래 서 있음으로써 목숨을 위태롭게 하는 데는 뭔가 납득 되지 않는 부분이 있다(그리고 나중에는 다시 한 번 이제 막 그의 다리를 휩쓸어 가버린 강에서 똑같은 일이 벌어진다). 하지만 이 점에서 그는 혼자가 아니다. 반주변부의 또 다른 노동자-기업가가, 즉 이제 막 노동자들과 축제를 벌인 고리키의 아르타마노프Ilya Artamanov가 모래 속에 처박힌 큰 보일러를 발견하고는 다가가 제수알도처럼 본인이 두 손으로 들어 올린다. 하지만 제수알도보다는 운이 덜해 혈관이 터져 죽는다.27 그리고 우리는 궁금해진다. 왜 거의 신화적 잔혹성을 보여주는 이런 장면일까? 중력의 힘에 맞선 시시프스적 투쟁이다. 심지어 섬에 홀로인 크루소조차 그와 같은 종류의 일은 하나도 하지 않는다. 왜 그런 식으로 제수알도는 목숨을 걸까?

그가 그렇게 하는 것은 부가 사라질까 봐 무섭기 때문이다. 이 두려움은 항상 그와 함께하는데, 심지어 이 소설 전체에서 유일하게 평화로운 순간, 즉 칸치리아의 소위 '목가'에서도 마찬가지다. 도시로부터 약간 떨어진 이 작은 영지에서 제수알도는 '가슴이 부풀어 오르는 것'을 느낀다. "많은 즐거운 기억이 되돌아왔다."28 '즐거운'이라고? 소설은

---

26 앞의 책, 74페이지.
27 Maxim Gorky, *Decadence*, Lincoln, NE, 1984(The Artamanov's Business, 1925), p. 80.
28 Verga, *Mastro-Don Gesualdo*, p. 85.

그렇게 말하지 않는다. '이 상점-헛간을 지으려고 얼마나 많은 돌을 등에 지고 날랐던가!' 이야기는 이렇게 계속된다. '빵도 못 먹고' 얼마나 많은 날을?

> 항상 끊임없이 일하며, 항상 지쳐 있다. 항상 서서, 여기서, 저기서, 땡볕 아래, 바람 속에서 그리고 비 속에서. 머리는 온갖 생각으로 무겁고, 마음은 수심으로 가득 차고, 뼈는 피로로 부러질 듯하다. 마구간 구석, 산울타리 뒤, 우리 안 등 가능한 곳에서, 가능할 때 몇 시간만 자갈을 등 밑에 깔고 겨우 쪽잠을 잤다. 할 수 있는 한 모든 곳에서, 즉 당나귀의 안장 위에서, 올리브나무 그림자 아래서, 배수로 한쪽에서, 말라리아에 걸려서도, 모기떼의 한가운데서 딱딱한 검은 빵을 한 조각 씹었다. ― 1년 내내 휴일도, 일요일도 없으며, 즐거운 듯한 웃음도 결코 지을 수 없다. 모든 사람이 그에게서 어떤 것을, 즉 그의 시간, 노동 또는 돈을 원하고 있다. …… 마을에서는 그의 적 아니면 위험하고 그를 두려워하는 동맹자가 아닌 사람은 하나도 없었다. ― 돈벌이의 열기를 또는 나쁜 소식의 충격이나 터져 나오는 만족감을 항상 감추어야 한다. 항상 표정은 앙다물고, 눈은 바짝 경계하고, 입매는 진지하다!29

지치고, 서 있고, 바람, 비, 무겁고, 부서지고, 수심, 지침, 두려움, 딱딱한 빵, 말라리아, 모기, 적 …… 그런데 왜? '라 로바a roba'를 위해. 로런스는 통상 '소유물property'이라고 번역하는데, 영어로는 이보다 더

---

29 앞의 책, 87~88페이지.

잘 번역할 수 없을 것이다.30 하지만 로바 — 베르가 소설의 여기저기에 출몰하는 단어. 백번도 더 넘게 나온다 — 는 '소유물'로는 결코 가질 수 없을 어떤 정서적 의의를 소유한다. 제수알도는 생의 막바지에 이르면서 '죽은 후에도 소유물을 지킬 수 있을 사람이 누가 있을까?'라고 골똘히 생각한다. "맙소사, 형편없는 소유물povera roba이라니!"31 맙소사, 형편없는 소유물이라니? 이 말은 거의 그로테스크하게 들린다. 하지만 povera roba는 그렇지 않다. roba는 추상적 용어가 아니기 때문이다. 그것은 땅, 건물, 동물, 전답, 나무를 의미한다. 가난한 사람들 사이에서는 일상생활의 대상을 가리킨다. roba는 보여지고, 만져지고, 냄새 맡을 수 있다. 그것은 물질적이며, 종종 살아 있다. 그것은 오래된 개념으로, 이 신참과 자부심 강한 귀족 여성 루비에라를 결합시킨다.32 하지만 그것은 심지어 시칠리아의 라티푼디아보다 더 오래되었다. 그것의 어근은 게르만어 Raub이다. 전리품, 약탈물, 노획물(이탈리아어 rubare의 어근 또한 그것이다). 아마 Raubtiere[맹수] — 니체의 『계보』의 금발의 '맹수' — 를 생각하는 것은 아마 이 단어에게는 버거울 것이다. 하지만 마르크스의 '본원적 축적'의 '피와 오물을 뚝뚝 흘리는 자본'의 흔적이 분

---

30 Property는 또한 보다 최근에 나온 체케티Giovanni Cecchetti(Berkeley, CA, 1979)의 번역에서는 디폴트 옵션이기도 하다.
31 Verga, *Mastro-Don Gesualdo*, p. 436.
32 roba라는 주제와 관련해 루비에라와 제수알도의 입장은 실제로는 얼마든지 교환 가능하다. 제수알도의 아래와 같은 말, 즉 "나는 일[노동]로 나를 죽여 왔소[죽도록 일만 해왔소]. …… 로바를 모으느라 나를 죽여 왔소. ……"(188페이지)은 아래와 같은 그녀의 말 속에서 되돌아온다. "[나의 조상들은] 로바가 아무 잡놈 수중에나 들어가지 않도록 하기 위해 일[노동]로 당신들을 죽이지 않았지요[죽도록 일만 하지 않았지요]"(32페이지). 그리고 그러한 언어적 평행성은 쉽게 늘려볼 수 있을 것이다.

명히 거기에 존재한다. 약탈이 가진 활력이 이 소설 내내 roba를 끌고 간다. 루비에라가 '굴처럼 자기 roba에 들러붙는 것'부터 제수알도가 자기 것인 roba를 갈망하는 사람처럼 "마치 이미 훌륭한 작은 부분의 맛을 보기라도 한 듯 입맛을 다시는 것"33에 이르기까지 말이다.34 그것은 아우어바흐가 발자크의 위대한 묘사를 두고 환기시키는 '인격과 사물의 융합' 이상의 것이다. roba는 [『고리오 영감』에 나오는] 바케르 부인의 옷처럼 제2의 피부가 아니다. 그것은 다리가 무너지면서 제수알도가 '물속에서 낭비되는 것'을 보는 피다. roba는 목숨이다. 주변부 국가에서 자본주의가 이륙하기 위해 이런저런 형태로 필요했던 것은 에너지의 잉여였다. roba는 목숨이다. 따라서 또한, 숙명적으로, 죽음이다. 그것을 잃는 것에 대한 비합리적인, 압도적인 두려움은 바로 거기서 유래한다. 침대에서 마비된 루비에라는 방탕한 아들에게 '암살자다!'라고 외친다. '안 돼! 녀석이 내 roba를 꿀떡하게 놔둘 수는 없지!' 죽어가는 제수알도는 "그의 roba가 자기와 함께 가기를 바랐다. 필사적이었다.disperato come lui."35 그리고 단편소설 「라 로바」의 주인공 마자로는 '로바를 떠나 영혼을 생각할 때가 되었다'는 말을 듣자 광인처럼 쩔뚝거리며 지팡이를 들고 마당 안으로 걸어 들어가

사방을 돌아다니며 오리와 칠면조를 죽이며 외쳤다. '로바 미아[나의 로바야], 로바 미아, 나와 함께 가자꾸나.'

33 Verga, *Mastro-Don Gesualdo*, p. 279.
34 앞의 책, 282페이지.
35 앞의 책, 429~430페이지.

로바는 추상적 소유물이 아니다. 제수알도 또한 흥미로운 부르주아적 주인공을 상상하는 것을 너무 힘들게 만드는 '인격화된 자본'이 아니다. 둘 다 구체적이며, 살아 있다. 그들이 그토록 기억할 만한 것 — 그리고 취약한 것은 이 때문이다. 제수알도가 죽고, 그의 로바가 '신사gentilissimo'인 사위 레이라 공에 의해 착복되자 앙시앵레짐의 누수漏水가 베르가의 '부르주아 유형tipo borghese'을 영원히 에워싸는 것처럼 보인다.

3. 앙시앵레짐의 지속 I: 『인형』

이 소설을 여는 장에서 바르샤바의 일군의 익명의 식당 출입자 — 신뢰할 수 없는 코러스 기능 면에서 베르가를 둘러싼 명사 패거리와 비슷하다 — 에 의해 프루스Bolesław Prus의 『인형Lalka』의 주인공 보쿨스키가 소개되는데, 그들은 '비록 확실한 생계수단이 있지만 전시에 재산을 모으기 위해' 모든 돈을 갖고 '폴란드를 떠난' 이 사람의 전례 없는 새로움을 의아하게 생각한다.

어마어마한 돈이었다지, 도대체 그는 백만장자가 되고 싶었던 것이다.36

그리고 그는 어마어마한 돈을 벌었다. "총알이 빗발치는 전쟁터, 티푸스

---

36 프루스Boleslaw Prus, 정병권 역, 『인형』 1권, 을유문화사, 14페이지.

가 창궐한 현장에서."37 그는 겁 많은 사제로 등장해 가끔 『인형』의 화자 역할을 하는 제츠키Ignacy Rzecki에게 그렇게 들려준다. 하지만 보쿨스키는 단순한 자본주의적 투기꾼 이상이다. 젊었을 때는 웨이터로 일하면서 대학에 들어가 폴란드 문학과 유럽 문학을 공부한다. 나중에는 파리로 가 현대 기술에 대한 깊은 관심을 발전시킨다. 유산 부르주아**이자** 교양 부르주아이다. 그리고, 다시 한 번, 단지 그것만이 아니다. 1863년에는 러시아의 폴란드 점령에 항의하는 봉기에 가담하며, 시베리아로 유형을 떠난다. 전반적으로 보아 아마 19세기 픽션의 가장 완벽한 부르주아적 형상일 것이다. 돈과 이문에 밝으며, 지적으로 호기심이 많으며, 정치적으로 대담하다. 하지만 한 가지 치명적 결함이 있다. 젊은 백작부인 이사벨라Isabella Lecki에 대한 사랑의 열병을 앓는 것이다. 온갖 종류의 임의의 사건을 자신에 대한 그녀의 감정의 전조로 간주하면서 "그는 자신의 현실주의적인 생각 속에 어떤 미신 같은 것이 싹트기 시작한 것을 느꼈다"38고 화자는 언급한다. 보쿨스키 본인은 '내 안에는 두 사람이 있다'고 곰곰이 생각한다.

한 사람은 완전할 만큼 이성적이고 다른 사람은 미친놈이다.39

그리고 『인형』이 전개되면서 미친놈이 승리한다.

37 앞의 책, 54페이지.
38 앞의 책, 333페이지.
39 앞의 책, 403페이지.

미친놈이 승리한다. 20세기로의 전환기의 유럽의 반주변부에서는 광기가 풍토병이었기 때문이다. 「라 로바」에서 마자로가 동물을 도살하는 것부터 갈도스의 『라 데 브린가스La de Bringas』(1884년)에서의 브린가스의 '구매 열풍' 또는 『포르투나타와 하신타』(1887년)에서의 파체코의 '전투적 자선'에 이르기까지 말이다. 토르케마다는 두 번, 그의 사가saga의 시작과 끝에서 정신을 잃는다. 마샤두의 보르바는 개를 '인간처럼' 대접해 줄 것을 요구하는 유언장을 남긴다. 세라오Matilde Serao의 나폴레옹적 프레스코화인 『극락의 땅Il paese di cuccagna』(1890년)은 복권을 중심으로 도는 미신의 만화경이다. 정신적으로 문제가 많은 도스토옙스키의 등장인물은 너무 많아 심지어 언급조차 할 수 없을 정도이다. 광기는 풍토병이었다, 반주변부에서는. 자본주의의 핵심에서 유래한 경제의 물결이 가늠할 수 없는 과장된 힘으로 밀어닥치는 와중인 이 사회에서 비합리적 행동은 일종의 반사작용이 되었으며, 그것이 세계의 경로를 개인적 존재 차원에서 재생산해냈기 때문이다. 하지만 심지어 그렇다 해도 보쿨스키의 경우는 독특하다. "사랑에 빠진 사업가!"[40]라고 제임슨은 쓴다. 감탄부호 속에서 믿기지 않는다는 점을 집중적으로 강조하면서. 그저 버릇없는 아이에 불과한 사람과 사랑에 빠지는 것이다.

> 그녀는 신비한 점點이 되어, 그의 기억, 바람 그리고 희망이 그녀에게서 비롯되고, 그녀 없이는 삶이 품위도 의미도 없는 것처럼 느꼈다.[41]

---

[40] Fredric Jameson, "Businessman in Love", in Franco Moretti, ed., *The Novel*, vol. II: *Forms and Themes*, Princeton, NJ, 2006.
[41] 프루스, 앞의 책, 130페이지.

보쿨스키는 「명상」이라는 제목의 중요한 장에서 그렇게 곰곰이 생각한다. 『인형』의 독자들은 불신의 눈으로 앞의 말을 바라본다. 이사벨라, 신비한 점이라고? 그것이 광기**이다**.

다시 한 번 유럽적 맥락이 대답을 암시한다. 코카에 따르면 『인형』의 시대에

중간계급 상층은 내혼과 그 밖의 다른 형태의 잡혼을 통해 귀족계급에 근접했다.42

오래된 귀족 가문과 성혼하는 것이 바로 제수알도와 토르케마다가 하는 것이다. ― 그리고 둘의 그런 결혼은 탁월한 사업상의 거래로, 둘 다 제3의 등장인물에 의해 중재[중매]된다(『제수알도』에서는 루피, 『토르케마다』에서는 도노소). 결혼 상의 선택의 근본적인 '사회적' 성격을 강조하기라도 하듯이 말이다. 하지만 만약 베르가와 갈도스가, 구엘리트가 부르주아의 부에 (외견상) 얼마나 큰 삼투성을 띠는가를 보여주기 위해 승혼界婚을 이용한다면 프루스의 에피소드에서는 반대로 계급 간의 장벽의 견고함이 강조된다. 보쿨스키는 곰곰이 이렇게 생각한다.

만약 파리에서 자수성가하고 귀족 출신의 젊은 여성과 사랑에 빠졌다면 그

---

42 Kocka, *Industrial Culture and Bourgeois Society*, p. 247.

렇게 많은 장애물에 부딪히지 않았을 것이다.43

하지만 그는 비록 바르샤바에서는 귀족적 로망스를 **상상할** 수 있을 정도로 서유럽에 가깝지만 또한 현실에서 **실현하기에는** 너무 멀다. 그는 자기 생태계에 의해 거부당한 돌연변이 같다. '맞지 않는 환경 속에서' 벌이는 불가능한 투쟁 속에서 '결국 힘과 생명을 낭비한' 이상한 피조물 말이다.

…… 그리고 이 순간 처음으로 폴란드로 돌아가지 않겠다는 생각이 그에게 분명하게 떠올랐다.44

폴란드로 돌아가지 않는다. 부아르크는 또 다른 주변부적 근대성에 대해 이렇게 쓴다.

우리 삶의 형식, 우리 제도, 우리 세계관을 먼 이국에서 가져옴으로써 우리는 내 땅에 사는 망명객이 되었다.45

"내가 가진 모든 것, 내가 앞으로 할 수 있는 모든 것은 …… 이곳에서 기원하지 않았다"46라고 보쿨스키는 맞장구친다. 우리는 이 소설

43 프루스, 앞의 책, 385페이지.
44 앞의 책, 386페이지.
45 부아르크Sérgio Buarque의 *Raízes do Brasil*은 Roberto Schwarz, "Misplaced Ideas: Literature and Society in Late Nineteenth-Century Brazil"(1973)에서 재인용했다. 지금은 *Misplaced Ideas*, p. 20에 들어 있다

의 앞부분에서 이런 말을 읽을 수 있다. 즉 "시베리아에서 그는 비로소 안도의 숨을 쉬었다."47 실제로 망명 상태인 셈이다. 폴란드로 돌아오자 즉각 다시 전선으로 떠난다. 그런 다음 다시 돌아왔다가 곧 파리를 향해 떠난다. 그런 다음 다시 돌아와 바르샤바에서 짧게 체류한 후 완전히 사라진다(그가 모스크바, 오데사, 인도, 중국, 일본, 아메리카에 있다는 소문이 떠돈다). 내 땅에 사는 망명객. 그는 이사벨라의 시골 대저택 아래서 자폭하기 위해 몰래 다시 한 번 마지막으로 돌아온다.

그는 봉건주의의 잔재에 짓눌려 죽은 것입니다.48

한 친구가 간결하게 그렇게 촌평한다.

망명객으로서의 부르주아. 실제로 '잠금장치, 재고품, 통' 판매 사업을 매각하기로 했을 때 그것을 판 것은 망명객의 원형인 유대인들에게였다. 그의 친구로 본인도 유대인인 스주만 말을 빌리면, "자네만큼 무시당하고 부당한 대우를 받은"49 유일한 사람이 그들이었다. 그리고 보쿨스키는 그것을 안다.

온 나라에 유대인을 빼놓고는 그의 생각을 발전시켜줄 만한 사람이 아무도

---

46 프루스, 『인형』 2권, 99페이지.
47 앞의 책, 1권, 129페이지.
48 앞의 책, 2권, 612페이지.
49 앞의 책, 487페이지.

없었다.50

부분적으로, 동유럽에서 유대인이 한 금융적 역할로 미루어볼 때 이 에피소드는 프루스가 역사적으로 얼마나 정확한지를 잘 보여주는 표시이다.51 하지만 그것이 전부가 아니다. 유대인 빼고는 아무도 없다, 그렇다. 하지만 그런 다음 인용문은 이렇게 계속된다.

> …… 유대인 빼고는. ― 그들은 폐쇄적 오만과 교활함 그리고 무자비함을 드러내면서 등장했다.52

보쿨스키는 이렇게 결론을 내린다. 그걸 보면서

> 그는 장사, 회사 그리고 모든 수익에 대한 혐오감을 느끼면서 어떻게 거의 2년 동안 그런 일을 했는지 자신에 대해 의아하게 생각했다.

장사와 회사 그리고 수익이 보쿨스키의 삶이었다. 하지만 이제 그것들은 공포의 대상으로 바뀌었다. 슬랑바움과 다른 유대인들이 ―『헬리팩

---

50 앞의 책, 635페이지.
51 코카는 이렇게 쓴다. 즉 19세기 말이 되어가면서 "폴란드, 체코, 슬로바키아 지역 및 헝가리와 러시아에서 자본 소유자와 기업가, 경영자는 종종 외국 국민이었다. 독일인 그리고 동화되지 않은 유대인인 경우가 흔했다." Jürgen Kocka, "The European Pattern and the German Case", in Kocka and Mitchell, eds, *Bourgeois Society in Nineteenth-Century Europe*, p. 21.
52 프루스,『인형』2권, 503페이지.

스』에서 퀘이커교도로 제분소 소유자인 플레처처럼 또는 영국 소설의 다른 1세대 산업가들처럼 — 그것들이 무엇을 위한 것인지를, 희석되지 않은 채 보여주기 때문이다. 다시 말해 **부르주아의 진실**을 폭로하기 때문이다. 또는 보다 정확하게는, 이사벨라**에 따르자면,** 진리를. 앙시앵레짐에 복종하는 결정적 행위 속에서 보쿨스키는 슬랑바움을, 정확히 이사벨라가 자신을 보는 식으로 본다. 그의 반유대주의. 부르주아는 자신에게 등을 돌리고 있다.

나는 이 절을 보쿨스키를 위대한 부르주아적 형상의 초상으로 제시하는 것부터 시작했다. 그리고 mastro와 don을 하나로 결합시키려는 베르가의 불가능한 시도처럼 파괴적인 자기-모순에 대한 또 다른 연구로 그것을 끝맺고 있다. 구세계는 그러한 신참들의 삶에 불협화음을 도입하고, 그들의 죽음에 잔혹함을 가져온다. 제수알도의 경우 야유를 퍼붓는 부하들에 의해 공작의 궁전에 수감되며, 보쿨스키의 경우 '봉건주의의 잔재에 짓눌려' 죽는다. 다음 절에서 동일한 주제에 대한 또 다른 변주와 다시 한 번 만나게 될 것이다.

4. 앙시앵레짐의 지속 II: 『토르케마다』

19세기 스페인의 온갖 인간 군상으로 붐비는 갈도스의 프레스코화 중 『토르케마다』 3부작(1889~1896년)은 고리대금업자이자 빈민가의 지주인 중심인물 토르케마다에 변함없이 초점을 맞추는 점에서 단연 돋 보이는데, 우리는 마드리드의 서민 지구의 '수상쩍은 거래'로부터 그가 '국가 자체와 한통속일 수 있게 해주는' 금융상의 승리 그리고 귀족과의 동맹에 이르기까지 그를 따라가게 된다. 하지만 그의 출세는 점증하는 자기소외감과 일치한다. 죽어가는 친구 도냐 루페(또 다른 고리대금업자)에게 영락한 귀족 가문 출신인 아귈라 자매 중 하나와 결혼하겠다고 약속한 그는 결국 처제인 크루스의 지배를 받게 된다. 크루스는 결국 고압적으로 그가 후작 신분을 얻도록 하며, 그것은 궁전과 화랑으로 마무리된다. 앙시앵레짐의 지속. 정열적인 자수성가형 인간이 "낡은 지배계급의 1등 자리에 도전하는 대신 그들에게 접근하는"[53] 것이다. 이 '접근'은 [헨리] 제임스나 슈니츨러 또는 프루스트의 스타일적 공생 또한 아니다. 제수알도의 손에 난 흠집들이 'don' 아래 있는 석공을 드러낸다면 태곳적의 서민적 굶주림이 — 결혼하기 몇 시간 전에 — 귀족적 사건의 '우아한 말과 함께 심하게 썩은' 양파 한 접시를 먹어 치우도록 토르케마다에게 촉구한다.[54] 그리고 이 소설 끝에서 또 다른 식사 — 뿌리로 돌아가려는 그의 마지막 시도. "스튜 콩을 한 접시 주시오, 맙소사, 사나이라면 민중이 되어 민중에게, 말하자면 자연에게 돌아갈 때구려"[55] — 가 엄청난 설사로, 그리고 끝없는 고통으로 이어진다.

하지만 토르케마다는 단지 거친 물리적 존재에 그치는 것과는 한참 거리가 멀다. 그는 처제가 기사 작위 획득 작전을 시작하자 그녀에게

---

53 Mayer, *The Persistence of the Old Regime*, p. 208.
54 Pérez Galdós, *Torquemada*, p. 352.
55 앞의 책, 515페이지.

'너는 **인격화된 과장**이군'이라고 말한다.

> 그리고 나는 **인격화된 중도**中道인 사실을 **자랑하기 때문에** 모든 것을 적소에 놓고, 네 주장은 현재의 역사적 순간에만 타당한 것이라고 논박한다.56

토르케마다를 잊을 수 없는 인물로 만드는 것은 그의 몸이라기보다는 언어이다. 그것은 이상한데, 보통 수상쩍은 구석이 있는 사업상의 거래에 연루되는 등장인물들 — 곱섹, 메르들레, 불스트로데, 베를레 …… — 은 무슨 비밀을 감추고 있지는 않은가 하고 의심을 살 정도로 입이 무거운 경향이 있기 때문이다. 하지만 토르케마다는 전혀 그렇지 않다.

> 나는 손을 씻는다. 나는 통치하는 사람에게 복종하고, **법률을 위반하지 않는 사실을 자랑한다.** 나는 **그리스인들과 토로이인들을 똑같이** 존경한다. 그리고 공물로 바치는 **은화**에 대해 입씨름하지 않는다. 실용적 인간**인 덕분에** 나는 체계적 반대에 가담하지 않으며, 어떤 종류건 **마키아벨리즘**에 연루되지 않는다. 나는 음모에는 **거부감이 있다.** ……57

고전에 박식다식함을 자랑하려는 어색한 시도('그리스인들과 토로이인들', '마키아벨리즘'). 죽은 은유들('나는 손을 씻는다', '나는 자랑한다'). 장황한 뻔한 소리('현재의 역사적 순간'). 돈錢은 토르케마다에게 사회에서 자기 목소리를 낼 기회를 주었다. 그는 지금 "더 큰 목소리로"58 말

---

56 앞의 책 226페이지. 이 절 전체에 걸쳐 강조는 모두 원문의 것이다.
57 앞의 책, 385페이지.

하며, 그의 창시자인 주르댕 씨처럼 '정직한 사람들 사이에서 일을 따져
보고raisonner des choses parmi les honnêtes gens' 싶어 한다. 따라서 필연적으로
그는 조롱의 표적이 된다. 이 무기는

> 계급 간 갈등에서 종종 동원되었다. …… 그리고 부유한 부르주아가 ……
> 자기 자리를 지키는 데 극히 효율적으로 이용되었다.59

토르케마다의 경우 조롱은 아주 특수한 언어적 틱tic에 집중된다.

> 암시하려는 것이, 잘 들어두쇼! 내 의도였소. …… 나는 남을 배려할 줄
> 아는 사람에다 사리분별도 있소. 날 믿어주시오. 떠난 후 내 실수를, ……
> 내가 얼마나 **망연자실했는지**를 알았을 때 몹시 난처했소.

> 토르케마다는 더듬거리며, 서둘러 하는 문장으로, 딱히 무엇을 말하지는
> 않은 채, 단지 자기는 …… 라는 **신념을 간직했으며**, 동정심에 …… 아니,
> 가장 고귀한 감정(이때까지 우리는 모두 단어에 대해 너무 고귀했다)에 의
> 해 마음이 움직여 그런 입장을 표명했다고 대답했다. 아퀼라 가문의 아가
> 씨들에게 그런대로 괜찮은 사람이었으면 하는 바람이 **모든 고려를 넘어섰**
> **다**고 대답했다.

> 잘못 표현된 …… 몇 가지 입장표명을 분명히 해야 할 텐데, 비록 스타일

---

58 앞의 책, 9페이지.
59 Francesco Fiorentino, *Il ridicolo nel teatro di Molière*, Turin 1997, pp. 67, 80-81.

상으로는 형편없고 문학으로서는 조야하지만 그것들은 감사하는 마음의 **진지한** 표현이 될 것이다. …… 말보다는 행동에 주목하자. 일하고, 많이 일하고 말은 적게 하자. 항상 일하자. 우리 필요에 따라, 우리에게 **동반되는** 모든 요소의 **소중한 부속물**에 따라. 그리고 이 위엄 있는 장소에서의 나의 현존에 의해 요구되는 ― 나는 이렇게 말한다 ― 입장을 표명했으므로 …… 이렇게 선언되도록 한 이상. ……60

의도, 암시, 사리분별, 망연자실함, 반대, 신념, 입장표명, 고려, 표현, 선언. …… 양초 가까이 있는 나방처럼 토르케마다는 **명사화**에 홀려 있다. 통상 동사에 의해 표현되는 '행위와 과정'을 택해 그것을 "추상적 대상과 일반화된 과정"61을 가리키는 명사로 바꾸는 종류의 말에. 그런 의미론적 독특성 때문에 명사화는 통상 추상적 대상과 일반화된 과정이 중요한 과학적 산문에서 빈번히 사용되며, 반대로 구체적이고 독특한 것에 초점을 맞추는 구어적 언쟁에서는 빈번하게 사용되지 **않는다**. 하지만 만약 그렇다면 토르케마다는 왜 입을 열 때마다 명사화를 이용할까?

'17세기 프랑스에서 부르주아는 정확히 무엇이었을까'?라고 아우어바흐는 궁금해한다. 사회적 지위라는 관점에서 부르주아는 의사, 상인, 변호사, 상점주, 장교 등 다양한 것이 될 수 있다. 하지만 그가 무엇이든 시대의 최고의 상징적 가치 ― 정직함honnêteté: '상층 부르주아가

---

60 Pérez Galdós, *Torquemada*, pp. 96, 131-132, 380, 383-384.
61 Douglas Biker, Susan Conrad and Randi Reppen, *Corpus Linguistics: Investigating Language Structure and Use*, Cambridge 1998, pp. 61ff.

염원하기에 이른 …… 보편성의 이상' — 는 본인의 경제적 존재에 대해서는 대충 얼버무리고 넘어가도록 강요했다. "모든 특수한 특징을 씻어낸 사람"62만이 부르주아가 될 가치가 있는 것으로 간주될 것이기 때문이다. 200년 후, 토르케마다의 명사화는 그에 비견될 수 있는 사회적 정언명령에 응한다. 그것은 그의 언어로부터 오래된 "돈으로 사람을 부리는 [막후의] 지옥의 인간"63을 지워버리려는 시도이다. 모든 것을 현실을 떠난 추상화 수준으로 격상시키려고 시도함으로써 말이다. 시도하지만 물론 실패한다. 제임슨이 최근 『토르케마다』 연작에서 지적한 '주인공다움의 점감漸減'이 바로 그것이다. 비록 '기법상으로는 조연에 불과하지만' 갈도스의 다른 [연작] 소설의 비밀스런 주인공이던 동일한 사람이 명목상으로는 주인공인 소설에서 돌연 "밋밋한 조연"64으로 바뀌는 것이다. 그것은 기이한 전도이며 — 정말 그렇다 — 우리가 이미 마주친 바 있는 다른 형식적 역설의 경우 토르케마다의 점감은 단지 형식 문제만이 아니라 **현대 사회에서의 고리대금업자의 객관적 변증법의** 결과이다. 그늘 속에서, 현대적 은행업의 기생적인 불길한 분신 — '기법상으로는 조연' — 으로 살 수 있는 한 에너지와 통찰로 가득 찬 이 인간, 돈으로 사람을 부리는 [막후의] 지옥의 인간은 공개적으로 얼굴을 드러낼 수밖에 없게 된다면 점감된 떠버리로 바뀌고 만다. '이게 당신들의 비밀스런 주인공이야'라고 갈도스는 스페인의 부르주아에게 말하는 것

---

62 Erich Auerbach, "La cour et la ville"(1951), in *Scenes from the Drama of European Literature*, Minneapolis, MN, 1984, pp. 152, 172, 168, 165.
63 Pérez Galdós, *Torquemada*, p. 3.
64 Fredric Jameson, *The Antinomies of Realism*(forthcoming from Verso).

같다. ― 그리고 그렇게 그의 말은 공허해진다. 보편성의 언어를 사용하려고 시도하면 말이다. 토르케마다의 '고려'와 '망연자실함' 속에서 한 계급 전체의 헤게모니적 야심은 조롱 속에 파묻힌다.

5. '이건 간단한 계산 아닌가?'

만약 흠집 하나 없는 부르주아적 성격을 찾는다면 19세기의 위대한 러시아 소설 중 하나에 나오는 젊은 관리인 [『오블로모프』의 등장인물인] 슈톨츠Stolz ― 독일어로 '자부심'을 의미한다 ― 가 탁월한 선택이 될 것이다. 비록 '끊임없이 움직이고' 있지만 완벽하게 능률적인 슈톨츠는 결코 '불필요한 동작'을 하지 않는다. 그리고 어린 시절의 친구가 그의 행동에 어리둥절해져 얌전하게 '언젠가는 하던 일도 다 그만둘 때가 오겠지……'라고 끼어들자 간단히 이렇게 대답한다. '절대 그만둘 수 없어. 왜 그만둬야 하는데?'(그런 다음 파우스트에게 어울릴 법한 말로 이렇게 덧붙인다. '아, 2백 년 또는 3백 년을 살 수 있다면. …… 상상해봐, 내가 성취할 수 있을 모든 것을'). 부계가 독일인인 ― 그리하여 귀족인 러시아인 어머니는 그가 '시민Bürger이 될까 봐' 두려워한다 ― 그는 회사가 부단히 거래 중인 서유럽의 역동성과의 살아 있는 연결고리이다. 소설 중간쯤에서 그는 파리로 여행을 떠나는데, 친구에게 자신도 곧 합류해 거기서 함께 새로운 삶을 시작하도록 하겠다고 약속하도록 만든다. 그것은 훌륭한 삶이다, 동유럽 부르주아에게는. 슈톨츠는 적극적이고, 차분하고, 지적이다. 아름다운 영지를 구입하고 사랑하는 여인과 결혼하고 행복하다. …… 그는 바랄 수 있는 모든 것을 받는다, 소설의 저자로부터. 가장 중요한 것은 빼고. 즉 그는 『오블로모프』의 주인공이 아니다.65

그는 주인공이 아니다. 곤차로프는 터무니없는, 경이로운 오블로모프에게 매료되기 때문이다. 하지만 슈톨츠의 교과서 같은 부르주아적 성격이, 너무나 분명하게, 이 소설이 다루는 것이 되어서는 **안 된다 사실**은 보다 큰 문제가 있다는 징표이다. 러시아 문학이 돈이라는 새로운 권력에 무관심하다는 말이 아니다. 『죄와 벌』의 뻬제르스부르크에서 돈을 갖는다는 것은 디킨스의 런던 또는 졸라의 파리에서만큼 (적어도) 결정적 의미를 가졌다. 하지만 아주 특수한 방식으로. 전당포 주인인 노파 알료나의 탐욕부터 이 노파의 살해에 대한 학생의 무자비한 장광설, 술이 잔뜩 취해 몇 푼의 돈을 구걸하는 마르멜라도프, 소냐의 말 없는 매춘, 두냐의 약혼에서 들리는 그것의 반향('사랑하는 사람을 위한 일이라면 …… 자기 몸을 팔아서라도 바치는 아이란 말이야'), 그리고 할증금이 붙은 가짜 채권을 위조한 '세계사 강사'에 이르기까지66 — 이 모든 사람을 통해, 그리고 더 많은 사람을 통해 돈이 할 수 있는 모든 것이라곤 현대의 경제적 행동에 대한 과장된 왜곡을 만들어내는 것뿐이다. 서구에서 돈은 사태를 단순화시키는 경향이 있다. 여기서는 복잡하게 만든다. 주변에 돈이 너무 적다. — 그리고 너무 비싸다. 서유럽의 낮고 안정적인 금리 대신 도스토옙스키의 소설을 통해 반향되는 것은 라스콜리니코프

---

65 곤차로프Ivan Goncharov, 최윤락 역, 『오블로모프』, 문학과 지성사, 1권 250~251, 262~263, 299. 2권 55~56, 186~187페이지.
66 도스토옙스키, 김연경 역, 『죄와 벌』, 민음사, 48, 60, 74, 231페이지.

에게 노파가 속삭이는 소리이다.

1루블에 대해 월 이자를 10코페이카씩. 그것을 미리 받아야겠어요.[67]

월리月利 10%. 그처럼 견디기 힘든 압력 아래서 '민족적 기형'은 필연적인 것이 된다. 공리주의를 예로 들어보자. 1825년에 『웨스트민스터 리뷰』에 실린 한 기사의 익명의 저자는 '냉정한 그리고 공리적 슬픔 속에서' "문학과 시, 시와 문학의 보편적 추구가 어떻게 면사방적에 이바지할 수 있는지를 알려준다면 극히 기쁠 것"[68]이라고 선언하고 있다. 그것은 한 세대 후에 투르게네프의 『아버지와 아들』(1862년)에서 바자로프가 퉁명스럽게 특유의 건방진 말투로 "어엿한 화학자는 어떤 시인보다 스무 배나 더 쓸모 있습니다"[69]라고 선언할 때 거의 문학적 반향을 발견하게 되는 속물적인 최후통첩이다. 유용하다. 하지만 바자로프에게 그것은 더 이상 『크루소』와 빅토리아인들의 구체적·실용적 열쇠말이 아니다. 그것은 변화를 위한, ― 심지어 파괴를 위한 힘이다.

지금 단계에서는 무엇보다 부정이 가장 유익한[유용한] 것이므로 우리는 부정하는 것입니다.[70]

67 앞의 책, 20페이지.
68 "Present System of Education", *Westminster Review*, July-October 1825, p. 166.
69 투르게네프Ivan Turgenev, 이철 역, 『아버지와 아들』, 범우사, 35페이지.
70 앞의 책, 62페이지.

니힐리즘의 토대로서의 유용성. 『웨스트민스터 리뷰』라면 기절초풍할 말이다. 그리고 바자로프는 단지 시작에 불과했다.

생각해봐. 한편으로는 어리석고, 의미 없고, 하찮고, 못됐고, 아무짝에도 쓸모없는, 아니 오히려 모든 사람에게 해만 끼치는 그런 병든 노파가 있어. …… 다른 한편으로는 도움을 받지 못하면 좌절하고 말 싱싱한 젊은이가 있단 말이야. 그런 젊은이는 도처에 있어. …… 한 사람의 생명 덕분에 수천 명의 삶이 파멸과 분열로부터 구원받게 되고, 한 사람의 죽음과 수백 명의 생명이 교환되는 셈인데, 이건 간단한 계산 아닌가?[71]

이건 간단한 계산이다! 벤담의 '행복의 미적분학'으로, 그것은 살인으로 이어진다. 라스콜리니코프는 둔한 서구주의자 루쥔이 진보에 바치는 찬가를 실컷 떠들게 한 후 ― '더 많은 비판의식을 발견할 수 있다고 생각합니다. 더 많은 실제적 능력도 ……' ― 이렇게 촌평한다. "아까 당신이 설교한 것을 끝까지 끌고 가면 사람을 잘라 죽여도 괜찮게 되지."[72] 비판의식과 실제적 능력[능률]으로부터 사람을 잘라 죽이는 것으로. 당치 않은[오식誤植된]misplaced 생각이다. 도스토옙스키의 러시아에서, 서구적 모델과 브라질 현실이 잘 맞지 않는 것을 가리키는 슈바르츠의 이 위대한 은유는 심지어 원래의 나라 브라질에서보다 훨씬 더 잘 들어맞는다. 마샤두에서 이 둘 간의 불일치는 대부분 무해한 것으로 남는다. 하지만 러시아에서 급진적인, 프롤레타리아화된 인텔리겐차는 서구적

71 도스토옙스키, 홍대화 역, 『죄와 벌』, 열린책들, 101-102페이지.
72 도스토옙스키, 김희숙 역, 『죄와 벌』, 을유문화사, 248페이지, 255페이지.

이념을 **너무 진지하게** 받아들여 정말로 '끝까지 끌고 가'버렸다.

> 야콥슨Roman Jakobson은 일상[생활]을 가리키는 러시아어 — byt — 는 문화적으로 서구어로 번역 불가능하다고 주장한다. 그에 따르면 오직 유럽 국가들 사이에 사는 러시아인만이 'byt의 성채'를 무너뜨리고, 일상[생활]과는 근본적으로 다른 것을 개념화할 수 있다.[73]

일상[생활]. 아우어바흐에게서는 그것이 19세기 리얼리즘의 견고한, 의문의 여지없는 토대였다. 여기서, 그것은 맹공을 가해야 할 요새이다. 슈클로프스키는 이렇게 쓴다.

> 도스토옙스키는 '느닷없이vdrug'라는 단어를, 삶의 균열된 속성, 삶의 단계들의 불균등성을 가리키는 단어를 사랑했다.[74]

바흐친은 이렇게 덧붙인다. 도스토옙스키의 시학은 '철학 이념을 유발하고 시험하기 위해 예외적 상황을 창조할 것'을 요구한다.

> 삶의 일상[생활]적, '정상적' 경로를 기준으로 판단해보면 모든 것이 예측 불가능하고, 부적절하며, 양립 불가능하며, 용인될 수 없는 위기의 시점과

---

[73] Svetlana Boym, *Common Places: Mythologies of Everyday Life in Russia*, Cambridge, MA, 1994, p. 3.
[74] Viktor Shklovsky, *Energy of Delusion: A Book on Plot*, Champaign, IL, 2007(1981), p. 339.

전환점을 말이다.75

그것이 도스토옙스키의 등장인물들에게서 너무나 전형적으로 나타나는 타협에 대한 증오이다.76 러시아 문화에는 '중립'지역이 부재한다. 로트만과 우스펜스키가 이원적 문화 모델에 대한 연구에서 이 사실을 발견한 바 있다.77 『미메시스』 중 러시아 소설에 할애된 부분에 묘사되어 있는 극단적 동요. 이 장에서 우리가 살펴본 모든 '민족적 기형' 중 가장 극단적이다.78 그것의 파괴적 잠재력을 해방시킨 서구적 이념의 무시무

---

75 Mikhail Bakhtin, *Problems of Dostoevsky's Poetics*, Minneapolis, MN, 1984(1929-1963), pp. 114, 149, 146.0
76 『악령』에서 바보 같은 사람 티혼은 요한의 「묵시록」의 한 구절을 낭송한다. "차거나 그렇지 않으면 뜨거웠으면 좋으련만. 그러나 너는 미지근해 뜨겁지도 아니하고, 차갑지도 아니하매 나 너를 내 입에서 뱉어 버리리라." 도스토옙스키, 이철 역, 『악령』, 401페이지.
77 두 사람은 이렇게 쓴다. "가톨릭의 기독교적 서구에서 사후세계는 세 영역으로 나뉜다. 천국, 연옥, 지옥이 그것이다. 지상에서의 삶도 그와 비슷하게 세 가지 유형의 행위를 드러내는 것으로 생각되었다. 즉 완전히 죄악으로 가득 찬 종류의 삶과 완전히 성스러운 종류의 삶 그리고 중립적인 종류의 삶이 그것이다. …… 광범위한 …… 중립적 행위와 …… 중립적인 사회제도. 이 중립 영역은 내일의 체계가 발달해 나오는 구조적 저장고가 된다." 두 사람은 계속해서 이렇게 말한다. 즉 하지만 러시아 기독교는 반대로 '중간지역'의 여지를 전혀 남기지 않는 '뚜렷한 이원론'을 강조했다. 그리하여 필연적으로 '이 삶에서 행동은 죄악으로 가득 찬 것이거나 아니면 성스러운 것'이 된다. Jurij M. Lotman and Boris A. Uspenskij, "The Role of Dual Models in the Dynamics of Russian Culture(Up to the End of the Eighteenth Century)", in Ann Shukman, ed., *The Semiotics of Russian Culture*, Ann Arbor, MI, 1984, p. 4.
78 "강력한 실제적, 윤리적 혹은 지적 충격이 본능의 깊은 부분에서 그들을 즉각 자극했다. 그리하여 순식간에 조용하고 거의 식물적인 존재로부터 실제적인 혹은 정상적인 문제에서 무시무시한 극단으로 옮겨간다. 그들의 활력, 행동, 사고, 감정의 그네 추는 유럽의 다른 어느 곳에서보다 더 폭넓게 흔들리는 것 같다"(아우어바흐, 『미메시스』, 681페이지).

시한uncanny 급진화. 바자로프의 니힐리즘을 그토록 숨이 멎을 만큼 용서를 모르는 것으로 만드는 것은 그의 독일적 과학이다. 현대 문학의 가장 수수께끼 같은 의미심장한significant 범죄를 만들어낸 것은 영국식의 간단한 계산이다. 그것은 우리 눈앞에서 시행되는 극단적 실험 같다. 부르주아적 가치를 **원래 맥락에서 최대한 먼 곳에 놓고** 그것이 위대함과 파국을 독특하게 뒤섞고 있음을 포착하기 위해 말이다. 바로 뒤이어지는 시기에 입센의 '리얼리즘' 연작은 정반대 실험을 실시했다. ― 그리고 동일한 결론에 이르렀다.

5
입센과 자본주의 정신

The Bourgeois

1. 회색지대

무엇보다 먼저 입센의 연작 희곡의 사회적 우주. 조선업자들, 산업가들, 금융업자들, 상인들, 은행가들, 부동산 개발업자들, 행정가들, 판사들, 관리인들, 변호사들, 의사들, 교장들, 교수들, 기사들, 목사들, 언론인들, 사진가들, 디자이너들, 회계사들, 서기들, 인쇄업자들. …… 그처럼 부르주아 세계에 외골수로 초점을 맞춘 다른 어떤 작가도 없었다. 토마스 만. 하지만 그에게서는 부르주아와 예술가 간의(토마스와 하노, 뤼벡과 크뢰거, 차이트블룸과 레버퀸 간의) 지속적 변증법이 존재한다. 입센에게서는 전혀 그렇지 않다. 그의 단 한 명의 위대한 예술가 ―『우리 죽은 자들이 깨어날 때』(1899년)의 조각가 루벡. 그는 '죽는 날까지 작업을 계속할 것'이며, '소재에 대한 조물주이자 주인인 것을 사랑한다' ― 도 다른 모든 사람과 똑같이 부르주아다.[1]

사회사가들은 종종 은행가와 사진가 또는 조선업자와 목사가 정말 동일한 계급의 일원인지에 대해 의구심을 표해왔다. 입센에게서는 그렇다. 또는 적어도 동일한 공간을 공유하며, 동일한 언어로 말한다. 영국의 '중간' 계급의 누구도 위장하지 않는다, 여기서는. 여기서 부르주아는 '중간'의 계급, 즉 위에 있는 사람들 그늘에 가려지며, 세상의 이치를 모르는 계급이 아니다. 그들은 **지배**계급이며, 지금 세상이 그런 식으로 존재하는 것은 그들이 그렇게 **만들었기** 때문이다. 입센이 본서의 에필로그를 차지하는 것은 이 때문이다. 그의 희곡들은, 그의 은유 중 하나를 사용하자면, 부르주아의 세기의 위대한 '결산'이다. 그는 부르주아의 얼굴을 정면으로 응시하며 '그렇다면, 결국, 당신은 무엇을 낳았소?'라고 묻는 유일한 작가이다.

물론 나는 이 질문으로 돌아갈 것이다. 지금으로서는 단지 그처럼 폭넓은 부르주아적 프레스코화를 그리는 것이 얼마나 이상한지만 말하기로 하자. — 이 프레스코화에 노동자는 한 명도 존재하지 않는다. 소수의 하인을 제외하면. 그의 연작의 첫 번째 희곡인 『사회의 기둥들』(1877년)은 이 측면에서 다르다. 이 희곡은 노동조합 지도자와 조선소 관리자가 안전의 중요성 대 이윤의 중요성을 놓고 충돌하는 장면부터

---

1 Henrik Ibsen, *The Complete Major Prose Plays*, translated and introduced by Rolf Fjelde, New York 1978, pp. 1064, 1044. 노르웨이어 원전과 관련해 도움을 준 앨리슨 Sarah Allison에게 감사드린다[국역본은 입센, 소두영 역, 『인형의 집/유령/민중의 적/들오리』, 동서문화사에서 인용하며, 이 번역본에 포함되지 않은 작품은 역자의 졸역이다].

시작된다. 그리고 비록 이 주제가 결코 이 희곡의 중심을 차지하지 않지만 작품 내내 눈에 보이며, 결론을 맺는 데서 결정적 역할을 한다. 하지만 『기둥들』 이후 자본과 노동 간의 갈등은 입센의 세계에서 사라진다. 비록 일반적으로 그곳에서는 **아무것도** 사라지지 않지만 말이다. 『유령들』은 입센에게는 너무나 완벽한 제목인데, 너무나 많은 등장인물이 유령**이기** 때문이다. 한 희곡의 부차적 형상이 다른 희곡에서 주인공으로 돌아오거나 또는 그와 정반대이다. 한 아내가 한 희곡 끝에서 집을 떠나지만 다음 희곡에서는 막판까지 머문다. …… 20년 동안 입센은 실험을 계속하는 것 같다. 여기저기서 변수를 바꾼 다음 체계에 무슨 일이 일어나는지를 살펴보는 것이다. 하지만 이 실험에 노동자는 한 명도 존재하지 않는다. — 그때가 노동조합, 사회주의 정당, 아나키즘이 유럽 정치의 얼굴을 바꾸던 때였는데도 말이다.

노동자는 한 명도 존재하지 않는다. 입센이 초점을 맞추길 원하는 갈등은 부르주아 자체에 **내적인 것**이기 때문이다. 네 작품이 이 점을 특히 분명히 해준다. 『사회의 기둥들』, 『들오리』(1884년), 『건축가 솔네스』(1892년), 『욘 가브리엘 보르크만』(1896년)이 그것이다. 동일한 전사前史를 가진 네 편의 희곡. 여기서 두 동업자이자/또는 친구가 필사적 투쟁에 매달리는데, 와중에 둘 중의 하나는 재정적으로 파산하고 신체 불구가 된다. 여기서 부르주아 내부의 경쟁은 사투이다. 그리고 쉽게 무자비하게 된다. 하지만 — 이 점이 중요하다 — 무자비하고, 불공정하고, 모호하고, 수상쩍다. — 하지만 실제로 **불법인** 경우는 드물다. 몇몇 경우에 또한 그렇기도 한데, 『인형의 집』(1879년)에서의 부친의 서명의 위조, 『민중의 적』(1882년)에서의 물 오염, 그리고 보르크만의 몇몇 금융 조작이 그렇다. 하지만 입센의 부정행위는, 전형적으로, 교묘한 회색지대에서 벌어지는데, 그것의 본질은 결코 완벽하게 명확하지 않다.

이 회색지대가 부르주아적 삶에 대한 입센의 위대한 직관이다. 따라서 그것이 어떻게 보이는지 몇 가지 예를 들어보자. 『사회의 기둥들』에서 베르니크의 회사에서 절도 사건이 일어났다는 소문이 돈다. 그는 소문이 거짓임을 알지만 또한 그것이 파산에서 자기를 구해줄 것임도 안다. 따라서 비록 친구의 명성을 파괴할지라도 소문이 돌게 방치한다. 나중에는 자체가 거의 합법적이라고 할 수 없는 투자를 보호하기 위해 거의 합법적이라고 할 수 없는 방식으로 정치적 영향력을 행사한다. 『유령들』에서 목사 만데르스는 알빙 부인을 설득해 고아원을 보험에 들지 못하도록 하는데, 여론으로부터 "부인과 제가 하느님 뜻에 충분한 신뢰를 두지 않는다"[2]고 곡해받지 않기 위해서이다. 하느님 뜻이 원래 그래서인지 고아원은 전소된다. ― 비록 분명하지는 않지만 아마 방화로, 그리고 모든 것을 잃는다. 『들오리』의 전사에는 베를레가 동업자에게 놓았을(또는 놓지 않았을) '덫'이, 그리고 『건축가』의 전사에는 솔네스와 **그의** 동업자 간의 수상쩍은 사업이 존재한다. 『건축가』에는 또한 수리해야 하는데 그렇게 하지 않은 굴뚝이 나오는데, [결국] 집이 전소된다. ― 하지만 보험전문가들은 전혀 다른 이유에서 그렇게 되었다고 말한다.

2 입센, 소두영 역, 『인형의 집/유령/민중의 적/들오리』, 동서문화사, 111페이지.

회색지대는 그렇게 생겼다. 즉 과묵하고, 배신이 난무하고, 중상과 과실 그리고 반쪽짜리 진실뿐이다. …… 내가 알기로는 그와 같은 행위를 가리키는 일반 명사는 존재하지 않는다. 열쇠말을 부르주아적 가치에 대한 단서로 간주하는 방식에 의존해야 했기 때문에 처음에 나는 이 상황에 적잖이 당황했다. 하지만 회색지대와 관련해 우리는 사물을 갖고 있다. 말은 없는. 그리고 우리는 실제로 정말 **사물**을 갖고 있다. 자본이 발전하는 방식 중 하나는 점점 더 새로운 삶의 영역에 침입하는 것에 의해서이다. ─ 또는 심지어 창조하는 것에 의해서이다. 금융이라는 그와 평행한 우주 속에서처럼 말이다. 이 영역에서 법은 필연적으로 불완전할 수밖에 없으며, 행위는 쉽게 모호해질[양가적 일] 수 있다. 모호하지만 불법적이지는 않다. 하지만 또한 완전히 합법적이지도 않다. 몇 년 전(또는 이 문제라면 오늘)을 생각해보라. 은행이 리스크 기준 자기 자본 비율을 터무니없는 수준으로 유지하는 것은 불법일까? 아니다. '합법'일까? 이 말의 가능한 모든 개념적 의미에서 말이다. 그것 또한 아니다. 또는 엔론을 생각해보라. 파산으로 이어진 몇 달 동안 [이 회사의 CEO인] 레이Kenneth Lay는 증권을 극도로 고평가된 가격에 팔았다. 본인도 완전히 잘 알던 대로 말이다. 형사 사건으로는 정부는 그를 기소하지 않았다. 민사 사건으로는 기소했는데, 증거의 기준이 더 낮았기 때문이다.[3] 동일한 조항이 소추권을 갖는 동시에 갖지 **않는 셈**이다. 빛과 어둠의 놀이라는 측면에서 거의 바로크적이다. 하지만 그것이 전형이다. 법 자체가 그렇다. 회색지대의 존재를 인정한다. 사람들이 어떤 일을 하는 것은

[3] Kurt Eichenwald, "Ex-Chief of Enron Pleads Not Guilty to 11 Felony Counts", *New York Times*, 9 July 2004.

그렇게 해서는 안 되는 명확한 기준이 존재하지 않기 때문이다. 하지만 괜찮다고 느끼지는 않으며, 책임져야 할지도 모른다는 두려움이 끝없는 위장을 부추긴다. 회색 위에 회색이다. 애매한 언사 속에 포장되어 있는 모호한 법률 조항. 몇 년 전에 한 검사는 그것을 이렇게 표현한 바 있다. 즉 '실체법상'의 최초의 "행위는 다소 모호할 수 있지만 방해 행위는 분명할 수 있다."4 처음에 두는 수手는 영원히 미결 상태로 남을 수 있을 것이다. 하지만 그것에 이어진 것 — 입센이라면 '거짓말'이라고 부를 것 — , 그것은 오해의 여지가 없다.

처음 행동은 모호할 수 있다. …… 일은 그렇게 시작된다, 회색지대에서는. 계획에도 없던 기회가 절로 생긴다. 예기치 않은 화제, 갑자기 그림에서 쫓겨나는 동업자, 익명의 소문, 경쟁자의 서류가 사라졌다가 엉뚱한 장소와 때에 나타나는 것. [우발적] 사건. 하지만 그것은 너무 빈번하게 일어나고, 너무 장기적인 효과를 미치는 바람에 존재의 감추어진 토대가 되고 만다. 최초의 사건은 통상 반복 불가능하지만 거짓말은 수년, 심지어 수십 년 동안 지속된다. 그것은 '삶'이 된다. 여기서 열쇠말이 존재하지 않는 것은 아마 이 때문일 것이다. 일부 은행은 규모가 너무 커 파산하지 않듯이 회색지대에는 [모호성이] 너무 구석구석 스며들어 있어 알아챌 수 없다. 기껏 회색이라는 것이 실제로 무엇인지는 설명하지 않은 채 회색임을 반복하는 은유 — '금융화의 안개', '불투명한 자료', '다크 풀', '섀도 뱅킹' — 만 폭포처럼 쏟아지고 말 뿐이다. 그런

---

4 Jonathan Glater, "On Wall Street Today, a Break from the Past", *New York Times*, 4 May 2004.

반#맹증이 나타나는 이유는 회색지대가 세계에 직면한 부르주아를 정당화시켜주는 가치에 너무 암울한 그림자를 드리우기 때문이다. 정직이라는 가치가 그것이다. 정직은 이 계급에게는 명예가 귀족계급에게 가졌던 것과 동일한 의미를 가진다. 심지어 어근적으로 명예로부터 유래한다. — 그리고 실제로 18세기의 부르주아 드라마에서 그토록 중심적이던 여성의 '정숙'(명예인 동시에 정직함)에서 둘은 역사적 중개자$^{\text{trait d'union}}$를 갖고 있었다. 정직은 부르주아를 다른 모든 계급으로부터 구분해준다. 상인의 말은, 매우 신뢰할 수 있어야 한다. 투명함('누구에게나 장부를 보여줄 수 있소'). 도덕성('수치, 죽음보다 못한 불명예'인 만의 파산). 심지어 『부르주아의 미덕$^{\text{Bourgeois Virtues}}$』에 대한 600페이지에 달하는 맥클로스키$^{\text{Deirdre McCloskey McCloskey}}$의 광상곡. — 이 책은 용기, 절제, 신중함, 정의, 신념, 희망, 사랑 …… 등을 부르주아의 미덕으로 돌린다. 심지어 이 책에서도 논지의 핵심은 정직과 관련되어 있다. 이 이론에 따르면, 정직이 부르주아**적** 미덕인 것은 그것이 자본주의에 너무나 완벽하게 적응했기 때문이다. 시장에서의 거래는 신뢰를 요구하는데, 정직이 그것을 마련해주며, 시장이 그것에 대해 보상해준다. 정직은 **통한다**. 맥클로스키는 이렇게 결론을 내린다. '나쁜 짓하면 벌 받고' — 돈을 잃는다 — '착한 일하면 복 받는다.'

나쁜 짓하면 벌 받는다. …… 그것은 입센의 연극뿐만 아니라 그것 바깥에서도 사실이 아니다. 그와 동시대인으로 독일 은행가인 한 사람은 금융자본의 '가늠할 길 없는 음모'를 이렇게 묘사한다.

은행계는 놀랄 만한, 아주 유연한 도덕에 의해 지배되어왔으며 지금도 그렇다. 양심을 가진 선량한 시민Bürger이라면 누구도 받아들이지 않을 …… 몇몇 종류의 음모는 …… 그들에 의해 유능한 짓으로, 기발한 재주의 증거로 받아들여진다. 두 도덕 간의 모순은 전혀 화해 불가능하다.5

음모, 조작, 일말의 양심도 없음, 유연한 도덕. …… 회색지대이다. 거기서 '두 도덕 간의 모순은 화해 불가능하다.' 헤겔의 비극 이념을 거의 말 그대로 반향하는 단어들. 그리고 입센은 극작가이다. 그것이 그를 회색지대로 이끄는가? 정직한 시민Bürger과 음모를 꾸미는 금융업자 간의 갈등의 연극적 잠재력?

2. '두 방향으로 그걸 이해해도 좋겠군요.'

막이 오른다. 그리고 세계는 [『공산당선언』에서 '단단한 모든 것이 녹아 대기 속으로 사라진다'고 말할 때의 의미에서] 단단하다. 방은 안락의자, 책장, 피아노, 소파, 책상, 난로로 가득 차 있다. 사람들은 차분하게, 조심조심 움직이며, 낮은 목소리로 말한다. …… 단단하다. 구부르주아적 가치이다. 운명의 여신의 변덕에 맞선 닻이다. 이 운명의 여신의 타륜他輪과 파도의 꼭대기는 너무 불안정한데, 여신은 눈가리개를 하고 있으며, 옷

---

5 이 구절은 아래 글에서 재인용한 것이다. Richard Tilly, "Moral Standards and Business Behaviour in Nineteenth-Century Germany and Britain', in Kocka and Mitchell, *Bourgeois Society in Nineteenth-Century Europe*, pp. 190—191.

은 바람에 휘날리고 있다. …… 입센 시대에 지어진 은행을 보라. 열주, [장식 굽 또는 대좌臺座가 달린] 단지, 발코니, 천구의天球儀, 석상. 중력. 그런 다음 줄거리가 전개되는데, 어떤 사업도 안정되고 안전하지 않다. 공허하게 들리지 않는 말은 하나도 없다. 사람들은 걱정에 시달린다. 아프고, 죽어간다. 유럽 자본주의 최초의 전반적 위기이다. 1873~1896년의 장기 불황이 그것으로, 입센의 12편의 희곡(1877~1899년)은 그것을 거의 일 년 단위로 따라간다.

위기는 부르주아의 세기의 희생자를 드러낸다. *I vinti*, 즉 '패배자'를. 베르가는 『기둥들』이 나온 지 1년 후에 연작소설 계획(그중 『마스트로-돈 제수알도』는 두 번째 소설이었다. — 그리고 마지막 소설이 되어버렸다)을 짜면서 제목을 그렇게 붙였다. 『인형의 집』의 크로그스타드. 『들오리』의 늙은 엑달과 그의 아들. 『솔네스』의 브로빅과 그의 아들. 『존 가브리엘 보르크만』에서의 폴달과 그의 딸, 하지만 또한 보르크만과 그의 아들. 엑달과 아들, 브로빅과 아들 ……. 자연주의가 지배한 이 25년 동안 실패는 마치 매독처럼 한 세대에서 다음 세대로 흘러갔다. 그리고 구원은 없었다, 입센의 패배자들에게는. 그들은 자본주의의 희생자들이었다. 그렇다. 하지만 **부르주아적** 희생자로, 억압자와 똑같은 흙으로 빚어졌다. 일단 투쟁이 끝나면 패배자는 자기를 파산시킨 사람에게 고용되며, 그로테스크한 [얼룩무늬의 타이츠를 입은 중세 무언극 등의 어릿광대인] 할리퀸으로 변한다. 즉 일부는 기생충으로, 다른 일부는 노동자로 절친이자 아첨꾼으로 ……. 한 학생이 한번은 『들오리』에 대해 이렇게 물었다. '왜 모두가 틀린 이 작은 상자 안에 우리를 집어넣었죠?' 그녀가 옳았다. 통기성이 전혀 없다.

아니다, 정직한 부르주아와 기만적 부르주아 사이의 모순은 화해 불가능하다는 것이 입센이 말하고자 하는 요지는 아니다. 누군가는 기만적**이었다**, [입센의] 많은 희곡의 전사에서. 하지만 그의 적대자는 종종 정직하기보다는 어리석었다. — 그리고 어쨌든 그는 더 이상 정직하지도 또 적대자도 아니다. 선한 시민과 부패한 금융업자 간의 유일한 갈등은 『인민의 적』에 나온다. 입센의 유일한 그저 그런 희곡이다(빅토리아인들은 이 희곡을 사랑했다). 하지만 일반적으로 부르주아로부터 수상쩍은 측면을 '정화하는 것'이 입센의 기획은 아니다. 그것은 쇼의 기획이다. [『워렌 부인의 직업』에 등장하는] 비비 워렌. 그녀는 어머니를, 남자 친구를, 돈을, 모든 걸 떠나며, 그리고 — 마지막 무대 지시에 따르면 — '자기 일에 맹렬히 착수한다.' 『인형의 집』 마지막에서 똑같이 할 때 노라는 그녀를 기다리는 번듯한 화이트칼라 직종이 아니라 밤의 어둠 속으로 걸어 들어간다.

입센을 회색지대로 끌고 간 것. …… 선한 부르주아와 악한 부르주아 간의 충돌은 아니다. 희생자에 대한 관심 또한 아니다, 분명히. 승자에 대한 관심? 아마도. 『들오리』의 늙은 베를레를 보자. 그는 『햄릿』의 클로디어스 또는 [실러의 희곡인] 『돈 카를로스*Don Carlos*』의 필립과 동일한 구조적 위치를 차지한다. 그는 희곡의 주인공이 아니지만(주인공은 아들인 그레거스Gregers이다. — 바로 햄릿이나 카를로스처럼 말이다) 분명히 가장 많은 양의 권력을 가진 사람이다. 그는 무대 위의 모든 여자를 통제한다. 돈으로 사람들의 공모를, 심지어 연정을 산다. 그리고 이 모든 것을 아무런 요란도 떨지 않고 처리한다. 거의 차분하게 가라앉은 방식으로. 하지만 과거에 전혀 옳지 못한 어떤 일이 있었다. 여러 해 전에 "엉터리 조사"6 후 동업자 엑달이 "국유림을 불법으로 벌채했다."7 엑달은 몰락했다. 베를레는 살아남았으며, 그런 다음 사업에 성공했다. 늘 그렇듯이 최초의 행위는 모호하다. 불법 벌채는 정말 엉터리 조사의 결과였을까? 그것은 사기였을까? 엑달 혼자 행동했는가? 베를레는 알았는가? ― 심지어 그레거스가 암시하는 대로 "엑달 중위 앞에 함정을 놓았는가?"8 이 희곡은 말하지 않는다. 베를레는 이렇게 말한다. "하지만 사실은 그는 유죄를 받고 나는 무죄를 받았다는 거야."9 '그렇다'라며 그의 아들은 이렇게 대답한다. "증거를 찾지 못했다는 건 저도 잘 압니다." 그리고 베를레. '무죄는 무죄지.'

6 앨리슨의 설명에 따르면 이 '엉터리 조사'는 **매우** 회색적인 지대이다. 'uefterrettelig'라는 단어는 브뤼닐드센Brynildsen의 『노르웨이-영어사전Norsk-Engelsk Ordbog』(Kristia 1917)에서는 '틀린, 잘못된'으로 풀이되며, 메투엔Methuen 출판사에서 메이어Michael Meyer 번역으로 출판된 1980년의 이 희곡 번역본에서는 '허위의'로, 햄턴Christopher Hampton(London 1980)의 번역본에서는 '부정확한'으로, 크리스티아니Dounia B. Christiani(London 1980)의 번역본에서는 '부정한'으로, 존스턴Brian Johnston(Lyme, NH, 1996)에서는 '형편없이 잘못'으로, 멀린Stephen Mulrine(London 2006)의 번역에서는 '부정직한'으로 번역되었다. 'uefterretelig'의 어원학 ― 부정 접두어 'u'+'efter'('나중')+'rettel'('올바른')+해당 단어가 형용사임을 가리키는 접미사 'ig' ― 은 옳은 것으로 의지할 수 없는 어떤 것 또는 사람을 암시한다. '허위의', '믿을 수 없는' 또는 '신뢰할 수 없는'이 이 단어의 최고의(하지만 부분적인) 상당어구처럼 보이는데, 이 단어에서는 객관적 신뢰 불가능성이 거짓 정보를 제공하려는 주관적 의도를 함축하지도 또 배제하지도 않기 때문이다.
7 입센, 소두영 역, 254페이지.
8 앞의 책, 449페이지.
9 앞의 책, 254페이지.

동어반복의 오만에 대한 바르트의 '신화학'이 있는데, '라신은 라신이다'가 그것이다. 그는 이렇게 쓴다. 이 문채는 '줄을 잡아당기는 개 주인처럼 사유에 저항한다.' 줄을 잡아당기는 것이 분명히 베를레의 스타일 속에 들어 있지만 그것이 요점은 아니다, 여기서는. 무죄는 무죄다. 말하자면 말이다. 재판 결과는 법적 행위이다. ― 그리고 합법성은 그레거스가 요구하는 윤리적 정의가 **아니다**. 그것은 형식적 개념이다, 실체법적 개념이 아니라. 베를레는 두 영역 간의 그러한 불일치를 받아들이며, 입센도 그렇다. 앞서 살펴본 대로 그의 모든 희곡에서 부도덕(성)과 합법성의 혼합은 부르주아적 성공을 위한 전제조건이다. 다른 작가들은 다른 식으로 반응한다. 부르주아적 영국의 명작을 보자. 『미들마치』에서 은행가 벌스트로드는 한 어머니와 아이에게 사기를 쳐 유산을 가로채는 것부터 경력을 시작한다. 회색지대의 은행가이다. ― 그리고 실제로 헌신적인 **기독교도** 은행가이다. 부르주아적 모호성의 승리이다. 엘리엇이 자유간접스타일을 사용함으로써 한층 더 그렇게 되는데, 그것이 벌스트로드를 비판할 수 있는 관점을 발견하는 것을 거의 불가능하게 만든다.

> 지옥에 떨어진 자로부터 벌어들인 돈. 그렇지만 그것과 구별해 어디서부터가 인간끼리의 거래에서 번 돈이라 할 수 있을까? 하느님께서 선민을 구원하실 때만 하더라도 그와 같지 아니했을까? …… 그만큼 재력이나 지위를 더 잘 선용할 수 있는 사람이 과연 있을까? 그만큼 자신을 혐오하고 하느님의 큰 뜻을 숭배하는 사람이 과연 있을까?[10]

모호성의 승리. — 엘리엇이 여기서 멈추었다면 말이다. 하지만 그럴 수 없었다. 시시한 협잡꾼 래플스는 옛날이야기를 알며, 일련의 우연의 일치에 의해 이 "뚜렷한 모습을 갖추고 나타난 과거"11가 엘리엇의 경이로울 정도로 입센적 정식화 속에서 벌스트로드와 앞의 아이가 누구인지를 꼭 집어내 준다. 벌스트로드 집에서 그를 협박하던 래플스는 병에 걸린다. 벌스트로드는 의사를 부르며, 의사의 처방을 받으며, 그대로 따른다. 하지만 나중에 가정부에게 무시하도록 한다. [하지만] 그렇게 하라고 암시조차 하지 않는다. 그저 일이 그렇게 되도록 할 뿐이다. — 그리고 래플스는 죽는다. 화자는 이렇게 말한다.

그[벌스트로드]가 그 사내의 임종을 앞당기는 일을 했다고 증명하기란 불가능했다.12

'증명하기란 불가능했다.' '증거를 찾지 못했다.' 하지만 증거는 필요 없다. 우리는 벌스트로드가 고의살인을 묵인하는 것을 **보아왔다**. 회색이 검정색이 되었다. 부정직, 그것은 피를 흘릴 것을 강요받아왔다. '강요받아왔다.' 그것은 너무나 개연성 없는 서사적 연속이기 때문에 인과성에 대해 엘리엇처럼 심오한 지적 존경심을 가진 사람이 실제로 그런 식으로 쓸 수 있었으리라고는 믿기 어려울 정도이다.

10 엘리엇, 『미들마치』, 1049페이지.
11 앞의 책, 889페이지.
12 앞의 책, 1214페이지.

하지만 엘리엇은 실제로 그렇게 썼다. 그리고 어떤 위대한 소설가가 본인의 원칙을 그렇게 공개적으로 부정할 때는 통상 중요한 무엇인가가 판돈으로 걸린다. 아마 이것일 것이다. 즉 불의[부정의]가 합법성이라는 망토에 의해 보호받고 있다는 생각 — 벌스트로드, 유죄이지만 부유하며, 이전 행위에 의해 상처 하나 입지 않았다 — 은 엘리엇에게는 사회를 너무 암울하게 바라보는 것이었다. 명심해, 그게 바로 자본주의가 작동하는 방식**이야**. 몰수와 정복. 그것은 '개선'과 '문명'('그만큼 재력이나 지위를 더 잘 선용할 수 있는 사람이 과연 있을까?' ……)으로 고쳐 써진다[윤색된다]. 과거의 권세, 그것이 현재의 정의가 된다. 하지만 빅토리아 문화 — 심지어 최전성기일 때의 이 문화. 울프는 『미들마치』에 대해 이렇게 쓴다. '성인이 된 사람들을 위해 쓰여진 빅토리아조의 소수의 저서 중 하나' — 는 세계가 **완전히 합법적인 불의**[부정의] 의해 지배되고 있다는 생각을 받아들일 수 없을 것이다. 모순은 견딜 수 없다. 합법성이 정의로운 것이 되거나 아니면 불의가 범죄적인 것이 되어야 한다. 이런저런 식으로 형식과 실체[법]는 재조정되어야 한다. 만약 자본주의가 항상 도덕적으로 선할 수 없다면 최소한 항상 도덕적으로 [옳고 그름이] **식별될** 수 있어야 한다.

입센에게는 그렇지 않다. 『사회의 기둥들』에는 그러한 방향으로 향하리라는 암시가 들어 있는데, 베르니크가 '뚜렷한 모습을 갖추고 나타난 과거'가, 그가 알기로는 침몰할 배에 승선하도록 할 때가 그렇다. 마치 벌스트로드가 가정부에게 그렇게 하도록 시키듯이 말이다. 하지만 그런 다음 입센은 결말을 바꾸며, 그와 같은 어떤 것도 결코 다시 하지 않는다. 그는 부르주아적 모호성을 해결하지 않아도 그것을 살펴볼 수 있을 것이다. 『바다에서 온 여인』(1888년)에서의 말을 빌리자면, '두 방향으로 그걸 이해해도 좋겠군요signs against signs.' [두 가지 신호 또는 표시가 다르군요. 417페이지] 즉 도덕적 신호 또는 표시는 이렇게 말하지만 법률적 신호 또는 표시는 저렇게 말한다.

두 방향으로 그걸 이해해도 좋겠군요. 하지만 입센의 희생자와 억압자 간에 아무런 실제적 갈등도 존재하지 않듯이 '다르게against'는 통상적인 드라마적 의미에서의 대립을 가리키지 않는다. 그것은 오히려 역설에 가깝다. 합법적/불의[부정의]. 불공정/합법. 칠판에 분필로 쓸 때처럼 형용사가 명사와 부딪혀 신경을 긁는 소리를 낸다. 엄청나게 불편하지만 아무 조치도 취해지지 않는다. 나는 앞서 무엇이 입센을 회색지대로 이끄는가 라고 물었다. …… 이것이다. 즉 그것이 **부르주아적 삶의 미해결된 불협화음**을 절대적으로 명료하게 드러내는 것이 그것이다. 불협화음이지 갈등이 아니다. 귀에 거슬리고, 사람을 불안하게 만든다. — 헤다와 그녀의 권총들. 다름 아니라 대안이 없기 때문이다. 『들오리』는 — 불협화음의 위대한 이론가는 이렇게 쓴다 — 부르주아적 도덕(성)의 모순을 해결하지 않으며, 그것의 해결 불가능한 성격을 명료화한다.13 입센의 폐쇄공포증은 거기서 유래한다. 안에 있는 사람 모두가 틀린 상자가 그것이다. 입센의 위대한 찬미자 중 하나였던 초기 조이스James Joyce

---

13 Theodor W. Adorno, *Problems of Moral Philosophy*, Palo Alto, CA, 2001(1963), p. 161.

의 은유를 사용하자면, 마비. 그것은 1848년 이후 체제의 다른 불구대천의 적들이 수감된 것과 동일한 감옥이다. 보들레르, 플로베르, 마네, 마샤두, 말러가 그들이다. 그들이 하는 모든 것이라곤 부르주아적 삶에 대한 비판뿐이다. 그들이 본 모든 것은 부르주아적 삶이다. 음흉한 독자여 ─ 내 동포여 ─ 내 형제여!

3. 부르주아적 산문, 자본주의적 시

지금까지 나는 입센의 등장인물들이 희곡에서 무엇을 '하는지'에 대해 이야기해왔다. 그러면 이제 어떻게 말하는지, 구체적으로는 어떻게 은유를 사용하는지를 살펴보겠다(결국 이 연작의 첫 번째 다섯 권의 제목 ─ 『기둥들』, 『인형의 집』, 『유령』, 『인민의 적』, 『들오리』 ─ 은 모두 은유이다). 『사회의 기둥들』을 예로 들어보자. 기둥들. 베르니크와 그의 공모자들. 착취자지만 은유가 자선사업가로 바꾸어준다. 이데올로기에서는 전형적으로 나타나는 의미론적 공중제비돌기를 통해. 그런 다음 두 번째 의미가 등장한다. 기둥이란 과거에 베르니크를 파산으로부터 구해주었으며, 지금은 투자를 보호하기 다시 필요로 하는 저 (가짜) "도덕적 신뢰 가능성"[14]을 말한다. 그런 다음 이 희곡의 마지막 대사에서 두 가지 변형이 더 일어난다. 베르니크는 이렇게 말한다.

---

14 Ibsen, *Complete Major Prose Plays*, p. 78.

내가 배워온 또 다른 것은 사회의 기둥들은 그대들 여성들이라는 거요.

그리고 로나.

아녜요, 여보. ─ 진리의 정신과 자유의 정신, ─ **그것들이** 사회의 기둥들이
예요.15

[기둥이라는] 한 단어. 네 가지 상이한 의미. 여기서 은유는 유연하다. 이전부터 존재하던 의미론적 침전물 같다. 등장인물들은 그것이 각자의 상이한 목표에 따르도록 할 수 있다. 다른 곳에서라면 그것은 죽기를 거부하는 세계의 좀 더 위협적인 징표이다.

이런 생각마저 들었어요. 우리 모두가 유령**인지도** 모른다는 생각이요. 부모님께 물려받은 유령이 우릴 따라다니는 거예요. 그뿐만이 아니죠. 온갖 낡은 사상과 신앙도 우릴 따라다녀요. 진짜 살아 있는 게 아니라 우리 몸속에 달라붙어 있을 뿐인데도 우린 그걸 밖으로 몰아내지 못하죠. 신문이라도 읽을라치면 유령이 활자들 사이에서 꾸물대는 것 같아요. 분명 온 나라에 유령들이 득실대는 거예요.16

그것들은 우리 몸속에 달라붙어 있고, 우린 그걸 밖으로 몰아낼 수 없다. 입센의 등장인물 중 하나는 이렇게 말할 수 있을 것이다.

15 입센, 소두영 역, 앞의 책, 118페이지.
16 앞의 책, 133페이지.

하지만 이 집은 재미있는 놀이터였을 뿐이에요. 난 당신의 아내라는 인형이었죠. 어릴 때 아빠 인형이었듯이. 그리고 이번에는 우리 아이들이 내 인형이었어요. 난 당신이 나와 놀아주면 기뻤어요. 내가 놀아주면 아이들이 즐거워하듯이 말이에요. 그게 우리의 결혼생활이었어요, 토르발.17

재미있는 놀이터였을 뿐이다. 그것은 노라를 위한 계시이다. 그리고 이 은유를 진정 잊을 수 없게 만드는 것은 그것이 완전히 상이한 스타일을 위한 도화선이라는 것이다.

그동안 우린 단 한 번도 진지하게 얘기해본 적이 없어요.18

진지하다. 저 위대한 부르주아적 단어. 그처럼 씁쓸한 의미에서 억지스러운 것으로서 진지한, 하지만 또한 냉철하고, 결연하고, 엄밀한 것으로서 진지한. 진지한 노라는 윤리적 담론의 우상('의무', '신뢰', '행복', '결혼')을 받아들이며, 실제 행동에 비추어 그것을 가늠한다. 그녀는 은유가 실현되기를 기다리며 여러 해를 보낸다. '세계에서 가장 멋진 일'(또는 '가장 위대한 기적.' 이렇게 번역되기도 한다). 이제 세계는 남편이라는 인격 속에서 그녀로 하여금 "현실주의적으로 될 것[이성적으로 행동하는 법을 알 것]"19을 강요해왔다. '이제 우린 끝이에요, 토르발.' 무슨 뜻이

---

17 앞의 책, 89페이지.
18 앞의 책, 88페이지.
19 앞의 책, 71페이지.

지, 라고 남편이 반응을 보인다. 이해할 수가 없군, 뭔 소리야, 무슨 뜻이지, 뭘 말하고 싶은 거야……. 그리고 물론 그녀가 하는 소리를 **이해하지** 못하겠다는 말이 아니다. 그가 보기에 언어는 결코 그런 것 — 진지한 것이 되어서는 안 된다. 그것은 결코 **산문**이 되어서는 안 된다.

지금쯤이면 본서의 독자들은 산문이 이 책의 유일한 진정한 주인공임을 알 것이다. 처음부터 그럴 생각은 아니었다. 어쩌다가 그냥 그렇게 되었다. 부르주아 문화의 성취를 공정하게 다루려다 보니 말이다. 부르주아 **자체**의 스타일로서의 산문. 가장 포괄적인 의미에서. 단지 세계를 재현하는 것만이 아니라 세계 속에 **존재하는** 하나의 방식. 무엇보다 먼저 분석으로서의 산문. 헤겔의 '틀림없는 명확성, 그리고 확실한 이해 가능성' 또는 베버의 '명료성.' 영감 — 터무니없을 정도로 정당화될 수 없는 신으로부터의 이 선물 — 이 아니라 노동으로서의 산문. 고된, 잠정적인("그래요, 토르발, 대답하기 어렵네요"[91페이지]), 결코 완벽하지 못한 작업[노동]. 그리고 합리적 논쟁으로서의 산문. 사유에 의해 무장된 노라의 감정. 그것이 자유에 대한 입센의 생각이었다. 은유의 망상을 이해하고, 버리고, 떠나는 스타일. 남자를 이해하며, 버리고 떠나는 여자.

노라가 『인형의 집』 말미에서 거짓을 떨쳐버리는 것은 부르주아 문화의 가장 위대한 페이지 중 하나이다. 계몽주의에 대한 칸트의 말 또는 자유에 관한 밀의 말과 동격을 이룬다. 그런 순간이 그토록 짧아야 한다는 것은 얼마나 의미심장한가. 『들오리』부터 계속 은유가 증식하며 —

그것이 말년의 입센의 소위 '상징주의'이다 — 초기 단계의 산문은 상상 불가능하게 된다. 그리고 이번에 은유는 과거의 '죽은 원리'나 미숙한 어린 소녀의 환상이 아니라 부르주아적 활동 자체의 창조물이다. 베르니크와 보르크만 — 둘 다 금융 기업가로, 한 명은 연작소설이 시작될 때, 다른 한 명은 끝날 때 등장한다 — 이 한 매우 흡사한 두 말이 내 말이 무슨 의미인지를 설명해줄 것이다. 먼저 [『사회의 기둥들』의] 베르니크가 철로가 경제에 무엇을 가져올지를 묘사하면서 하는 말을 들어보자.

> 그것이 공동체 전체의 사기를 얼마만큼 북돋워 줄지를 생각해보세요! 그냥 얼마나 광대한 지역의 산림이 열리게 될지만 생각해보세요! 채굴한 광석의 광맥은 얼마나 풍부할지를 말예요! 그리고 강도요, 얼마나 많은 폭포가 연달아 생기겠어요! 산업발달의 가능성은 한이 없습니다![20]

베르니크는 여기서 흥분해 있다. 문장은 짧고, 감탄문이며, '생각해보세요'('사기를 얼마만큼 북돋워 줄지를 생각해보세요', '산림을 생각해보세요')는 듣는 사람의 상상력을 불러일으키려고 한다. 반면 복수형('광대한 지역들', '광맥들', '폭포들'. '가능성들')은 우리 눈앞에서 결과를 증대시킨다. 열정적 구절이다. — 하지만 기본적으로 묘사적이다. 이어 보르크만 이야기를 들어보자.

---

20 Ibsen, *Complete Major Prose Plays*, p. 32.

저기 있는 산맥을 보는가? …… 저것이 나의 깊은, 나의 끝없는, 소진 불가능한 왕국이다. 바람은 마치 생명의 숨처럼 내게 작용한다. 그것은 사로잡힌 혼백이 보내는 환영인사처럼 내게 불어온다. 나는 그것들을, 땅에 묻힌 수백만의 그것들을 느낄 수 있다. 나는 금속의 광맥을 느끼며, 곡선을 이루며 무수히 분기하며 내게 손짓하는 그것의 팔에 가닿는다. 나는 전에 그것들이 살아 있는 그림자처럼 보이는 것을 보았다. ─ 손에 손전등을 들고 은행의 지하금고에 서 있던 밤에 말이다. 그때 너는 너의 자유를 원했었다. ─ 그리고 나는 너를 풀어주려고 했다. 하지만 내게는 그럴 힘이 결여되어 있었다. 너의 보물들은 밑바닥으로 다시 가라앉았다. (손을 뻗는다) 하지만 나는 여기 밤의 침묵 속에서 네게 속삭일 것이다. 나는 너를 사랑한다, 심연과 어둠 속에서 무의식인 채 저기 누워! 나는 너를 사랑하고, 너의 재물은 태어나려고 안달하고 있다. ─ 너의 모든 빛나는 권력과 영광의 아우라와 함께! 나는 너를 사랑한다, 너를 사랑한다, 너를 사랑한다.21

베르니크의 세계는 산림, 광산, 폭포의 세계였다. 보르크만의 세계는 혼백과 그림자와 사랑의 세계이다. 자본주의는 탈-물질화된다. '광맥들'은 왕국, 숨, 생명, 죽음, 아우라, 탄생, 영광 ……이 되었다. 산문은 문채들로 들끓는다. 사로잡힌 혼백이 보내는 환영인사, 손짓하는 금속의 광맥, 밑바닥으로 가라앉은 보물, 태어나려고 안간힘을 쓰는 재물……. 은유들 ─ 이 연작소설 전체에서 가장 긴 은유의 줄이다 ─ 은 더 이상 세계를 해석하지 않는다. 세계를 지운 다음 다시 만든다. 건축

---

21 Ibsen, *Complete Major Prose Plays*, 1021페이지

가 솔네스의 앞길을 밝히는 밤의 불처럼 말이다. 창조적 파괴이다. 회색 지대는 유혹적으로 된다. 좀바르트는 이렇게 쓴다. 즉 사업가에게서는 '청중 눈앞에 기가 막히게 아름다운 황금의 영역을 마치 하나의 영상처럼 불러내는 시인의 재주, 은유적 재주'를 전형적으로 찾아볼 수 있다.

…… 사업가 본인이 가능한 최대한 열정적으로 열심히 자기가 수행하는 과제의 성공적 완결이라는 꿈을 꾼다.22

그는 꿈을 꿈꾼다. …… 꿈은 거짓말이 아니다. 하지만 또한 진리도 아니다. 투기speculation의 역사가 중 하나는 이렇게 쓴다. 투기는

원래의 철학적 의미의 일부를 간직하고 있다. 즉 확고한 사실적 토대 없이 머리를 굴려 보거나reflect 이론화하는 것이 그것이다.23

보르크만은 영국의 〈남해회사〉(현대 자본주의의 최초의 버블 중 하나)의 감독에게서 전형적으로 볼 수 있는 것과 동일한 "예언자적 스타일"24로

---

22 Sombart, *The Quintessence of Capitalism*, pp. 91-92. 좀바르트가 사용하는 단어들의 에로틱한 저류를 놓치는 것은 불가능하리라. 그가 괴테의 가장 파괴적인 — **그리고 창조적인** — 유혹자인 파우스트 속에서 '고전적 유형의 기업가'를 보는 데는 다 충분한 이유가 있는 셈이다. 입센에게서도 또한 기업가의 은유적 비전은 에로틱한 구성요소를 갖고 있다. 솔네스가 히스테리적으로 힐다와 [육체적으로는] 순결한 불륜 행위를 저지르거나 처제에 대한 보르크만의 억압된 사랑이 잘 보여주듯이 말이다.
23 Edward Chancellor, *Devil Take the Hindmost: A History of Financial Speculation*, New York 1999, p. xii.
24 입센, 소두영 역, 74페이지.

말한다. 죽어가는 파우스트의 장대한 — 맹목적 — 비전이다. '황금시대는 인류의 뒤가 아니라 앞에 놓여 있다'는 믿음. 거셴크론은 그것을 경제의 이륙을 위해 필요한 '강력한 약물'로 간주한다.

> 피요르드 저 멀리서 피어오르는 거대한 증기선의 연기를 볼 수 있는가? 안 보인다고? 나는 볼 수 있다. …… 저 소리가 들리는가? 강을 따라 내려가다 보면 공장들의 기계가 돌아가면서 윙윙거리는 소리를 내고 있다! **나의** 공장들이다! **나**라면 이 모든 공장을 지을 것이다. 어떻게 일하고 있는지 들리는가? 야간 근무 시간이다. 밤낮없이 일하는 중이다.25

선지자적이다. 전제적이다. 파괴적이다. **자기**-파괴적이다. 그것이 입센의 기업가이다. 보르크만은 [바그너의] 『반지』의 알베리히처럼 금을 위해 사랑을 포기한다. 투옥된다. 그리고 8년을 더 자신을 집에 감금한다. 그리고 자기의 비전에 도취되어 얼음 속으로 행진해 들어가 모종의 죽음에 이른다. 후기 입센에게 기업가가 그토록 중요한 것은 이 때문이다. 그는 세계 속에 자만심을 재도입한다. — 그리고 따라서 비극을. 그는 현대의 전제군주이다. 1620년이라면 『존 가브리엘 보르크만』의 제목은 '은행가의 비극'이 되었을 것이다. 솔네스의 현기증은 그러한 사태의 완벽한 징표이다. 왕국의 창시자에게 요구되는, 목숨을 두려워하지 않는 대담성으로부터 자신을 보호하기 위한 신체의 필사적 시도가 그것이다. 하지만 정신이 너무 강하다. 그는 이제 막 자기가 지은 집 꼭

---

25 Ibsen, *Complete Major Prose Plays*, p. 1020.

대기로 기어 올라가 신에게 도전하고 — "전지전능하신 분이시여, 제 말을 들어보소서. …… 이제부터 저는 오직 이 세계에서 가장 아름다운 것만 지을 것이오."26 — 아래 군중에게 손을 흔들고 — 그리고 떨어질 **것이다**. 자기를 제물로 바치는 그처럼 무시무시한 행동은 나의 마지막 질문에 대한 서곡으로는 맞춤하다. 즉 그렇다면 유럽의 부르주아에 대한 입센의 판결은 무엇인가? 이 계급을 무엇을 낳았는가?

대답은 1880~1890년대보다 더 폭넓은 역사의 원호 속에 있다. 즉 핵심에 19세기에 일어난 거대한 산업적 변형이 놓인 원호 속에. 그전에 부르주아가 원한 것은 알렉산드로스 대제에 대한 유명한 대답에서처럼 '나를 혼자 내버려두라'라는 것이었다. 또는 기껏해야 인정받고 받아들여지는 것이었다. 부르주아는 어느 편인가 하면 야심에서 너무 겸손했다. 너무 협량했다. 크루소의 아버지 또는 빌헬름 마이스터의 아버지. 그의 염원은 '편안함'이었다. 거의 의학적인 이 개념은 노동과 휴식의 중간쯤 되는 것이었다. 단순한 웰빙으로서의 쾌락. 운명의 여신의 변덕에 맞선 결코 끝나지 않은 투쟁에 사로잡혀 있던 이 초기 부르주아는 질서정연하고, 신중하고, 1세대 부덴부르크가처럼 '사실에 대한 거의 종교적 존경심을 갖고 있었다.' 그는 세목의 인간이었다. 자본주의 역사의 산문이었다.

산업화 이후 비록 우리가 생각하는데 — 연대기적으로 입센의 모든

---

26 앞의 책, 856페이지.

것은 메이어^Arno Mayer가 말하는 ' 앙시앵레짐의 지속'의 범위에 들어간다 — 익숙해진 것보다는 느리지만 부르주아는 지배계급이 된다. 그리고 산업이라는 어마어마한 수단을 맘대로 휘두를 수 있는 계급이 된다. 현실주의적 부르주아는 창조적 파괴자에 의해 쫓겨난다. 분석적 산문은 세계를 변형시키는 은유에 의해 쫓겨난다. 드라마가 소설보다 이 새로운 단계를 더 잘 포착하는데, 이 단계에서 시간적 축은 과거의 냉철한 기록 —『크루소』와『수업시대』의 복식부기 — 에서 드라마의 대화에서 전형적으로 나타나는 미래의 대담한 형성으로 이동한다.『파우스트』에서,『반지』에서 그리고 후기 입센에서 등장인물은 '사변을 펼치며 speculate', 앞으로 다가올 시간을 멀리 내다본다. 세목은 상상에 의해 왜소해진다. 현실적인 것은 가능한 것에 의해 왜소해진다. 그것이 자본주의 발전의 **시**이다.

가능한 것의 시 …… 위대한 부르주아적 미덕은 정직이라고 나는 앞서 말했다. 하지만 정직은 소급적이다. 만약 과거에 어떤 나쁜 짓도 하지 않았다면 정직한 것이다. 미래시제로는 정직할 수 없다. — 그것은 기업가의 시제이다. 지금부터 5년 후, 유가 — 또는 이 문제라면 다른 어떤 것이라도 상관없을 것이다 — 에 대한 '정직한' 예측은 무엇인가? 비록 **정직하고** 싶어도 그럴 수 없다. 정직은 확실한 사실을 필요로 하지만 '사변하기[투기하기]'는 — 심지어 가장 중립적 의미에서도 — 그것을 결여하고 있기 때문이다. 가령 엔론 이야기에서 거대한 사기를 향한 큰 걸음은 소위 시가평가 회계방식을 받아들인 데서 시작되었다. 즉 기입을 현실로 존재는 수익으로 잡았지만 그것은 아직 미래의 일(종종 미래의 수년 후)이었던 것이다. 〈증권거래위원회SEC〉가 자산가치에 대한 그러한 '투기speculation'를 승인한 날 스킬링Jeff Skilling은 사무실로 샴페인을 가져왔다. '전문가적 회의주의懷疑主義' — 고전적 규정에 따르자면 그렇다. 그리고 그것은 리얼리즘의 시학과 너무나 흡사하게 들린다 — 로서의 회계는 끝났다. 이제 회계는 비전이 되었다.

> 그것은 일이 아니었습니다. — 미션이었습니다. …… 우리는 신의 일을 하고 있었습니다.27

유죄선고 후 스킬링이 한 말이다. 보르크만을 보자. 그는 더 이상 추측, 욕망, 꿈, 환각, 그리고 말 그대로의 사기를 구분할 수 없다.

부르주아는 무엇을 낳았는가? 사회에 대한 훨씬 더 합리적인 지배와 훨씬 더 **비**-합리적인 지배 간의 이 미친 분기화. 베버와 슘페터에 의해 기억할 만한 것으로 만들어진 두 이념형. — 하나는 산업화 이전 것이고 다른 하나는 이후 것이다. 자본주의가 늦게 도착했으며 거의 아무런 장애물에도 부딪히지 않은 나라 출신인 입센은 수 세기의 역사를 단 20년으로 압축할 수 있는 기회 — 그리고 천재성 — 를 갖고 있었다. 현실주의적 부르주아는 초기 희곡들에 거주한다. 로나와 노라가 그들이다. 아마『유령들』에서의 레지나도. 여성으로서의 현실주의자. 이상한 선택이다. 당시로서는 말이다(『암흑의 핵심』. "여자들은 어찌하여 그처럼 진실과 거리가 먼 소리만 할까"[28페이지]). 또한 밀의『여성의 예속』의

---

27 Bethany McLean and Peter Elkind, *The Smartest Guys in the Room: The Amazing Rise and Scandalous Fall of Enron*, London 2003, p. xxv.

정신에 따른 급진적 선택. 하지만 또한 부르주아 '리얼리즘'의 범위scope에 대해 철저하게 비관주의적이다. 내밀한 영역 내에서는 얼마든지 상상 가능하지만 — 핵가족과 이 가족의 거짓말의 용매제로서 말이다 — 전체 사회 속에서는 그렇지 않다. 『인형의 집』 말미에서의 노라의 산문은 울스턴크래프트Mary Wollstonecraft, [미국의 19세기의 유명한 평론가, 편집자, 여권운동가인] 풀러Margaret Fuller, [영국의 19세기 작가이자 평론가로, 첫 여성 사회학자로 불리기도 하는] 마티노Harriet Martineau의 글을 반향한다.28 하지만 이제 그들의 공적인 주장은 거실에 갇혀 있다(베르히만Ingmar Ernst Bergman의 유명한 무대연출에 따르면 침실에). 얼마나 역설적인가? 유럽의 공적 영역에 충격을 준 이 드라마가 실제로는 공적 영역을 **믿지** 않았다니. 그리고 그런 다음 일단 창조적 파괴가 등장하면 보르크만과 솔네스의 파괴적 은유에 대응할 수 있는 노라들은 더 이상 남지 않게 된다. 그와 정반대이다. "**나의** 건축청부업자"29를 자살적 환각에 이르도록 이끄는 힐다가 등장한다. 필수불가결할수록 그만큼 더 리얼리즘은 사유 불가능해진다.

건전한 시민Bürger과 뻔뻔스러운 금융업자 간의 '화해 불가능한 모순'에 처한 독일 은행가를 생각해보라. 물론 입센은 둘 간의 차이를 알았다. 그리고 그는 작품의 토대로 삼을 수 있는 객관적 충돌을 찾는 극

---

28 노라가 하는 말의 전거는 템플턴Joan Templeton이 하나하나 찾아낸 바 있다. Alisa Solomon, *Re-Dressing the Canon: Essays on Theater and Gender*, London/New York, p. 50을 보라.
29 Ibsen, *Complete Major Prose Plays*, p. 29.

작가였다. 이 부르주아 내적인 모순을 이용하면 어떨까? 그렇게 하는 것이 훨씬 더 이치에 닿았을 것이다. 입센은 입센이 되는 대신 쇼가 되는 것이 훨씬 더 이치에 닿았을 것이다. 하지만 그는 그가 한 대로 했다. 이 두 부르주아 형상 간의 차이는 아마 '화해 불가능할 테지만' 실제로는 **모순**이 아니기 때문이다. 건전한 시민은 창조적 파괴자에게 저항할 수 있는, 그의 의지에 맞설 수 있는 힘을 결코 가질 수 없을 것이다. 자본주의적 과대망상증에 직면해 부르주아 리얼리즘의 무능을 인정하는 것. 바로 여기에 오늘날의 세계를 위한 입센의 지속적 교훈이 있다.

출전에 대한 노트

본서에서 종종 이용한 몇 가지 전거에 대한 몇 마디. 〈구글 북스 코퍼스〉는 수백만 권의 책의 집성으로, 아주 간단한 검색을 허용해준다. 19세기 소설을 모아둔 〈초드윅-힐리 DB〉는 1782~1903년의 영국과 아일랜드 소설 250권을 극히 잘 규례이터된 상태로 집성하고 있다. 〈문학 랩 코퍼스〉는 3,500권에 달하는 영국과 아일랜드 그리고 미국 소설을 포함하고 있다.

또한 사전도 종종 참조했다. 인용은 상세한 서지 표기 없이 약기했는데, *OED*는 *Oxford English Dictionary*를 가리킨다. 프랑스어 사전으로는 *Robert*와 *Littré*를, 독일어 사전으로는 *Grimm*을, 이탈리아어 사전으로는 *Battaglia*을 참조했다.

■ 찾아보기

〈ㄱ〉

갈도스, 베니토 페레스 138 194 253 266~267 271 276
개스켈, 엘리자베스 51 208 210 212~213 220 232
갤러거, 캐서린 208
게이, 피터 34 94 227
고리키, 막심 260
곤차로프, 이반 278
괴테, 요한 볼프강 56 84 87 139 141 148 167 170 308
구겐하임, 벤야민 55~56
그람시, 안토니오 16 56 198 213
그로에튀샹, 베르나르 38 45 54~55

〈ㄴ〉

널리치, 마이클 51
뉴먼, 존 헨리 99 232 240
니체, 프리드리히 221 226 262

〈ㄷ〉

다윈, 찰스 190
도스토옙스키, 표도르 266 278 280~282
뒤몽, 루이 199
드 브리에스, 얀 30 100
디드로, 드니 136~137

디킨스, 찰스 59~60 137 257 278
디포, 다니엘 45 65~67 69 71~73 75~84 93 95~96 98 100 103~105 109 111 113 117 119 121 150~151

〈ㄹ〉

러스킨, 존 240
레이, 케네스 291
로런스, D. H. 255 261
로서 아소르, 알베르토 52
로크, 존 73 80
로트만, 유리 282
루소, 장 자크 76~77 84 248
루첼라이, 조반니 67~69
루카치, 게오르그 47 52 107~109 112 123~125 148~149
르고프, 자크 254
르-각, 롱 218

〈ㅁ〉

마네, 에두아르 182~184 188 302
마르크스, 칼 51 78 167 179 202 228
마샤두 드 아시스, 요아힘 마리아 247~251 266 280 302
마이어, 아르노 197
마커스, 스티븐 226

마키아벨리, 니콜로 35 38 273
만, 토마스 52 146~147 155
만하임, 칼 165
말러, 구스타브 302
맥켄드릭, 닐 100
맥클로스키, 데이드르 N. 293
맨더빌, 베르나드 96~98 102
메익신스 우드, 엘런 30
모라즈, 샤를 94
몰리, 존 234 239
무어, 베링턴 149
뮐러, 아담 165
밀, 제임스 42
밀, 존 스튜어트 306 313
밀레, 존 에버트 184~188 190

〈ㅂ〉

바르부르크, 아비 35 38 67~69
바르트, 롤랑 120 134~136 144 298
바흐친, 미하일 281
발리, 샤를 169 171
발자크, 오노레 드 59 142~143 148 164~167
배처호트, 월터 22
버그, 맥신 102
버크, 피터 117 147
번연, 존 97 113~117
베르가, 조반니 52 255~258 262 295
베르디, 주세페 194
베르메르, 요하네스 129~133 136 148 153
베버, 막스 66~67 77 79 84 90~94 109 124~125 149~150 154 160 176 222 228 236~237 305 312
베블렌, 소스타인 98~99
베이컨, 프란시스 160

벤베니스트, 에밀 39 54
보들레르, 샤를 138 302
보일, 로버트 122
볼린저, 드와이트 218
볼탄스키, 뤽 199 206
볼프, 자넷 198
부르디외, 피에르 111
부시, 조지 225
부아르크, 세르지오 268
브레너, 로버트 68
　　　브릭스, 아사 209 229
브로델, 페르낭 99
브로엄, 헨리 43~44
브론테, 샤를로테 191
블루멘베르크, 한스 110 117 123

〈ㅅ〉

사르트르, 장-폴 192
샤마, 시이먼 36 38
세라오, 마틸드 266
셀커그, 알렉산더 71
셰익스피어, 윌리엄 60
쇼, 조지 B. 296 314
쉬벨부시, 볼프강 102
슈니츨러, 아르투르 272
슈바르츠, 로베르토 89 250 252 280
슈클로프스키, 빅토르 281
슐레겔, 칼 빌헬름 프리드리히 153 224
슘페터, 조셉 30 49~50 57 101 312
스마일스, 사뮤엘 214~215 218 220
스코트, 월터 141 161~164 166~167 232
스킬링, 제프 312
스테이저, 에밀 121
스텐, 얀 36
스펴처, 레오 218

스필버그, 스티븐 60

〈ㅇ〉
아널드 토마스 229 234
아널드, 매슈 237~241
아도르노, Th. W. 301
아렌트, 한나 57
아리기, 조반니 67
아우어바흐, 에리히 135 143 146 164~165 167 173 263 281~282
알튀세르, 루이 213
애플비, 조이스 30
앤더슨, 페리 9 32 57 61
앨리슨, 사라 288
앨퍼스, 스테블라나 129~130
앵그르, 장 오귀스탱 도미니크 182~184
야우스, 한스 로베르트 161 164 173~174
야콥슨, 로만 281
에이트켄, 조지 A. 121
엘리아스, 노베르트 72
엘리엇, 조지 131~132 145 151~153 155 299~300
엘스터, 욘 49
엠프슨, 윌리엄 69
엣지워스, 마리아 161 163
엥겔스, 프리드리히 179 226
오를란도, 프란체스코 167
오바마, 바락 225
오스틴, 제인 135 148 167~168 170~171
오웰, 조지 242
울스턴크래프트, 매리 313
울프, 버니지아 300
워트, 이언 66
월러스타인, 임매뉴얼 30 39

웹, 이고르 196
윌리엄스, 레이먼드 53 74 212
유스펜스키, 보리스 A. 282
응가이, 시안 251
입센, 헨릭 46 48 191 283 287~314

〈ㅈ〉
제임스, 헨리 106 167 272
제임슨, 프레드릭 266 276
조이스, 제임스 302
좀바르트, 베르너 79 308
짐멜, 게오르그 30 108

〈ㅋ〉
카유보트, 구스타프 137~138
칸트, 임마뉴엘 305
칼라일, 토마스 50 202 224 230~231 242
코제브, 알렉상드르 72
코젤렉, 라인하르트 39~40 53~54
코카, 위르겐 32~33 42 148~149 256 267 270
코헨, 마가렛 68~69
콘래드, 조셉 78 88~90 192~194 242
쿤, 토마스 122
크레이크, 다이애나 41 195 206~207 257
클라크, T. J. 181~182 198
클라크, 케네스 239
킹슬리, 찰스 191

〈ㅌ〉
테니슨, 알프레드 189~190 193 232~233 235~236 242
테일러, 찰스 157
토블러, 아돌프 167

톰슨, E. P. 44 203 206
투르게네프, 이반 279
티보데, 알베르 154

〈ㅍ〉
파농, 프란츠 192
파스칼, 로이 169~170
파워즈, 히람 188
파킨슨, 리처드 43 207 210
페리콜리, 툴리오 81
페이도, 에르네스트-에메 144
페이터, 월터 144
포인터, 에드워드 188
풀러, 마가렛 313
프라이, 노스롭 106~107
프랭클린, 벤자민 97
프루스, 볼레슬라프 264 266~270 272

프루스트, 마르셀 147 272
플로베르, 구스타브 143~144 154 160
    167 172~175 302
피나르, 에르네스트(검사) 172~175

〈ㅎ〉
하비, 데이비드 78
해킹, 이언 149
허쉬먼, 알버트 O. 74 150
헤겔, G. W. F. 72 80 83 118 140 143
    218 294 305
헤벨, 크리스티안 프리드리히 227
호이저, 라이언 218
호프스태터, 리처드 232
홀, 캐서린 158
홉스봄, 에릭 31~33
휴즈, 토마스 229~230